Nature, Society And Life

智 慧 法 则

——自然、社会、人生

钟伟 著

BILLSON International Ltd.

Published by
Billson International Ltd
27 Old Gloucester Street
London
WC1N 3AX
Tel:(852)95619525

Website:www.billson.cn
E-mail address:cs@billson.cn

First published 2023

Produced by Billson International Ltd
CDPF/01

ISBN 978-1-80377-059-8

©Hebei Zhongban Culture Development Co.,Ltd All rights reserved.

The original content within this product remains the property of Hebei Zhongban Culture Development Co.,Ltd, and cannot be reproduced without prior permission. Updates and derivative works of the original content remain the property of Hebei Zhongban. and are provided by Hebei Zhongban Culture Development Co.,Ltd.

The authors and publisher have made every attempt to ensure that the information contained in this book is complete, accurate and true at the time of printing. You are invited to provide feedback of any errors, omissions and suggestions for improvement.

Every attempt has been made to acknowledge copyright. However, should any infringement have occurred, the publisher invites copyright owners to contact the address below.

Hebei Zhongban Culture Development Co.,Ltd
Wanda Office Building B, 215 Jianhua South Street, Yuhua District, Shijiazhuang City, Hebei province, 2207

把我的生命从尘埃中拾起……

在光明中高举,在死的阴影里把它收起。

和你的星星一同放进夜的宝盒,早晨,让它在礼拜声中开放的鲜花丛里找到它自己。

——印·泰戈尔

序

　　人生穿越在自然的时空中，追随命运的脚步悄悄而来，但亦将尾随历史的进程渐渐而去。是谁给予了我们生命？是谁赋予了我们命运？又是谁掌控了我们的人生？

　　看似简单的问题往往出乎人们的意料之外，但却又在自然的情理之中。生存给予生命太多的启示，自然赋予现实一切的可能。是意识造生了物质，还是物质产生了意识？是神灵在保佑人类，还是人类在保佑神灵？是命运规制了万物，还是万物在演绎命运？一切深邃的奥义隐现在自然刹那间的永恒。

　　人，怎么又能成为最初的起点；人，怎么又能成为最后的终结，不过只是自然循环系统中的一环，被万物造生而来，又将化生万物而去，矗立在时空的旷野中发出生命的呼喊。

二〇〇七年十一月二十三日

目录 Contents

无上法则	001
修为与烦恼的辩证	004
生存刍议	006
权衡之规	008
喜乐有度	010
成功的思辨	013
存亡之基	015
逆境·决盾·发展	018
适度原则	020
适宜原则	022
觊业有道	023
特别推荐：超级记忆力的获得	027
输出定律	028
亘古的法则	031
迷途的羔羊	034
生命的印记（一）	037
生命的印记（二）	039

自然的指纹	041
价值的归路	045
因果定律	048
审慎择类	051
通达人性（一）	054
通达人性（二）	057
取法乎上	064
天人感应	066
来去之路	070
蛋糕和舞台	073
思想者	079
生命的坐标	081
决　策	085
时间的法则	087
制胜法则	090
学习·思想·反省	093
学不可已	097
走向成功	101
现实主义	104
生存第一法则	107
生存第二法则	112
生存第三法则	116

自然的约定	120
心灵的嬗变	125
人生秩序	127
交互代价	130
存在世界	132
第三路径	136
哲学基础	140
工具和过程	143
矛　盾	146
既定之路	149
系统规则	152
穿度密码	155
政治色彩	159
审时度势慎用可能	162
为人与做事	168
自然的德性	172
自由之梦	175
法天象地	177
真　人	182
经济哲学	185
大自然的忠告	188
通达物性	192

静悟人生	195
见识智慧	200
命运（一）	202
命运（二）	218
命运（三）	218
人生策划	220
物尽其性	228
方圆之道	233
全面回忆	236
跋	245

无上法则

◎ 法则造就一切，法则毁灭一切
◎ 法不择人，人必择法
◎ 法无定法，则有定则，是谓法则
◎ 法则就是一切存在所有的全部禀性
◎ 错误的法则不是法则
◎ 倘若不懂法则，只是一味地在这个世界上横冲直撞，最后只能以头破血流、无功而返而告终
◎ 新的革命必将引来新的危机

法则是何其的广博，一切的事物都概莫能外；
法则又是何其的微妙，宁静深邃，意味犹深；
法则覆天盖地，贯通古今，钩连日月，横陈河汉，法则无处不在，法则无时不存。法则赋予了我们今日的存在，同时又给予了我们太多的玄思……

法则是什么？通常的意义是指规律，但这仅仅只是狭义的定义，而广义的法则就是一切存在所固有的属性、因果逻辑和运行方式。一言以蔽之，法则就是一切存在所有的全部禀性，但却又不是客观存在本身。如果说最初的存在是从虚无中诞生，那么虚无也就成了存在的一种形式。人类为了识别法则，将其在自身的意识中分别反映为知识、道理和规律而存储起来并释放出去，但其本身却又并不依赖于意识而存在。

存在是客观的，存在是现实的，而法则却是抽象的，法则却是无质的。法则虽不是客观存在本身，却又在客观上起着规范、支撑、制约、反映客观存在产生、发展、演化、灭亡和相互作用的功能。法则让人看不见、摸不着、抓不住，法则的存在必依托于现有的存在，通过现有存在的运动、发展、演变和作

用来体现和彰显，而这又能让我们所感知和领悟。法则是另一种形式的存在，是基于客观存在而存在，倘若没有存在在先，就没有法则在后，是而客观的存在具有第一性，而法则具有第二性。

　　法则造就一切，法则毁灭一切。法则是何等的浩渺，洋洋洒洒地分布在茫茫的自然中，潜移默化而运作有度，无声无息却又强硬无比。这种强而有力的浩瀚之力不是人类的力量所能轻易地撼动和改写，但却可以利用和驾驭。存在之所以存在，必是相应的法则造化而来；存在之所以不存在，必是相应的法则毁灭而去。无数的事物生生死死，无数的事物前赴后继，有如过眼的烟云，而这都离不开相应法则的支撑和制约。是法则成就了它们的一切，亦是法则将它们推向了末路的黄昏。自然造化一切的必经之路，自然毁灭一切的不二法门，唯法则是也。

　　法则犹如雷霆万钧，刚劲而有力，其势如破竹，锐不可当，上流于天，下彻于地，中通于物，掌控一切于无声无息、无影无相之间。其依附于存在的根源里，依附于存在的实质中，是以不可摆脱和逃避。法不择人，人必择法。在人类的世界中，上至达官显贵、豪商巨贾，下至贩夫走卒、市井之流皆不可幸免，万物都在法则的规制中，又何况是人？人的存在离不开法则的支撑，人的发展更离不开法则的点化，不同的法则指向了不同的结果。人生何欲何求，人生又何止何动，一切尽在法则。是而人不可不择法度，以迎合相应的门径，而达致必然的归宿。

　　法则千变万化，是人所始料未及。在人类驰骋于自然的怀抱之前，法则就早已纵横在须臾和永恒之间。通达任意节点的道路何止是千千万万，但最终又必将成于其中，法则的共相与殊相、普遍与特定交相辉映，茫茫无涯，正所谓法无定法，则有定则，是谓法则。法则相生相克，层层递进，秩序井然，杂而不乱，各司其职，各尽其用，但却又纵横交织在一起，形成一个森罗密布、法则总总的整体系统。我们所观察和感受到的世界正是由无数的法则相互融合、共同作用而成，这就意味着如果发现了某个法则将要导致的结果与我们所观察和体验到的现实是矛盾的，然而又确定其在自然的矛盾之处的确是存在的，那么就必然存在另一个未知的法则来将这种现实的效应相抹平的事实。

　　法则必然是在客观中存在的，有其相应的作用和效力，而无法隐藏和遁迹。意识和现实的切合到位，能将现实的法则准确而有效地反映到意识中来，是故反映为意识的法则必然是正确的，错误的法则不是法则，因为它已经失去了现实的根基。法则依托于存在而存在，其必因存在的改变而改变，是而没有永恒不变的法则。存在变化是如何的缓慢，法则变化亦是如何的缓慢；存在变化是如何的迅速，法则变化亦是如何的迅速，而存在变化在影响法则变化的同时，亦将受到相应法则的反向作用。

法则按照自然、社会和思维的不同，可以细分为自然法则、社会法则和思维法则，如同社会和思维包容于自然，社会法则和思维法则不过是自然法则在社会和思维中的体现和应用而已。自然的法则何其深厚而广博，何其强硬而精微，构建于其中的人类凭借着主观的能动性、意识的方向性和智慧的卓越性，驾驭着法则的方舟一路走来，蹚过历史的河流，演绎尽人生的命运，我们的存在本身就是无数自然法则的共同作用和释放。人类之所以成功，那是在客观上迎合了致使其成功的法则；人类之所以失败，那是在客观上迎合了致使其失败的法则。成功和失败划分于人类的意识，法则本身并没有成功与失败之分，甲的成功所迎合的法则可以成为乙的失败所遵循的法则；乙的成功所遵循的法则亦可以成为甲的失败所迎合的法则。

自然无所谓成功与失败。一方面，自然没有主观，而只有客观，那又何来成功与失败的划分；另一方面，倘若一定要用此去划分和诠释，那是没有多大现实意义的，因为结果是唯一锁定的。为什么会是这样？因为自然永远都是成功的，这种没有失败的成功反而不能被称为成功，正是矛盾相互对立而存在的属性所决定。没有黑暗的光明不能称其为光明，没有邪恶的正义同样不被称为正义，在人类眼中的善意与恶意、利益与缺失、创生与毁灭、存在与消亡都将被自然认为，亦将成为其发展和演化的一个过程和部分，作为局部的人类的一切现行的规范与认识又岂能左右作为整体而存在的自然？人类发展至今，就没有创生，亦没有毁灭任何一条自然的法则，倒是自然的法则造生了人类，亦是其支撑并制约了人类，这种支撑与制约的双重作用完全而彻底地体现在了人类的存在和发展，以及最后的归宿中。自然向来是不按人类道德与伦理、礼仪与法度的牌理出牌，而人类的道伦礼法却又不得不按自然的牌理出牌，这种反向的制约与不可抗拒不是自然中的一切所能规避和隐遁的。

自然以其无限的生命之轮经过时间的洗礼而欲碾出一条光明的大道，但最终又不得不回归到那遥远而黑暗的岑寂，而在这个演化的过程中，偏偏造生了我们，造生了一种希望并无限趋近于理解她的高等智能的生命，这不得不说自然造化的神奇与卓越，功力的非凡与沉厚。自然在其演进的过程中都始终摆脱不了黑暗与光明的分庭，邪恶与正义的抗礼，那么存在于此过程中的人类又如何能够彻底而绝灭地消除黑暗与邪恶的纷争与困扰？这种矛盾的永恒是自然都无法摆脱的，人类又如何得以跨越？的确如此，人类自始至终都没有消除黑暗，都没有灭亡邪恶，而只能将其限定在一定的范围和程度之内，倒是二者在客观上却沦为了人类前进的动力。诚如马克思（Karl Heinrich Marx，1818年5月5日~1883年3月14日）所发现的那样："新的革命，只有在新的危机之后才可能发生。"（《马克思恩格斯选集》第1卷，人民出版社1995年版，第471页）但新的革命又必将引来新的危机，从危机到革命，再到新的危机和革命，如此永无止尽，而所有的这一切又都不得不成为自然的语义和法则。

人，造生于法则，存在于法则，亦灭亡于法则。在法则林立的世界中生存和发展的我们，倘若不懂法则，只是一味地在这个世界上横冲直撞，最后只能以头破血流、无功而返而告终，这是必然的结果。

茫茫大象、无始无终，成功之道、失败之理，存亡之时、盈缩之期，必本于相应的法则。有了法则的从中引渡，事物的演化才会顺理成章。法则是如此的神奇，运作万物而生生不息；法则又是如此的玄奥，通达万象而终归为一……

修为与烦恼的辩证

◎一个人烦恼太多，那是因为其修为太低
◎一无所知是起点，大彻大悟是正果
◎修为是个人适应环境、胜任生存和谋求发展的一切
◎人不得不增益自身的修为，这样才不会因为生命的缺失而感到悲哀，或者一时的兴盛而引来颠覆

一个人烦恼太多，那是因为其修为太低的缘故。

当一个人修为太低，其经济基础就有限，于是他不得不为其自身的生存而忧虑；当一个人修为太低，其社会地位亦有限，于是他不得不处处受制于人；当一个人修为太低，其就不能很好地解决生存中的一切问题并处理好各种复杂而多变的关系，处理不好关系，解决不了问题，则必然就会受制于这些关系和问题，于是同样会使自己感到忧虑和烦恼。

　　当一个人修为较高，其自然能够很好地解决生存中的经济问题，懂得合理开支与用度，故而不再为此而烦恼；当一个人修为较高，无论其社会地位如何，他都能够泰然自若，处之自然；当一个人修为较高，其亦能很好地处理生存中的各种问题及其错综复杂的关系，从而使自己从这些问题和关系的困扰中得以解脱。

　　然而忧郁者几乎都是读书太多的人，这又是一个现实的问题。其实这里存在两个点，一无所知者是快乐的，因为他没有烦恼；大彻大悟者同样也是快乐的，因为他已致通达。但一无所知是起点，大彻大悟是正果，而中间的跋涉就如同文火慢炖，倍感艰难。可惜的是，芸芸的众生既不是完全的一无所知者，亦不是已达正果的大彻大悟者，而只是停留在这两点之间的默默前行者，可是我们需要胜任生存，需要创造美好的未来，是而又怎能绝圣弃知，是而又怎能忘记一切，甘愿趋于一个一无所知者而求得片刻的安宁和快乐？恰恰相反，不仅不能退缩，反而要锐意进取，以走向修为的彼岸而终成正果。尽管如此，修为的道路却并不是一帆风顺，亦不是平淡无波，而是充满了无数的荆棘和坎坷，但前途定然是光明而圆满。

　　修为是什么？修为不仅仅是智慧，不仅仅是能力，不仅仅是造化，而是一个人综合素质的体现，是个人适应环境、胜任生存和谋求发展的一切。修为与烦恼息息相关、紧密相连，一个人修为过于有限，其必然难以解决生存和发展中所面临的一切矛盾，处理好一切可能，于是他不得不受制于人，受制于财，受制于物，那么其烦恼能不多吗？是而人不得不增益自身的修为，这样才不会因为生命的缺失而感到悲哀，或者一时的兴盛而引来颠覆。

生存刍议

◎人要了解社会，因为人要在社会中生存和竞争，否则处境将是十分的困难和危险。同理，人要了解自然，因为人要在自然中存在和发展
◎把握好生存的环境，是每一个生存者的必修课
◎生存的安全基于环境的安全，唯有环境的安全才能确保生存的安全
◎人本就生存在一个绝对不安全而只是相对安全的环境中
◎人在改造自然的同时，亦被自然所改造
◎人对自然的改造只能局限在自然对人的改造所能允许的范围之内

人，作为社会的组成要素和构成成分，在整个社会的系统中具有举足轻重的作用，并占据着极其重要的地位。

构建在自然的社会的系统中，人始终难以游离而出，社会的发展支撑了人的发展，但亦是社会的发展制约了人的发展，这种支撑与制约的双重限定却是社会本身也无法摆脱的根源，因为这是自然的法则，规制并运作着万物，任自然中的一切都无法逃避和闪躲。是而要在自然中存在，就必须接受来自自然的一切规则，否则只有淡出自然的时空，而这又是一切存在的事物所无法抉择的命运。

把握好生存的环境，是每一个生存者的必修课，因为生存的安全基于环境的安全，唯有环境的安全才能确保生存的安全。然而从现实的角度而论，人本就生存在一个绝对不安全而只是相对安全的环境中。尽管如此，为了保证生存环境的相对安全，人依然不能放弃对周围环境的考察和调研。是而，人既然要在社会中生存和竞争，人就必须了解社会，了解社会的方方面面，了解社会的里里外外，了解社会的林林总总，通晓其组成结构，明达其运行机制，理解其作用原理，参悟其存亡之道。一言以蔽之，注重从社会的物质和精神两个层

面、广度和深度两个角度的把握。唯有这样，我们对社会的理解和认识才能达到深刻、透彻、客观和全面。当我们已经详细而周密地考察并分析了社会的起源、历史和现状的时候，社会以往的一切变化，一切发展，一切可能便尽收眼底，成竹于胸。了解社会，是每一个社会的成员人生必然的抉择，是每一个新到或已到者生存必备的信息，否则在社会中生存和竞争，处境将是十分的困难和危险，如临深渊而不知，如履薄冰而不觉，稍有不慎将给自身带来莫大的损害，这是不言而喻的道理。

社会的复杂性远远超出常人的想象，可以说人心有多复杂，社会就有多复杂，因为社会从根本上讲本就是人心的体现和张扬。社会就如同一张无形的网，在向众人开放的同时亦将众生紧紧地环绕，并将个人的生存和发展限定在其允许的程度和范围之内而不可超越。倘若遵循社会的法度，阳光大道自然铺就而来；倘若违背社会的规则，社会必然为你紧闭门扉。

在社会中是如此，在整个自然中又何尝不是这样？人既存亡于社会的系统，亦存亡于自然的系统，是而人既要受制于社会的法则，更要受制于自然的法则。人在自然中存在和发展，倘若对自己所处的环境——自然不做了解，不理解其演变的准则和作用的机理，则同样是不行的。相对于浩瀚的宇宙，这个由物质统一起来的世界，人仅仅只是卑微而脆弱的生命，仅仅只是自然发展过程中的必然，人作为一个质点而被自然所包容，却由于其思想的深广和主观能动性的可能包容并改造着自然。人对自然的改造必然建立在对自然法则的参悟和运用中，但人在改造自然的同时，亦被自然所改造，而人对自然的改造只能局限在自然对人的改造所能允许的范围之内。

大千世界，气象万千，风起云涌，险象环生。人不得不小心而审慎地运作自己的人生和命运，时刻规避着来自自然的狂风和暴雨，以及社会的险滩和暗流。不了解社会，必然无法适应社会的生存和竞争；而不了解自然，则将永远受制于自然，受制于自然一切的法度和所有的可能……

权衡之规

◎人应该时刻站在历史和哲学的高度，从个人一生的全部过程及其整体利益为基础和出发点，来考虑和权衡事物的进退和得失
◎事物的存在只能建立在对自身历史不断包容的基础上
◎没有历史，就没有现在；而没有现在，就没有未来
◎境界不可不高，目光不可不远，学识不可不深
◎自然基于唯物而存在，基于辩证而发展
◎人生都只是一段时空内的存续
◎以大局为重，以目标为本

人是自然发展到一定阶段的产物，个人的未来是个人的历史发展的必然，如果一个人忘记了自己的历史，这就意味着对自身的背叛，这与列子的思想不谋而合、远近相呼。

人只有基于现实，走一条适合自己发展的道路，这才是最为明智的抉择。而一切不切实际的幻想，一切高深的虚无，终究只是一个可望而不可及的迷梦。人的存在必然要经受住来自现实的一切法度，而人的意识却总是沉浸在这种幻想和虚无，这样难免会遭遇人生的失误。人若不能切合现实，脚踏实地，一步一个脚印地稳重前行，那么未来永远也只是一个只能给人以精神慰藉的梦想而已。

基于现实，就是基于历史，因为事物的存在只能建立在对自身历史不断包容的基础上，可以说没有历史，就没有现在；而没有现在，就没有未来。没有任何事物能够超越现实的规则，可以在刹那间横空出世。事物的存在，必然有其存在的道理和原因，而它的存在，也必然会导致一定的结果，故此存在既是其前因之果，亦是其后果之因。

历史的重要在此可见一斑，是而我们考虑和权衡事物应基于历史，始终站在历史的高度，然而仅仅这样显然是不够的，我们还应站在哲学的高度，用哲学的唯物主义和辩证法去分析和思辨客观的事物，透过事物的表象，直接渗透其内容和实质，从而牢牢地把握住现实的事物。《菜根谭》曰："立身不高一步立，如尘里振衣，泥中濯足，如何超达；处世不退一步处，如飞蛾投烛，羝羊触藩，如何安乐。"意思是说立身如果不能站在更高的境界，就如同在灰尘中抖衣服，在泥水中洗脚一样，怎么能够做到超越通达？为人处世如果不退一步着想，就像飞蛾投入烛火中，公羊用角去抵藩篱一样，怎么会有安乐的生活？是而为人境界不可不高，目光不可不远，学识不可不深。自然基于唯物而存在，基于辩证而发展，而哲学则是世界观和方法论的统一，正确的哲学具有正确的指导意义，能够通过客观的事实，基于唯物的原理，运用辩证的法则去准确地预见事物的发展和变化，使我们能够提前知晓事物的未来并做好相应的准备。《左传·襄公十一年》有云："思则有备，有备无患"，道理亦然。

不仅如此，我们更应从人生的全部过程及其整体利益为基础和出发点，来考虑和权衡事物的进退和得失。

关于人生，诗人和哲人都赋予其太多的寓意。有人说人生如棋局，有人说人生是一场游戏，亦有人说人生就像是有限的资源，而哲人罗素（Bertrand Arthur William Russell, 3rd Earl Russell, 1872 ~ 1970) 则将人生比作长河……然而无论是怎样的比喻，人生都只是一段时空内的存续。在此时空之前，人生还没有开始；在此时空之后，人生已经终结，故仅为一段时空的存续。尽管如此，但不同的人生依然有着不同的命运，有的精彩，有的平淡，有的卑微，这与其自身必然有着莫大的关联，然而似乎又并不完全取决于自己。人生看似有着很大的空间和自由，其实早已被内在矛盾的必然性所决定和掌控，但最终的命运却又是来自于必然和偶然的作用，来自于一种交互的结果。

事物的存在和发展同样具有复杂与多变的属性，有些事物，从目前的、近期的角度来说，认为是有利的，但从长远的、整体的角度而言，却又是不利的，这就是事物利益的远近相悖论。我们应以全部的过程而不是局部的过程、整体的利益而不是局部的利益来作为判断和抉择事物进退与得失的依据，这就要求我们高瞻远瞩、深谋远虑。人在生存和发展的过程中，必然要付出一定的代价，这是不可避免的结果，但我们始终应以大局为重，以整体为重，为此可以牺牲局部、次要的利益来换得整体、重要的成果。中国古代集谋略之大成的

《三十六计》中有一计名曰李代桃僵，意思是说以劣势的兵力去防御优势的敌人，以达牵制、抑制的目的，从而给全局作战提供有利而方便的条件，即损失局部以保全整体，用小的代价换取大的胜利。由此可见，这种思想在古代早已被有识之士所洞悉。无可争议的是，人的时间和精力必然是有限的，是而做事应有的放矢，而不应均衡用力，有所不为才能有所为。老子倡导"无为而治"，认为无为才能无所不为；孟子亦曰："人有不为也，而后可以有为。"(《孟子·离娄章句下》)古代圣贤的思想与此亦是相通。

综上所述，站在历史和哲学的高度，可使我们基于现实，走一条最合理、最科学、最适宜的发展道路；从个人一生的全部过程及其整体利益为基础和出发点，要求我们以大局为重，以目标为本。唯有这样，我们才能尽可能地少犯错误少走弯路，才能尽可能地看清自身与万物的关系，并尽可能地利用自己有限的今生去推动人类无限的事业，从而使自己的生命绽放出更加明亮的光芒。

喜乐有度

◎人生的痛苦在于理想和现实的差距

◎人生需要务实求进，而不应好高骛远

◎生存就必然存在无限的矛盾，发展就注定了需要解决矛盾

◎人生注定是痛苦和快乐交织的一生

◎知道了真正的原因和道理，就找到了解决问题的法门

◎喜怒哀乐可以成为人生的一笔财富

◎痛苦往往能够激发出未来的成功，生活无比快乐的人几乎一事无成

人生的确如此，痛苦总是多于快乐，这或许是人生难以抗拒的命运和悲哀，这抑或是人生难以背弃的阴影和抉择。修为与矛盾发展的不平衡，常常使得情绪的调控陷入无限的深渊，然而当人类在时空的熔炉中被自然锻造得已臻于至

善，当人类的修为和智慧已不再是如此的微渺，心灵的脆弱便会告别今生的尘世，走向末路的黄昏……

人生为何要痛苦？人生为何又要快乐？一切高掷的石头终将一一落下，一切低沉的呻吟又将复于平和，是痛苦和快乐在竞相争宠，还是自然的权谋暗自运作？一切深邃的奥义隐现在自然刹那间的永恒，一切现实的可能似乎早已写就。人，既然活着，就依然需要面对生活、面对现实、面对未来，以走向光明的所在。

关于痛苦和快乐，在印度教的经典教义《薄伽梵歌》中有这样一段精辟的见解：

> 喜乐有三种。"先苦后甘"是为正果，因其源自智慧；"先甘后苦"是为罪孽，因其源自纵欲；"麻木不仁"是为愚蠢，因其源自无知。（《薄伽梵歌》，18:36-9）

诚如其言，在此为我们诠释了不同的人生，但不知上帝（如果存在的话）为何要如此地安排，让人类生活在这样的水深火热之中。人们总是为了生命中那些极易消逝的过眼烟云，为了对于多数人而言只是可遇而不可求的空中楼阁而努力抗争，而奋斗拼搏，最后换来的却是人生无尽的失意与悲哀。理想固然不可缺少，但理想不应虚无缥缈，而应该务实远大，纵然眼睛里全是夜晚的繁星，全是耀眼的星辰，脚踏的依然是平实的土地。人生需要务实求进，而不应好高骛远，从现在做起，从现实做起，能走多远是多远，因为谁也不能确定自己最终的准确位置和坐标，一切都有待实践的验证。

人生的痛苦在于理想和现实的差距，主观和客观发展的不平衡使得二者之间存在一条断裂的鸿沟，却已超越了心理所能容忍和承受的范畴，从而奠定了人生痛苦的根据和源泉。生存就必然存在无限的矛盾，发展就注定了需要解决矛盾，否则难以存在和发展，这就是自然的法则，一种来自于整体的规则，却又并非由其内的任意局部所决定和掌控。然而遗憾的是，客观的矛盾却并不追随主观的意志，而人类修为的有限和心灵的感伤如同交响乐中的间隔，在生命的进行曲中不时地闪现。人生注定是痛苦和快乐交织的一生，为现实和理想的失衡而痛苦，为主观和客观的一致而快乐。

人生欲望无穷，而实际受用有限，为了这过多的欲望而劳累，为了这过甚的追求而痛苦，心灵的翅膀飞越了现实的巅峰，最后坠入生命的峡谷，在未死的余温中自伤与自慰。过多的欲望、过甚的追求换不来人生的美好和幸福，只能导致个人过早的覆灭，因为这违背了自然一条重要的法则——适度原则，一切有悖适度原则的事情都将给人生带来无穷的祸害。既然人实际受用极其有限，而欲望和追求却往往无边，从经济的角度讲这是不合算的，从实际的角度讲这又是得不偿失，然而这既不合算又得不偿失的行为却是许多人正在不知不觉中坚持到底的生活方式，静静地权衡，这是何等的悲哀。"罪莫大于可欲，祸莫大于不知足，咎莫憯于欲得。"（《道德经·第四十六章》）老子如是说，我们是必应引以为戒。

理想和现实的差距导致了人生的痛苦，知道了真正的原因和道理，就找到了解决问题的法门，是而我们应尽量缩小理想和现实的差距，尽量保持主观和客观的一致，唯有这样才能达到减少和降低痛苦的目的。其具体策略有三：一是主动增进现实以迎合理想，二是主动降低理想以切合现实，三是将二者有机地统一起来，始终保持住一种均衡的渐进。比如不断奋进以实现人生的价值，这是第一种策略的运用；知足常乐、认可现实，这是第二种策略的运用；结合自身实际，制定出相宜的理想，使理想和现实、主观和客观发展平衡、形成渐进，这是第三种策略的运用。然而无论是采用何种策略都离不开相应修为的支撑，没有相应的修为作为坚强的后盾，亦无法实现策略的成功。

佛家的修为之道则正是上述第二策略的运用，甚至有过之而无不及。其不仅仅是降低，而是致力于如何将自己本身所固有的欲望打压得低于自己最低的拥有，明知难以得到，不如看破红尘；明知免不了生死，不如超越生死，这就是主动降低理想以切合现实的典型。现实穷困，何须为摆脱穷困而努力，不如安于穷困来得更容易；现实要死亡，又何须留恋于人世间，不如超越生死来得更直接。总之一句话，看轻一切，看淡一切，客观如何，主观亦如何，即致力于内在的修为和欲望的调控，努力使个人的理想始终维持在个人的现实以下，这样自然不会有任何的烦恼。

《道德经》有云："曲则全，枉则正，洼则盈，敝则新，少则得，多则惑。"意思是说委屈反而能保全，弯曲反而能正直，低洼反而能积满，陈旧反而能出新，少取反而能有得，贪多反而会迷惑。正是快乐固然可期，但痛苦亦并非一无所用，喜怒哀乐是人生的组成，其可以成为人生的一笔财富，少了其中任何一个环节都不能成为完整的人生，都不能使我们体会到其对立面的可贵。痛苦往往能够激发出未来的成功，生活无比快乐的人几乎一事无成，这就是现实给予我们的一点教训，所谓水不平则流，人不平则鸣，道理是然。然而普通之人却并不懂得有效地利用生命的一切财富，只是一味地喜好快乐、厌弃悲哀，这反而是不足取的，也是难以久长的。生命总是高低起伏而色彩斑斓，世事纷繁而内心萌动，这是自然的法则，人类又何以轻易地摆脱？然则生命的历练终使人们长于一种修为与调控，以归于一种平和与淡定，而复于一种质朴与自然。

成功的思辨

◎功到自然成
◎顺应自然才能成功
◎努力不一定成功，成功必须得努力
◎遵循相应的自然法则，越勤奋越成功；违背相应的自然法则，越勤奋越失败
◎人浪费的时间越多，人离成功就会越远
◎判断必然基于概念，没有概念没有判断
◎成功是一个不断思辨的过程

人生渴望成功，关于成功之道，依然是仁者见仁，智者见智。

老子认为顺应自然才能成功，此论颇有道理。我们无论做任何事情，唯有主观与客观保持一致，我们才能正确地认识事物，唯有正确地认识事物，我们才能取得成功。顺应自然的确能够成功，这就是说我们的一切言行只有切合住自然整体的要求，只有遵循自然相应的法度，我们才能取得成功，因为一切乃为合力的作用，任意的局部都会受到来自其他局部的影响和作用，是而不能掌控整个格局的变动。

孔子则认为只有坚持不懈地努力奋斗才能成功，说得亦有道理。努力和成功的辩证关系就是努力不一定成功，但成功必须得努力。这其中就涉及到一个

是否顺应自然的问题，努力而成功必定是顺应自然的结果，努力而失败必然是违背自然的结果。由此可知，是否顺应自然是成败的关键。遵循相应的自然法则，越勤奋越成功；违背相应的自然法则，越勤奋越失败。

爱迪生（Thomas Alva Edison，1847～1931）认为天才就是百分之一的灵感加上百分之九十九的汗水（原文：Genius is one percent inspiration, ninety-nine percent perspiration. 最早发表出版在《Harper's Monthly》上，1932年9月），在此强调智商和勤奋的关系。爱因斯坦的成功公式则是 A = x + y + z（原文：Wenn a für Erfolg steht, gilt die Formel a = x + y + z; x ist Arbeit, y ist Spiel, und z heißt Maulhalten.），意思是说成功（A）等于勤奋工作（x）加上正确的方法（y），再加上少说空话（z）。勤奋必不可少，正确的方法是少走弯路，少说空话则是节约时间，从而使成功能够出现在自己生命的河流，这就意味着人浪费的时间越多，人离成功就会越远。然而客观而论，在人成功的道路中，从事一些与成功无直接联系的事，这会延迟其成功的时间，但对于其成长却并非一无是处。

这些方法和道理都有其可取之处，但无论是采用何种途径取得成功，都必然是符合老子的成功之论——顺应自然才能成功。这条成功之论犹如一道明显的分水岭，将成功和失败分为两大部分，即凡是顺应自然就能成功，凡是违背自然就会失败。为什么会是这样？在此首先需要知道顺应自然和成功的概念，因为判断必然基于概念，没有概念就没有判断。所谓顺应自然是指客观的事物能够迎合整体对自身的规定和要求，能够与相应的自然之道保持一致；成功则是指理想与现实能够相符。因为一切的现实都是按照相应的自然之道来造化和运作，当一个人在客观上能够与这种相应的自然规则保持一致，那么当然就能够达致相应的结果，从而使理想与现实相符，于是自然就可以成功。所以，我们应将此成功之论作为成功之道的思想总纲，而其他的一切成功之论都是在指导我们如何能够顺应自然，以求跨越这道成败的分水岭，从而走向成功。

在众多指导我们如何成功，即如何使我们能够顺应自然的理论中，我更倾心于功到自然成。所谓功到自然成，简单地说就是功力、修为、作为到家了，成功就会自然而来。"功到"含有两层意思，一是要求我们要不断地努力，不断地去实践；二是要求我们的言行能够力图顺应自然。当做到了这两点，也就达到了"功到"，功既然到了，那成功是自然而然的，成功是随之而来的。

"功到"的第一层含义符合孔子的思想，即要求我们必须不断地努力和奋斗；而第二层含义则符合老子的思想，即要求我们必须顺应自然。二者相互为用、并行不悖，前者是对过程和行为的描述，后者则是一切努力和奋斗的准则。只有做到这两点，我们才能成功。

《菜根谭》曰："绳锯木断，水滴石穿，学道者须加力索；水到渠成，瓜熟蒂落，得道者一任天机。"意思是说绳可以锯断树木，水可以将石头滴穿，晋德修业之人必须增加力度探索研究；水到之处会形成沟渠，瓜果熟透时会落下，得道而通达之人完全听任自然的安排。这亦是告诉人们应该努力做好过程，而结果则听任自然，在此表达了作者对"谋事在人，成事在天"的理解和认同，同时也体现出作者的一种理性和智慧，而这与功到自然成的观点亦是相通。成功为什么总是这样的困难，而失败却是那样的容易？为什么我们随意出手，失败的可能总是居多？那是因为成功锁定的范围总是要远远地小于失败所能写就的空间。为了能够击中这微小的咫尺之间，努力与付出、艰难与荆棘就在所难免。

人生的成功是一个漫长的过程，人生的成功也是一项宏大的计划，这不是一朝一夕所能完成和实现，我们必须用正确和积极的态度来面对自己的人生，来面对人生中的每一次抉择。成功是一个不断思辨的过程，为了人生的成功，我们必须不断地学习，不断地思辨，不断地实践，并在不断地努力和奋斗中去摸索、去寻找、去发现成功的道理。当领悟了成功的法则，再完全彻底地应用到实践中去，人生自然就会成功。

存亡之基

◎人类的生存离不开经济的支撑，经济已经成为人类存续的基础
◎经济是政治的基础，战争是政治的延续
◎经济上无法独立，政治上亦无法独立
◎知识增益的是我们的精神财富，而生存却是构建在物质财富的基础上的
◎当人有了经济的支撑，人生的发展将有更大的自由

◎为了生存而生存，只是生存的低级形式；为了志趣而生存，则是生存的高级阶段
◎唯有物质文明和精神文明的高度发达，才能迎来个人的全面发展
◎唯有经济的独立，才能赢来政治的光明
◎唯有人类共同的觉醒，才能迎来共有的胜利

一个人在社会中生存，自然的法则具有第一支撑的效力。那么什么又最具有第二支撑的意义？是智慧能力，是经济实力，还是政治权力？答案无疑是经济实力。

经济是什么？所谓经济，是指社会物质生产和再生产的活动。按照经济学的划分，其可以分为三大产业，第一产业是直接而简单地取自于自然的产业，诸如农业、林业、牧业、渔业；第二产业则是加工取自于自然的生产物，诸如采掘、制造、电力和建筑；第三产业可以理解为繁衍于有形物质财富的生产部门，也是除第一、第二产业以外的所有行业。

人类的生存离不开经济的支撑，经济已经成为人类存续的基础。学习需要经济，事业需要经济，生活需要经济，修身养性需要经济，参禅悟道需要经济，无为而治、师法自然同样需要经济……总之，一切生存者概莫能外，区别只在于大小和时间的长短。竞争的压力让我们常常忽略了生存中一个最为简单的道理，那就是知识增益的是我们的精神财富，而生存却是构建在物质财富的基础上的。是故，没有一定的物质作为生存的基础，又如何去增益精神的财富？当人有了经济的支撑，人生的发展将有更大的自由。道理固然如此，但我们依然应该遵循取之有道、用之有度的原则，唯有这样我们才不会因为增进人生而误入生命的歧途。为了生存而生存，只是生存的低级形式；为了志趣而生存，则是生存的高级阶段，然而这种生存所呈现的形式和所处的阶段却又不得不受制于客观的一切，受制于内外的修为和现实的法度，亦受制于个人所拥有和掌控的一切资源。随着社会的发展，人们在已有的经济基础之上又构建起一系列的上层建筑，诸如法律、道德、宗教、艺术、哲学、政治，而个人的进步除了需要经济的支撑，还需要上层建筑的作用，唯有物质文明和精神文明的高度发达，才能迎来个人的全面发展，才能实现个人的自由和解放，从而走向更加美好和理想的未来。是而，富有的愚人和贫穷的智者都将成为一种生命的缺憾，在自然的怀抱中单翅翱翔，怎么能够飞得更高更远？丢失了人生应有的平衡，只能在失衡的矛盾中毁灭自我。

经济不仅是人类存续的基础，同时也是政治的基础。经济为什么能够成为政治的基础？首先，政治属于上层建筑的范畴，一切上层建筑都必须构建在人类已经解决生存的基础上，如果人类连生存问题都没有解决，那又如何去构建上层的建筑？而经济正是解决人类生存问题的必经之路，故而可以成为政治的基础。其次，一个人、一个民族或一个国家若在经济上无法独立，其政治上亦将无法独立。从来没有一个能动的实体在经济上没有完全独立，在政治上却可以完全独立的，因为如果其在经济上无法完全独立，其在政治上就难免会受到其经济依附对象的干预和影响，并因而受制于其中，那么其在政治上自然是无法完全的独立，正是唯有经济的独立，才能赢来政治的光明。从这点意义上而论，经济亦是政治的基础。再次，政治思想的贯彻，政治措施的实施，政治主张的执行，以及政治权益的维护、保障和延续都需要经济的支撑，都需要经济作为其强大的后盾。试想，没有经济支撑的政治会是怎样的政治？从这点意义上讲，经济同样是政治的基础。

　　经济是政治的基础，而战争却是政治的延续。战争为什么是政治的延续？因为战争不是政治的常规表现形式，而是一种暴力的冲突，然而其与政治却有着莫大的关联。无论是国家、地区，还是民族之间爆发的战争都与政治有关，都与双方的政治权利有关，是双方通过和平方式一时所解决不了的政治问题，于是双方选择了使用战争的方式来加以解决，从而使得战争成为政治的延续。战争有时也是政治的手段，是有关各方在政治中为了达到、获得、实现自己的政治权力、政治利益、政治主张而采用的一种形式。

　　和平和发展已经成为世界的主流，不到万不得已人类没有必要用战争的形式来解决一切政治的问题。从发展的角度而论，这是得不偿失的行为；从全局的角度而论，这又是极不理性的抉择，然而唯有人类共同的觉醒，才能迎来共有的胜利。人们只有真正地懂得了战争的危害和生命的可贵，彻底地理解了造化的意义和万物的价值，才能更好地走好自己的人生和未来。

逆境·决盾·发展
——人生三部曲

◎拯救莫过于自救
◎解决一切问题的根本在于自己的发展
◎一个人的发展取决于与之直接或间接进行接触的其他一切的发展

人既然来到这个世界上,就应该活得有尊严,活得有价值,一旦人丧失了追求,丧失了努力和奋斗的勇气,那么即使其生命还存在,他的人生已变得毫无意义。

然而天有不测风云,人有旦夕祸福,人在生存和发展的过程中,不可避免地有时会处于危难的时刻,不可避免地有时会有灾难的发生,这不仅威胁到自己的生存,同时也威胁到自己的发展,但此时人不能无动于衷,更不能坐以待毙,而应该积极行动起来,拯救自己于危难中,拯救自己于灾难里。拯救莫过于自救,一切外在的帮助都只能暂时缓解自己一时的困难和苦痛,而不能从根本上去解决自己一切的问题,唯有自己振作起来,积极面对问题、解决矛盾、迎接挑战,这才是治愈一切创伤的根本。不懂得锐意自振,不能够发奋图强,只是一味地等待着别人的施舍与怜悯,渴望着别人的同情与恩典,这都将无法支撑起个人的尊严与人格、发展和独立。总是希望依赖别人,总是渴望得到帮助,这不仅不是一种心理的成熟,同时也体现了自己性格的懦弱,并且自己永远也无法独立,永远也无法自主,永远也无法得到别人的尊重,是而自救才是根本,自救才是正途,自救才是终极的出路。一个不懂得自救的人,一切的拯救终将变得徒劳而无益。

解决一切问题的根本在于自己的发展。这是经过无数次的实践所证实为真理的法则,可是现实中的人们却并不能真正地理解其精深的内涵,总是简单地认为现代社会中起主导作用的是人际关系,而不是个人素质,其实这是不正确的。其只知其一，不知其二，理解事物不能入渐知微，不能鞭辟入里，更不能拨开外在纷繁的表象，而抓住其简单的内核，所以只能与真理擦肩而过，这不能不说是一种认识的悲哀。正因为有此错误的认识来作为行动的指南，故其生命往往在呼朋引伴中虚度，而不懂得增益自己的德才，生命既已逝，盛年不再来，这又不得不说是一种生命的悲哀。自人类产生以来，这条法则就无时无刻不在发生着作用，只要人类还存在，只要生命还存在，这条法则就不会消失，过去如此，现在如此，将来亦是如此。它不仅适用于个人，适用于国家，适用于民族，同样也适用于一切能动的实体和所有智慧的生命。人际关系固然不可缺少，但晋德修业才是人生的主流，仅有的一次人生为何不能击中事物的本质，而要陷入认识与生命的悲哀？

  一个人的发展取决于什么？或者说是什么对一个人的发展具有重要的作用？马克思、恩格斯认为："一个人的发展取决于和他直接或间接进行交往的其他一切人的发展"（《马克思恩格斯全集》第3卷，人民出版社1961年版，第515页），而我认为一个人的发展取决于与之直接或间接进行接触的其他一切的发展，而不仅仅是一切人的发展。事物发展的内因和外因的辩证关系告诉我们，内因是事物发展的根据，外因是事物发展的条件，外因要通过内因来起作用，但正是因为外因是事物发展的条件，倘若没有此外在的条件，即使事物内部存在某种发展趋势的根据，事物也不会发展。这很简单，因为外因是事物发展的条件，事物缺少了发展的条件，怎么可能发展？而内因是事物本身所固有的，我们可以将其看作是事物的本身，与事物的存在联系为一，所以我们可以说一个人的发展取决于与之直接或间接进行接触的其他一切的发展，这些直接或间接接触的一切就是个人发展的外因，就是个人发展的条件。由此可见，一个人生存的环境是何等的重要，其对于个人的影响是深远而沉重，其对于个人的发展又是至关的重要。同时，这亦告诉我们应审慎地择物交友，人应该努力从外界吸收积极的因素，摒弃其消极的力量，以此来发展壮大自身，这才不失为正确的抉择。其三，这亦要求我们应控制好自己与外界的交互，有选择地面对存在的万物，因为它们都将深重地影响到自己发展的方向和程度。

  在苦难中，我们应懂得自救是关键；在解决问题时，我们应知道自己的发展才是根本；而在发展中，我们应明白这取决于与自己直接或间接进行接触的其他一切的发展，故而应注重选择生存的环境，审慎地择物交友并牢牢地把握好自己。

适度原则

◎适度原则：一切适度，过度或不及都不利于事物的存在和发展
◎快乐中孕育着悲哀，安全中蓄藏着危险
◎道在中庸
◎张扬不如内敛，内敛不如中庸
◎中庸之道是人生之道，亦是事物之道，更是自然之道

适度原则，自然的法则。

所谓适度原则，就是指对于事物而言应一切适度，过度或不及都不利于其存在和发展。事物在自然中存在和发展，本身不会是孤立的，而是和其他事物彼此联系、彼此影响，其存续时间里的任意时刻都与自然交换着信息和能量，彼此相互地感应和变化，这样的结果是事物本身所固有的自然属性所决定。

人，固然有其强硬的一面，然而又是极其脆弱的生命，不得不在自然的法度中上下游走、纵横捭阖而始终不可规避和越度。适度原则告诫我们一切都必须把握好一个度的问题，当超越了这个度称为过度，当达不到这个度则称为不及，而唯有适度才有利于事物的存在和发展。适度表现在我们的一言一行中，在我们与其他事物发生联系时表现出来，然而人们却并不能深知此理，潜意识中只是简单地认为对己有利的事物越多越好，对己不利的事物越少越好，而不懂得量力而行与适可而止，这样人生难免祸害。快乐中孕育着悲哀，安全中蓄藏着危险，正是"祸兮，福之所倚；福兮，祸之所伏。"几千年前哲人老子就早已认识到了这个道理，人们对此为何还要如此地执迷。唯有懂得适度的原则，才能从一种盲目的执着中解脱出来而走向一种理性的回归。适度就是如此的重要，与万物的命运休戚相关，而这与儒家学派几千年来所倡导的中庸之道亦是相通。

程颐有云:"不偏之谓中,不易之谓庸。中者,天下之正道,庸者,天下之定理。"(《四书集注·中庸章句》)意思是说不偏于一方叫作"中",不改变常规叫作"庸"。"中"的意思是天下的正道,"庸"的意思是天下的定理。《礼记·中庸》亦曰:"喜怒哀乐之未发,谓之中;发而皆中节,谓之和。中也者,天下之大本也;和也者,天下之达道也。致中和,天地位焉,万物育焉。"意思是说人们喜怒哀乐的感情没有表露出来的时候称为"中",表露出来以后符合自然常理、社会法度称为"和"。"中"是天下人们最大的根本;"和"是天下人们共行的原则。达到了"中和"的境地,天地便各在其位而运行不息,万物便各得其所而生长发育。朱熹注曰:"大本者,天命之性,天下之理皆由此出,道之体也。达道者,循性之谓,天下古今之所共由,道之用也。"(《四书集注·中庸章句》)再根据《庄子·内篇·齐物论》中"唯达者知通为一,为是不用而寓诸庸。庸也者,用也;用也者,通也;通也者,得也。"可知"和"为用,"庸"亦为用,所以"中和"就是"中庸",故而道在中庸。

《菜根谭》曰:"君子居常嗜好,不可太浓艳,亦不宜太枯寂。"意思是说有道德修养的人日常生活的喜好,既不可过度奢侈华丽亦不可过度枯燥孤寂。

其亦曰:"山之高峻处无木,而溪谷回环则草木丛生;水之湍急处无鱼,而渊潭停蓄则鱼鳖聚集。此高绝之行,褊急之衷,君子重有戒焉。"意思是说山高险峻的地方没有树木生长,而在溪谷蜿蜒曲折的地方却草木丛生;在水流湍急的地方没有鱼儿停留,而平静的深水潭下则生活着大量鱼鳖。所以过于清高的行为,过于偏激的心理,对于一个有道德修养的人来说是应当努力戒除的。

其又曰:"忧勤是美德,太苦则无以适性怡情;淡泊是高风,太枯则无以济人利物。"意思是说努力勤奋本来是一种美德,但如果过于认真把自己弄得太苦,就无助于调适自己的性情而使生活失去乐趣;淡泊寡欲本来是一种高尚的情操,但如果过分逃避社会,就无法对他人有所帮助。

其再曰:"气象要高旷,而不可疏狂;心思要缜密,而不可琐屑;趣味要冲淡,而不可偏枯;操守要严明,而不可激烈。"意思是说一个人的气度要高远旷达,但是不能太粗疏狂放;思维要细致周密,但是不能太杂乱琐碎;趣味要高雅清淡,但是不能太单调枯燥;节操要严正光明,但是不要太偏执刚烈。

……

以上种种言论无不从不同的角度来诠释和论证了一个相同的道理——道在中庸。张扬不如内敛,内敛不如中庸,中庸才是正常、健康、成熟的姿态。道的确是在中庸，中庸之道是人生之道，亦是事物之道，更是自然之道。

适度属于抽象的哲学范畴，适度的度并没有一个固定的标准，而是因物而异，因时而异。比如对于不同的人而言，适度的度所代表的具体程度是不同的，即使是同一个人处于不同的生命周期，其具体指代亦是不同，故而应懂得灵活变通、合理量度，而不可陷于偏执之中。

适宜原则

◎适宜原则：在适宜的时间，适宜的地点，做适宜的事情
◎万物看似杂乱无章，实则井然有序
◎一切都需要自然的允许和命运的造化

适宜原则，自然的又一法则。

所谓适宜原则，是指对于自然内的任意生命而言，应在适宜的时间，适宜的地点，做适宜的事情。适宜原则的关键在于应牢牢地把握住时间、空间和事件的三要素，并为其寻求一个最佳的平衡与组合状态。

时间、空间与事件三者密不可分，自然中任何事件的发生都离不开相应时间和空间的支撑，不占用任何时空的事件无法存于自然，这就是自然的法则。而要超越自然的法则，必先假借其另一法则，否则难以成为客观的现实，而这亦是自然的法则。时间、空间和事件既然是一个有机的整体，那么三者之间的平衡与组合就是一个十分重要的问题，因为这关系到整个事件的走势和最终的结果。

时空有其必然的运动和变化，有着不以人的主观意志为转移的特点，其对万物强大的摄动力是万物本身始终难以逃避和感知的秘密。时空对万物的影响和作用无时不在、无刻不存，随着万物的诞生而诞生，随着万物的殒灭而殒灭。万物为何要运动？万物为何要变化？万物为何又要发展？那是因为整个时空在运动，整个时空在变化，整个时空在发展，而同时自身又存在感应这种运动、

变化和发展的内在矛盾，于是有了纷繁的万象和新陈与代谢。

万物看似杂乱无章，实则井然有序，其一切改变都必本于自然的法度并依托于相应的规则，局部的随意与偶然统摄在整体的必然中，但整体的必然依然穿越在偶然的泥泞。偶然大于必然，这就是真实的自然，但不知是自然一时的疏忽，还是其特意的安排，抑或是其艰难的抉择却又无力回天的结果？

偶然大于必然，这意味着确定总在不确定中闪现而来，同时也给予了万物一线的生机，但时空的作用力依然存在，强大而难以抗拒，无声却又不可闪躲，我们的一言一行、一举一动无不受到整个时空的影响。既然如此，我们的一切又如何能够规避整个时空？恰恰相反，不仅不能规避，反而应切合到位、击中时空，唯有这样我们才能找到生命的亮光。

人类从遥远的过去一路走来，经历了无数的艰辛与磨难，也谱写着辉煌和文明，在与自然不断地斗争中积累起无数宝贵的经验，它们将连同人类的延续流传久远。人类始终按照自己的意志改造着整个世界，但这种改造必然有其限度而难以跨越，天道高悬而强硬，天道广博而精微，人类的一切都需要经过天道的——审判和裁定，人类如何才能成功？人类又如何才能如愿？诚如前文所言，这不得不顺应自然，正是一切都需要自然的允许和命运的造化，这就是自然最为根本的语义和至上而上的权谋。

适宜原则无疑是重要的，它将万物统摄进了一种理想的均衡中，使其与自然的变化有机地融合起来，从而归于一种存在的和谐，变化的和谐和发展的和谐。

觊业有道

◎记忆和理解是一切理论学习的不二法门

◎任何一门学问要有高深的造诣，都必须经历基础的阶段，而基础阶段的学习源于大量的背诵和记忆

◎知识的积累是任何分析和判断的基础和前提

◎重复就是最基本、最简单、最适用的记忆方法

◎背诵可以提高人的记忆力和智商

◎背诵需要有极大的热情和单纯的心灵

◎人不仅需要记忆，而且需要将其烂熟于心，以至于在思想、交流或写作时的不知不觉中喷发而出

◎人类的发展史就是一个不断学习和实践的辩证过程

◎悟性是一切学问和技能臻于至善的必经之路

◎融会贯通、灵活运用和发明创新就是学习的三个境界

◎生命不止，奋斗不息

学习，有助于我们提高自己的道德水平；

学习，有助于我们增强自己的实践能力；

学习，更有助于我们实现完善的自我。

人类由进化产生而来，就从来没有放弃过学习。我们远古的祖先早已认识到了学习的重要，学习对于人类的生存和发展功不可没，可以说人类的发展史就是一个不断学习和实践的辩证过程，从实践－学习－再实践这样不断地前进反复，永无止境。学习，既包括对已有知识的消化吸收，也包括对曾经实践的经验总结，而后者就正是从实践中学习，以为下一次的实践作好准备。

《国语·晋语四》有云："人生而学，非学不入。"意思是说人生下来就应该学习，不学习就不能入正道。古人尚且如此，更何况是我们？

春秋战国时期的思想家荀子在《劝学篇》中这样立论："学不可以已。"意思是说学习不应该停止，从中足可以见其对于学习的态度和追求。

孔子曰："学而不厌，诲人不倦，何有于我哉！"（《论语·述而》）告诉我们不应该满足于学习，亦不应该倦怠于教诲他人，这些光辉的思想都被后人所传承和发扬。

王符在《潜夫论·赞学》中有云："虽有至圣，不生而知；虽有至材，不生而能。"意思是说即使是最大的圣人，也不是生来就如此的聪明智慧；即使是最好的人才，也不是生来就如此的才华横溢。通过客观地考察"至圣"和"至材"两个例子，从一个侧面说明后天的学习是如何重要，是如何的不可替代，它是造就"至圣"和"至材"的唯一途径。通过学习不一定能够成为这样的人，

但要成为这样的人则必须学习。

从古代先贤的思想光辉中，使我们看到了他们对于学习的热忱和价值的取向，而我们则有"活到老，学到老"的生存理念。唯有不断地学习，我们才能取得进步；唯有不断地学习，我们才能塑造完善的人格；也唯有不断地学习，我们才能生存和发展得更好。学习是没有止境的，学习的目的是为了更好地指导实践，所谓"学以致用"，道理正是如此，于是形成了我们生命不止，奋斗不息的生存又一理念。

既然学习无论是对于人类，还是对于个人而言都是如此的重要，那么如何才能学好，如何才能学而有成便是值得人们去细心探讨和研究的问题。我认为记忆和理解是一切理论学习的不二法门。

首先，记忆是学习的根本和核心。记忆可以分为无意识记忆和有意识记忆两大类，比如说某人读了某本书，或者去了某个地方，那么事后他就知道自己曾经读过某本书，或者曾经去过某个地方，这就属于无意识的记忆，因为他并没有刻意去记忆这些信息，然而却记住了这些信息，这些信息是其意识自发的、无意识的作用，但这同样属于记忆的范畴。另一类就是有意识的记忆，比如一段文字、一些公式、一行数字等较为复杂和烦琐的信息，如果不刻意地去记忆，对于普通人而言则无法记住，于是不能灵活调用，而这类信息的刻意记忆亦属于记忆的范畴。

记忆（无论是有意识或无意识）构建了人类大脑的信息库，不要说没有记忆人类无法发展，如果没有记忆人类连生存都非常困难。这个道理很明显，没有记忆人无法记住自己的姓名，无法记住道路的走向，无法记住自己的亲人或朋友，亦无法记住交流的工具——语言，从而无法正常的交流。一言以蔽之，没有记忆人无法记住生存所需要的一切信息，一切都需要立刻学习，而学习之后又会立刻遗忘，因为没有记忆（无论是长期或短期），是而无法保持住这些信息。由此可见，没有记忆生存是何等的困难，所以记忆对于人类的生存不可或缺，人的大脑每时每刻都要处理并保持住大量的信息，以备在将来需要的时候能够调用。记忆对于人类的发展同样是极其的重要，因为学习是人类实现进步和发展所必不可少的一个环节，而记忆则正是学习的根本和核心。这是从整体的角度来权衡记忆，我们再从局部的角度来考量记忆。人从小要接受教育，那么如何才能学好？其实关键就在记忆，那些学习成绩很好的人必然都是在记忆知识上很下功夫的人，他们记忆的能力或许并不是很强，但一定很下功夫，从来没有那种成绩很好而又不去记忆的人。尽管人类教育有着体制的不同，使得有些教育侧重于理论知识的学习，有些教育侧重于实践能力的培养，理论知识必然需要记忆，而实践能力要强，如果没有较为全面而高深的理论作为指导亦是困难的，所以这同样需要记忆。对于实践能力的造化，如果没有刻苦训练只是枉然，然而我们需要明白的是尽管博学只靠勤修得，绝技乃由苦练成，但是任何绝技若无相关理论的指导，同样也是枉然。任何一门学问要有高深的造诣，都必须经历基础的阶段，而基础阶段的学习源于大量的背诵和记忆。记忆才是真正的素质教育，亦可以说是素质教育和应试教育的完美结合。素质教育相对于应试教育而言，更侧重于解决实际问题的能力，而它并不是取舍该不该记忆的名称划分。倘若没有相应的知识积累又如何去解决现实的问题？知识的积累是任何分析和判断的基础和前提，而要进行知识的积累，没有记忆的环节是无法实现的。

记忆，并非什么都记，主要和关键是记忆经典，即记忆书中质的部分，而不是其量的部分。用别人思想的质来形成自己思想的量，那么自己的思想将会变得更加地光亮，思想的大厦也将被建设得更加地辉煌。在学习的问题上，可以说谁记得多谁成绩就可以优秀，谁记得多谁就是有能力的人，谁记得多谁就是有本事的人，谁记得多谁就是大学问家，谁记得多谁就是专家，谁记得多谁就是教授（能力达此阶段），这就是所有学习成功的人长期以来的经验答案，也是中国几千年来优秀教育传统的根本总结。

记忆，你别无选择。这也是古往今来历史内外任何以知识和智慧取胜的名人、伟人，以及成功人士在学习阶段始终无法回避的话题，倘若没有他们昔日的记忆，就没有他们曾经的辉煌。记忆使得学习变得异常的简单，然而记忆并不可怕，记忆也并不困难，基于人类大脑左右半球及其职能的划分，记忆的方法也可以相应地概分为左脑记忆法和右脑记忆法两大类。左脑在心理学上被称为优势半球，而左脑记忆法也是众人常用的方法，其实很简单，就是不断地重复，正所谓"书读百遍，其意自现"，"一回生，两回熟，要想记住靠重复"。重复的方法是人人都会的，是简便易学的，是极具操作性的，其实重复就是最基本、最简单、最适用的记忆方法，而记忆又是最简单、最快速、最有效的学习方法，记忆就是学习的终极出路。人无须担心自己记忆力不好，只管重复就可以，次数多了，不想记住都不行，这就是重复的威力，正是大道至简至易，最简单的反而是最适用的。

记忆，对于理论学习者而言无疑是重要的，它不仅有利于学习者对知识的吸收和掌握，亦是任何一门学科、一门语言学习不可缺少的制胜法宝。人不仅需要记忆，而且需要将其烂熟于心，以至于在思想、交流或写作时的不知不觉中喷发而出，通过不断地重复以达致背诵的目的，而这需要有极大的热情和单纯的心灵，仅此而已。更重要的是，背诵可以提高人的记忆力和智商，人记得越多，人的记忆力会越好；人记得越多，人的智商会越高，这其中含有非常重要的科学原理，是十分正确而适用的真理。背诵还可以促进人不断地进步和超越，故有志于学习的人，有志于以学术张扬生命的人对此不可不知。

长期的记忆可以使人在学问的造诣上达到一定的高度，而要达到精深的阶段则离不开理解。理解是学习的羽翼和深化，理解必然需要领悟，而悟性正是一切学问和技能臻于至善的必经之路。唯有理解才能将机械的知识融会贯通，从而达到灵活运用，进而达到发明创新的阶段（这三个阶段正是学习的三个境界），唯有达此最高的阶段——发明创新，才能使人类获得长足的进步，也才有产生划时代和里程碑式意义的可能。

记忆和理解是一切理论学习的不二法门，这是千真万确的真理，是理论推出，也是实践证明的灼见，除此之外，从人类目前的发展水平而言再没有别的什么方法可以达致理论的最高境界，的确不愧为不二的法门。

特别推荐：

超级记忆力的获得

——来自高僧的启示

人们对宗教的理解和看法其实是不全面的，也是不彻底的。大凡一提到宗教，人们总要先入为主地给其戴上一顶顶有色的帽子。诸如他们相信有神、仙、鬼、怪的存在，他们相信有天堂和地狱的空间；他们认为万法皆空，世间本无一物，崇尚醍醐灌顶、石蜜在心；他们六根清静，他们四大皆空，他们看破红尘，他们超越生死……佛家的文六全身、庄严色相、天堂清明、地狱阴惨、天女散花、夜叉披发，无不给世人留下深刻的印象。他们成天就念经打坐，参禅悟道，以求得灵魂的解脱，他们过着与世无争的生活，他们是苦行的求索者，他们亦是生命的参悟者。如此等等，以使众人自以为早已将他们看透而不值一提，而不屑一顾，然而事实却并非如此。宗教中亦含有深刻的思想和哲理，以及可以为世人广为援引的方法和智慧。

获得超级记忆力的做法其实很简单，就是每天念某句箴言1万遍，100天就念100万遍，这样就获得了超级记忆力。获得此记忆力有什么效果？第一就是可以过目不忘、过耳不忘；第二就是大脑的素质得以提高。能够达到这两点效果，我们还苛求什么？此记忆法正是基于左脑的记忆方法，其核心在于多次、重复和朗读。重复时的朗读比默读效果要好得多，这是不言而喻的道理，其增加了多种感官的刺激，同时又有提神醒脑的功能，这句话的依据在哪里？假如人昨夜没有睡好，翌日晨起头脑昏沉，不妨拿本经典的书籍来到阳台上，面对无人的空旷之地，面对优美的自然风光大声地朗读，过不了多久就会感到精神爽朗、耳清目明，这是实践验证的结果。朗读可以提高人的兴奋度，活跃人的神经细胞，既然如此，朗读又如何不能提神醒脑？

和尚们需要记住大量的教义经典，这种方法是其在长期不断的摸索中得到的，效果非凡，故在佛教界得以广泛使用。纵然这是别人的方法和智慧，然而他山之石，可以攻玉，是而我们不应置若罔闻，而应博采众家之所长，以此来完善自己。人不应拒绝一切有利于自身发展的因素，但同时亦不应违背适度和适宜的原则，从而使自己变得更加的优秀和卓越。

输出定律

◎输出定律：没有深厚的输入，难以有卓越的输出

◎存在决定意识，输入决定输出

◎作品的质量取决于创造者的能力和创作时的态度

◎在态度既定的条件下,要想从根本上提高作品的质量,则应从根本上提高创作者的能力

◎谁也不能造就出超越自身造化能力的事物

◎一切皆发于自然,亦成于自然

每个人都有一片属于自己的天空,每个人亦有一个属于自己的梦想。

人无时无刻不在为自己的理想和希望而努力奋斗着,有的想成为科学家,有的想成为政治家,有的想成为哲学家,有的想成为艺术家,亦有的想成为作家、文学家或诗人……

人们为此孜孜不倦地努力着、思想着、奋斗着,在生命的旅途中早已播下了希望的火种,以期在生命的未来能够照亮一片天空,为自己有限的人生增光添彩,亦让这种青春的火焰和激情的喷薄能够在命运的祝福中熠熠生辉、灼灼耀射,为此即使付出再大的代价,甚至是生命本身也在所不惜。

追梦者比比皆是,而圆梦者却屈指可数,其原因何在?现实中存在这样一个真实的故事,有人不惜抛弃家人,只身一人来到异域他乡,一心只为追寻心中的梦想,种子早已播下,只是耗费了人生大半的光阴,也不见花开果结,自己不仅没有实现自己的理想,反而衣食无着,活得穷困潦倒。我们为其不幸的遭遇感到遗憾,为其一腔的热忱表示惋惜,更为其坎坷的人生陷入深思。

他或许痛恨上天的不公,或许有感于人生的无常,亦或许为其虚度的光阴而悔恨,但我认为他更应该从自己的身上寻找原因和答案,为什么别人能够成功,而偏偏自己却不能成功?其实,从事写作、发明或科研等各种创造性工作的人必受制于输出定律,该定律告诉我们没有深厚的输入,难以有卓越的输出,这里的"输入"不仅仅是指书本知识的输入,也包括社会见闻和人生阅历等一切信息的输入。输出定律无疑是正确的,因为我们无论是直接输出还是创造输出,它都必须基于我们大脑已经输入的一切信息,而不是自然所拥有的一切信息。这样一来,我们的输出必先受制于我们的输入(无论来自内部还是外部),所谓存在决定意识,输入决定输出,没有存在就没有意识,没有输入亦不会有输出,这就是说存在第一性,意识第二性;输入第一性,输出第二性。相对于信息而言,人的大脑是在对其进行不断而选择地吸收、消化、处理、存储和输出,其具有对信息进行提取、存储、流通、再生和改造的功能,大脑是人思维

的关键和发展的主宰，也是人最高的指挥中心，我们不应忽略这个中心，应该重视并开发它，让它发挥出更大的作用和潜能。

纵然我们具有创造性的思维，可以对信息进行再生和改造，但这同样要受制于输入的信息。有人不懂得输出定律，其首先没有深厚的输入，只是在一味地空想，试图以这样的方式创造出卓越的作品来，而这无疑是困难的。太阳之所以为太阳，就在于它能普照万物，正所谓阳光无私照，而太阳为什么今天能够普照万物？就是因为它在普照之前率先聚合了能量，没有当初的聚合，就没有今日的普照。作品的质量取决于创造者的能力和创作时的态度，首先与能力有关，相应的能力是决定其能否创造出卓越作品的关键因素和先决条件，而态度则是在客观上决定这种能力发挥的程度。如果态度端正而积极向上，则能力可以正常甚至超常发挥；如果态度一般，能力发挥也一般；如果态度消极，则能力的发挥将极其有限。所以，对于创造者而言，二者同样重要，缺一不可。

西晋陆机《文赋》有云："收视反听，耽思旁讯，精骛八极，心游万仞。"意思是说在创作时要不视不听，专心致志地沉浸于想象之中，在广阔的想象空间里不断探求，让精神在四方八极中驰骋，心灵在万仞之间游荡。由此可见陆机对待创作的态度，这种态度的确是有利于相应能力的发挥，以至达其所谓"观古今于须臾，抚四海于一瞬"之境界。

态度既然不可或缺，那么对作品不断地修改就是一个很好的态度，从而收到"文字频改，工夫自出"的效果，但作品无论如何修改，其质量必然会受制于修改者自身的水平，是而在态度既定的条件下，要想从根本上提高作品的质量，则应从根本上提高创作者的能力，否则无法实现这一目标，毕竟谁也不能造就出超越自身造化能力的事物。二者之中能力就会受制于输出定律，因为作品本身其实就是内在能力的外在表现，而影响态度的因素则是性格，而性格又是自身先天遗传因素和后天生存环境两者共同决定。经过这样的分析，我们也可以看出是自身先天遗传因素、后天生存环境和输出定律共同决定了作品的质量，这也说明人类任何一件作品都是在相应的历史条件下和社会关系中诞生，其必定会受到相应的客观存在的影响和制约。

作品质量有绝对质量和相对质量之分，绝对质量是相对于零点而言的质量差，相对质量则是相对于别人作品质量而言的质量差，这两个质量标准都重要，但相对质量似乎更为重要。一个人如果没有深厚的输入，就难以创造出有较高相对质量的作品，没有这种卓越的作品，自然无法在该领域中找到自己。这就意味着自己无法取得期望的成功，这也是现实中造成希望的种子早已播下，可就是难以开花结果的一个关键原因。

输出定律告诉了我们人脑对信息输入与输出的微妙关系，它制约了我们的意识以及意识的范围和程度，这就意味着一个人想要拥有卓越的输出，则首先应有深厚的输入。成功有成功的法则，失败有失败的法则，我们之所以能够成功，那是因为我们在客观上遵循了致使我们成功的法则，而输出定律就是成功的法则。当一个人有了深厚的输入，卓越的输出是自然而然的事情，这就叫作功到自然成，正是一切皆发于自然，亦成于自然。

亘古的法则

◎没有绝对的屏障，只有相对的屏障
◎事情总有解决的办法，只在于是否想到并做到
◎自然中没有不可逾越的鸿沟
◎自然中物质是无处不在，矛盾是无处不在，法则是无处不在
◎一切都是相对的，而这又是绝对的
◎一切都是绝对的，而这又是相对的
◎人类的发展始终是建立在用法则来制衡法则的基础上
◎一切皆有可能
◎没有条件就没有一切
◎事物的发展是前进性和曲折性的统一

自然是客观而又现实的世界。

自然中物质是无处不在，矛盾是无处不在，法则是无处不在，它们三者充盈在自然的任意时空中，规划着、亦制约着自然发展的蓝图。

自然是一个绝对开放的时空物三者的复合体，自然内的一切都是相对而存

在的（绝对的亦是相对的），所以自然中没有不可逾越的鸿沟，这在理论上是成立的，人们应懂得利用自然的规律来制衡自然的规律。任何事物都存在着一定的质、量和度，其中度是指事物保持自己质的数量限度，它体现了质和量的对立统一，而任何度的两端都存在着极限或界限，这叫作临界点。临界点是一定的质所能容纳的量的活动范围的最高界限或最低界限，但这个最高或最低界限并不是不可逾越的，在这个范围之内事物的质保持不变，而一旦突破了临界点，超出了这个范围，事物的质就会发生变化。这亦说明自然中没有一个在理论上不可超越和通达的界限，一切都是相对的，而这又是绝对的，或者说一切都是绝对的，而这又是相对的。这是两个极为重要的观点，一切理论、一切命题、一切定语都将统摄在这两个观点之下，然而二者并不矛盾，仔细体味就会发现这其中的奥妙，绝对和相对本是相互包含并可以互为转化。

近代理论物理学家爱因斯坦（Albert Einstein，1879～1955）的相对论告诉我们这样的一个事实，那就是时间和空间是可以相互转换的，既然时间和空间都可以相互的转换，那自然中还有什么是不能转换，还有什么是不能改变的呢？自然中存在着无数的法则和定律，其中一大定律我认为就是条件论定律，意思是说只要满足一定的条件，一切皆可以成为现实，是而只有尚未成为现实的事物，没有不可成为现实的事物，因为自然中的一切事物都是依条件存而立，赖条件灭而亡。事物存在必有其存在的原因（法则），事物灭亡亦有其灭亡的原因（法则），是故这个定律同样可以用于解释自然中没有不可逾越的鸿沟这一观点。

自然中没有绝对的屏障，只有相对的屏障。绝大多数唯物或唯心主义哲学家都承认这样的一个观点——即世界可知论，认为只存在尚未认识的事物，不存在不可认识的事物，在此同样是认同这一观点的。矛盾是事物发展的源动力，任谁也无法走出这样的范畴，在我们前进的道路上会有各种各样的矛盾，会有难以穷尽的屏障，亦会有无数的鸿沟，它们始终横亘在道路的中央，阻碍着我们的进步，但我们应该鼓足勇气、知难而进，而不应被其吓退，而不应向其俯首，要知道这些困难、这些屏障、这些鸿沟都只是相对的存在，而不是绝对的阻隔。既然如此，这就意味着它们不是不可逾越的，不是不可超越的，亦不是不可解决的。是故有人云："能者易也，不能者难也。"屏障只是相对于人的能力的大小而言，如果人的能力强到能够解决矛盾的程度，则屏障不成为屏障；如果人的能力一时还不能解决矛盾，则屏障的确是屏障，故而存在对某人而言的屏障对他人而言不一定是屏障的客观事实，反之亦然。

人类的发展正是构建在解决一个又一个的矛盾和问题的基础上的。从距今二三百万年前产生人类一直发展到今天，人类纵然解决了发展中众多的矛盾和问题，人类纵然利用了自然中无数的规律，从而实现发展和进步，但人类自始至终就没有创造出任何一条自然规律，人类的发展也并没有毁灭掉任何一条自然规律，而是这些规律创造了人类，亦支撑了人类。人类的发展始终是建立在用法则来制衡法则的基础上，即用其已经掌握和能够驾驭的某种自然法则去制衡另一种自然法则，以此来求得进步和发展，从而实现从必然王国走向自由王国。屏障只是暂时未被制衡的存在及其相应的法则，由于自然中事物总是相互影响、相互作用和相互制约，所以一切存在都有其制约和被制约的法门，找到这种法门，便可以解决矛盾、实现发展，否则就只能停留在现有的阶段。

事情总有解决的办法，只在于是否想到并做到。当然，其中关键还是做到，但不首先想到，又如何能够做到？那种没有意识却存在行为的一般是非意识行为，但在解决生存和发展中的矛盾时，这种没有正确理论指导而有正确行为的情况几乎是不存在的，只有极个别意外的情况可以例外，成功虽不能排除偶然性的影响，但人类绝不能将自己的成功寄托在这种渺茫的偶然性上。是而要解决矛盾，必先发现矛盾，然后分析矛盾，知道并理解了矛盾内部生克制化的原理以后，这样才能解决矛盾。援引自然中没有不可逾越的鸿沟以及没有绝对的屏障，只有相对的屏障两条法则，可以证明事情总有解决的办法，没有理论上不可解决的问题。很多现在看来不可能的事情，只是暂时的不可能，不是绝对的不可能；只是一时的不可能，不是永久的不可能，一切皆有可能，因为一切事物的诞生、存在、发展和衰亡都需要相应的条件，没有条件就没有一切。

一切皆有可能，这是一个发展而充满辩证的观点。鸡蛋无损倒立、钢针穿透玻璃、水面漂针、掌心煎鱼、隔墙推物、凝神聚火、意念移物、盘坐飞升……这些按照常人的逻辑所谓不可能的事情，其实在现实中都早已成为客观的存在，而不仅仅只是停留在一种潜在的可能中，并且这是真实的存在，而不是障眼的戏法。普通的逻辑怎能包容住自然无限的可能，这说明普通的逻辑是有缺陷的，是不完善的，那么我们的思想为何要受制于已有的认知？那么我们的意识为何不与万象更新的自然接轨？唯有这样，自然在包容我们的同时，我们的思想才能真正地包容住整个自然。

可能，在理论上讲应该是无限的，但由于现实的种种客观原因，诸如时间，诸如造化，诸如存在决定意识，而使得理论上的无限在现实中可以实现的终究要表现为有限，尽管博大而精深。至于概率，人类用以描述可能成为现实的量度，对于把握一个整体系统中局部状态的分布是有用的，但是对于单独而准确地预见出整体系统中某个局部的状态没有多大的现实意义，因为你不能根据概率的测定结果准确而有效地给出整体系统中某一局部的必然状态的值。

是而这在自然允许的前提下归根结底只是一个时间的问题，因为有了足够的时间，人类才能积蓄起足够的力量，当培养起来的能力超越了矛盾和屏障所能制约的程度，则问题自然会迎刃而解，人类的发展史不正说明了这样的一个事实。然而人类的时间是有限的，个人的时间亦是极其的有限，或许积个人一生的时间都无法达到解决生存中某一问题的能力，但是谁又规定自己的问题只能直接由自己来解决呢？自己独立地解决矛盾只是众多方法中的一种，而并非唯一的途径，我们需要知道的是条条道路通罗马，不同的人发展方向是不同的，修为的层次和范围是不同的，能力的大小亦是不同的，毕竟谁也不是无所不能的人，谁也不能完全、独立而彻底地解决生存中一切的问题。当某个问题出现在自己的劣势中时，我们自己不能解决，可以让别人来解决，这也不失为一种常用的解决问题之道。其实在现实中我们正是这样做的，只是并未形成思想的体系，而只是停留在一种自发的行为上，是而在此认为有必要将其作为一种生存的策略从理论上来加以理解和把握。

事物的发展是前进性和曲折性的统一，辩证唯物哲学中的否定之否定规律告诉我们事物的发展总是表现为波浪式前进和螺旋式上升，鸿沟是可以跨越的，屏障只是相对的，事情是可以解决的，这是真理，这是矛盾，这亦是法则。

迷途的羔羊

◎自然虽然极尽所能，但事物总是相互制衡，是而没有天下无敌
◎事物终因本质相区分，但亦可因表象而识别

◎事物的属性就是质的表现

◎制约链不可穷尽

◎仁者无敌只是枉然

◎理论的最终归宿在于实践

◎哲学的理论一刻也离不开实践

◎仁者是优秀的，但不是无敌的

◎不受万物制约的事物无法存于现实

自然之机尽管变化万千，但最终又将统一于物质。

自然纷繁万象而不可穷尽，生生不息而不可等同。环境的多样性造就了生物的多样性，事物之间有着不同的本质，亦有着不同的表象，虽然事物终因本质相区分，但亦可因表象而识别。相同本质的事物可用不同的表象来划分，相同表象的事物也可用不同的本质来区别，事物的表象是事物的本质和外在的环境共同决定的，从内因和外因的辩证关系中我们可以清楚地知道这个道理。

事物的质在与外界事物发生联系时表现出属性，如铜的导电属性是它与电源相联系时的表现；其导热属性是它与热源相联系时的表现；其延展属性又是当它与铁锤等较硬的东西相碰撞时的表现。事物的属性是事物本身所固有的，质的表现就是事物的属性，事物的属性也是质的表现。

有的事物表现为强大，有的事物表现为弱小；有的事物表现为晦暗，有的事物表现为明亮；有的事物表现为平滑，有的事物表现为粗糙；有的事物表现为坚硬，有的事物表现为柔软……然而它们内部矛盾的生克制化原则使得自然中的事物总是相互依存、相互影响、相互促进和相互制约，它们可以构成彼此制约的链条，并且一个事物所构成的制约链并不唯一。比如事物甲制约事物乙，事物乙制约事物丙，事物丙制约事物丁，而事物丁最后又制约事物甲，那么事物甲并不能做到无敌，这是甲的一条制约链；假如事物甲又制约事物辰，事物辰又制约事物子，事物子又制约事物巳，事物巳又制约事物申，事物申又可制约事物甲，那么事物甲依然不能做到无敌，这是甲的又一条制约链。制约链不可穷尽，因为事物之间总是可以相互影响和作用。中国古代哲学中的五行理论同样是相互的生克制化，金克木（又生水），木克土（又生火），土克水（又生金），水克火（又生木），火克金（又生土），这样五行中谁都可以制约一行，但同时又被另一行所制约。五行理论根植自然、描象万物，在现实中无处不在，无时不存，五行之间生克制化的原则需要根据现实事物力量的强弱来作具体的分析和判断，而不应拘泥于固有理论的形式。

这就是自然虽然极尽所能，但事物总是相互制衡，是而没有天下无敌。《道德经》有云："天下之至柔，驰骋天下之至坚。"意思是说天下最柔弱的东西，能在天下极坚硬的东西里穿行无阻。老子认为空虚无形之物能够进入没有缝隙的东西，于是从中悟得无为的好处，从而倡导无为而治。

自然中没有无敌的事物，事物之间相互制约的法则牢牢地锁住不断化生而来的万物，任谁也无法摆脱和逃避。既然如此，那"仁者无敌"（《孟子·梁惠王章句上》）也只能是枉然而已，仁者无敌的确只是枉然，古人云："无德必亡，唯德必危。"由此可见一斑，仁者又如何能够无敌？可是有人不知道理论的最终归宿在于实践，不知道哲学的理论一刻也离不开实践，只是有感于儒家思想仁义道德的优秀和崇高，而欠缺一种思辨的行为，对所谓的"仁者"寄予了太多的希望和可能，坚信仁者的确能够所向无敌，然而事实却并非如此。仁者是优秀的，但不是无敌的，自然给予我们的启示就是不受万物制约的事物无法存于现实，其只有蜕去自身内在的矛盾才有可能，然而失去了内在矛盾支撑与制约的事物，化归于无形的虚无便是其唯一的出路，是而谁又能摆脱现实的制约而独立地存在于时空？是而谁又能掸去自身的尘离而凌驾于万物？仁者之所以不能无敌，除了自然事物相生相克的法则以外，其本身还有一根致命的软肋——那就是仁者只对君子有用，对小人不起作用，然而天下间有君子就会有小人，二者相互对立又相互依存，既然如此，仁者又如何能够做到无敌？其实不仅是仁者，任谁也无法无敌于天下，无敌于自然，无敌于万物。

我们应时刻保持清醒的头脑，而不应被一时大义的理论所迷惑。万物的发展只能基于现实，一切脱离实际的理想无论多么美好，无论多么辉煌，无论多么崇高，永远都只能是一个可望而不可及的乌托邦。诚如老子所云："上士闻道，堇能行之。中士闻道，若存若亡。下士闻道，大笑之。弗笑不足以为道。"（《道德经·第四十章》）意思是说上士听了道，勤奋地实行；中士听了道，半信半疑；下士听了道，哈哈大笑，不笑就不足以成为道。是而当我们懂得了自然的这一法则，在现实条件尚不具备的情况下就没有必要再去苦苦地追寻，追寻这种遥不可及的奢望。

生命的印记（一）

◎人的一生就是欲望的一生
◎人的言行以及由此引发的一切都与自身的欲望有着莫大的关联
◎无欲无以为人，无欲不成生物
◎欲望是生物所共有的，而道德却是人类所独有的
◎平衡必然只是一时的平衡，其终将被整体而来的力量所摄动

人从出生直到死亡，欲望都是无时不在、无刻不有的，欲望伴随了人的一生，是而可以说人的一生就是欲望的一生。

荀子认为，人生而有欲。事实想来的确如此，上至帝王将相，下至普通黎民，亦无论是和尚道士，还是隐士修女，只要是人便不可逃避。欲望仿佛成了一块自然的烙印，在人来到这个世界之前，便深深地烙在了人类生命的脊梁上；欲望又似一张造物主手中的王牌，将人类自身的命运紧紧地攥在了手心；欲望更像是一条连接过去和未来的心灵纽带，将人类的历史和未来紧紧地纠结起来，编织出一行行更加绚丽而夺目的瑰丽诗篇……

人存在欲望，这是不争的事实。然而假如人没有欲望，就没有人类社会的繁荣昌盛；假如人没有欲望，就没有人类过去的光辉历史；假如人没有欲望，亦没有人类今天的璀璨文明；假如人没有欲望，更没有人类薪火的传承和延续……但是，假如人没有欲望，亦没有战火的纷飞和硝烟的弥漫；假如人没有欲望，亦没有心灵的创伤和人言的可畏；假如人没有欲望，亦没有利益的纷争和暴力的冲突。面对人类的欲望，我们应作何的感想？

欲望，按照人类道德的划分，有些是高尚的，有些是低浅的，纵然是欲望也无法逃出利弊的二象，关键在于人自身的扬弃。张扬什么，损抑什么，及其相应的程度，而这本身与人所处的历史和环境息息相关。人的幸福是欲望激发

的，人的痛苦亦是欲望铸造的，人的言行以及由此引发的一切都与自身的欲望有着莫大的关联，这是显而易见的道理。这可歌而又可泣的欲望折磨了人的一生，控制了人的一生，也消磨了人的一生。我们应该积极彰显自己高尚的欲望，合理抑制自己低浅的欲望，但无论是彰显还是抑制都应坚持适度和适宜的原则，因为这是自然的法则。

人纵然拥有欲望，但却是高等而智慧的生命，有着自己的礼仪、道德和文化，是故我们应力使自己的言行符合相应的准则和人类的法度。固然不用像孔子那样将礼看得过于神圣，但也应该符合公平正义、社会法律和人类道德的要求。

《论语·季氏》有云："君子有三戒：少之时，血气未定，戒之在色；及其壮也，血气方刚，戒之在斗；及其老也，血气既衰，戒之在得。"说得甚有道理，这告诉我们应该正确对待人生三个阶段较为突出的欲望，如处理不慎，将给自身带来莫大的损害。要求我们在年轻时，因为血气未定，故不应迷恋异性有伤身体；壮年时，因为血气旺盛，故不应逞强斗勇；年老时，因为血气已衰、雄心减弱，故又不应贪得无厌有损一世英明。《淮南子·诠言训》就此总结了一条规律："凡人之性，少则猖狂，壮则强暴，老则好利。"将人刻画得入木三分，如果我们能够把握好人生三个阶段的不同特征，正确合理地处理好这些较为突出的矛盾，那么我们就能尽可能地走好人生的每个阶段，至少不会因此而受到损害。古人的智慧是值得传承和发扬的，因为古人的智慧经历了时间的洗礼和时代的诠证，带着历史的厚重与沧桑，从深远的时空穿越而来，这种跨越了时间和空间的文化遗产，将这种被时空阻断的交流重新缝合，拉近了我们与古人之间灵魂的间隔，从而实现了思想的碰撞和心灵的沟通。

社会，被人类的欲望所整合起来，你要获取社会的资源，那么你必须融入社会，这就意味着你不能永久性地闭关自守，而一旦你融入社会，你也就成了社会资源的一部分。这就好比人要获取自然的资源，那么人必然需要存于自然，而一旦人存于自然，人也就成了自然资源的一部分。你想获取得越多，那么你不得不付出越多，但并不是你所有的付出都能得到预期的结果，这就意味着你的一部分努力与作为不得不消化在失败的道路中。漫漫的长夜，无止的索求，社会又如何得以安宁，社会又如何得以平静？太多的欲望等待着满足，太多的缺失等待着弥补，太多的不公等待着纠正，太多的心思等待着图谋……社会又如何能够承受如此之轻？人生又如何得以超然和解脱？不知是人生的悲哀，还是社会的悲哀，抑或是自然的悲哀？

　　人固然存在欲望，然而其实又何止人类，一切生物皆存在欲望，欲望的存在空间并不限于人类，而是普遍根植于整个生物的世界，因而亦可以说生物的一生就是欲望的一生，正是无欲无以为人，无欲不成生物。生物一生的命运与之休戚相关，人类的命运又何尝不是如此，人类的一切文明与悲哀、一切光明与黑暗几乎都来自于自身的欲望，这可喜而又可悲的欲望统摄了人的一生。人类的社会依然有着无限的生机和活力，被欲望打破的平衡又将在欲望中得以重构，然而平衡必然只是一时的平衡，这种存在于整体失衡中的局部平衡终将被整体而来的力量所摄动，但这却是发展中的生命所向往和追求的必然。美好理性的欲望是何等的光亮啊！而缺失规引的欲望又是那样的悲凉。

　　人，总是难以摆脱欲望的激发、制约和作用，但我们需要知道的是欲望是生物所共有的，而道德却是人类所独有的，是而我们应懂得如何应用与克制自身的欲望，使之与人生、与社会、与自然切合到一个最佳的状态，从而得以回归应有的平衡、和谐与至善，我想这才是人生的荣幸，社会的荣幸，抑或是自然的荣幸。

生命的印记（二）

◎人的生存史就是一部彻彻底底的斗争史
◎人与人之间的关系其实就是战略伙伴关系
◎事物的存在和发展是构建在竞争的基础上的
◎人的生命能够持续地延续，是一种不断斗争而胜利的结果

　　人，是高等智能的生命，生命就有生、老、病、死的一个过程，而这个过程只是整个生物演化的一个过程，而这个过程又是整个自然进化发展的一个过程和阶段表现。

人的生存史就是一部彻彻底底的斗争史。人能够在这个自然中生存下来其实并不容易，其必须满足自然选择的结果；而人能够在自身构建的社会中生存下来亦是并不容易，其必须满足社会选择的结果。所以，当我们能够在自然和人类社会中生存下来的时候，我们必然是满足了双重选择的结果，我们应感受到这种被选择的不易，感受到自己为此而付出的努力与艰辛。

事物只能存在于自然的一段时空中，人类如此，个人亦是如此。人要在自然中生存，需要同自然作斗争；人要在社会中生存，需要与同类相竞争。人与人之间的关系说得更为客观和务实一些其实就是战略伙伴关系，即是相互合作，又是相互竞争的关系。这种关系也是一种矛盾的关系，具有矛盾的对立与统一，正是这种根植于事物内部的矛盾形成了人与人之间相互影响、相互作用、相互制约和相互促进的关系。然而这种对立与统一的关系并不仅仅存在于人类的世界，整个生物世界和物质世界都概莫能外，人类只是整个生物世界和物质世界的一个缩影而已。人可以因相同的利益而聚合起来（即相互合作），又可以因利益的冲突而分庭抗礼（即相互竞争），于是有人说没有永远的朋友，只有永远的利益。然而当我们切入到事物的内部，将理论从生命的根源处挽起，就会发现在此诚如叔本华（Arthur Schopenhauer，1788~1860）之比，人与人之间其实不过是相互利用、互为援引，用以支撑个人的存在和发展而已。全面而客观地分析和判断，人应该是复杂人，而不仅仅是社会人、经济人所能囊括和概定的范畴，但通常情况下人会更多地表现为经济人的特性。

事物的存在和发展是构建在竞争的基础上的，这同样是根植于其内部的矛盾的属性所决定，而这一法则又很好地说明了人的生存史就是一部彻彻底底的斗争史，因为人的一生是生存和发展的一生，既然生存和发展是构建在竞争的基础上的，那自然而然整个生存和发展的过程（生存史）就是斗争的过程（斗争史），即生存史就是斗争史。

人的生存充满了斗争，斗争充盈在人生命的每一段时间里，表现在人的内部系统及其与外界接触的一切空间中。斗争与人的生存和发展息息相关、紧密相连，人固然可以间接而间断地与同类竞争，但不得不直接而连续地与自然（局部）斗争，因为人时刻都在与外界交换着信息和能量，而人的生理机能一旦不能适应外界环境和自然的变化，人将会立刻死亡。所以，可以说人的生命能够持续地延续，是一种不断斗争而胜利的结果。斗争已经深深地融入到人类的生存和发展史中，如一团幽蓝的火焰，不时地吐着灼热的火舌，同时它亦见证了人类的生存和发展史,文明的兴盛和衰亡史,在人类历史的画卷中留下了自己不可磨灭的印迹,将人类的一切幸福与伤痛、欢乐与悲哀都一一镌刻在了时空的长廊中。斗争,是人生存和发展所始终摆脱不了、遗忘不掉而又消灭不成的命运,如同自身的欲望,它将伴随人的一生。

人的生存史就是一部彻彻底底的斗争史,人是如此,生物亦是如此,是而这个观点也可以说成是生物的生存史就是一部彻彻底底的斗争史,而这又是一切的生物所无法逃避的命运。

自然的指纹

◎人是自然发展到一定阶段的产物,是自然发展的必然
◎没有造物主,亦没有救世主
◎劳动将维持住人类进化的趋势,并将人类的发展导向一个更高的境界
◎自然造化了人的全部,也造化了人所能拥有的一切
◎人类的发展史就是一个人类自身不断拯救和完善的过程
◎与其终日地等待和祈祷,不如时刻地奋起和拼搏

人,从何而来?这是古往今来的学者、智者、哲学家、科学家以及广大的民众都异常关心并不断讨论的话题。

远古的人类,由于科学水平、技术水平和文化水平的局限造成了自身视野的局限、认知的局限和思想的局限,他们并不能从真正意义上回答清楚人是从何而来,他们只能通过凭空捏造和主观臆想的方法构造出一个个无凭无据而又纯粹淡雅的理论——地球上几乎每一个较为独立的人类群体都有着关于自己的由来传说,只是不知道为什么东方的神在外形构造和内心所持的价值理念上像东方人,而西方的神在此两者上又像西方人?为什么世界各地的善神普遍外形都较俊美,而恶神普遍外形并不雅观?为什么人类社会有阶级贵贱的划分,而

天上的神仙们也不能免这个俗——亦有职位的高低和法力的大小？不知道为什么没有人上过天堂，也没有人下过地狱，而人类却知道有个天堂，还有个地狱？不知道为什么这些神仙羽客、上帝真主们的容颜早已被人类所洞悉，而在现实中要见上其一面却是根本的不可能？更不知道为什么人类社会所有的（实物或观念），天上的神仙们亦可以有；而人类社会所没有的（实物或观念），就算是那些法力无边而又无所不能的神仙们也不能独自地享有？原来这些不过是人们对于世界虚幻的、歪曲的和颠倒的反映，不过是荒唐的意识形态而已，在现实中都有其存在的根源。这亦是自然和社会双重压迫下的产物，是现实和意识发展不平衡的一种心理调和——不愿甘于一时的无知，宁愿子虚乌有，也不愿无所表示，从而达到自我满足和心灵解脱的精神慰藉，然而这不仅欺骗了自己，亦欺骗了后人。

人并不是什么拥有无上法力的神仙上帝的产物，更不是他们感到生存的寂寞和空虚而造化的玩物，人是自然发展到一定阶段的产物，是自然发展的必然。所以，是自然造化了人，造化了他们脆弱的躯体和挣扎的灵魂；亦是自然赋予了人，赋予其存在的权力和所有的可能。然而自然又不得不造化和赋予人，因为将人造化出来是其自身发展规律中所早已包括的内容和必然会导致的结果，它自身的发展就已经包括了其一切造化的发展。尽管如此，自然在将万物造化出来的时候，却早已为其附上了命运的印迹，这些印迹种在了每一个被造化之物生命的根基上，烙在了每一个被造化之物存在的脊梁中，控制着它们的荣辱兴衰和生死存亡，但却又永远无法被检测到，因为这是一种基于存在的存在，属于第二存在，即属于法则的范畴。而现实中的一人一物、一山一水、一风一雨、一草一木在自然襁褓中的挣扎与呻吟、喜怒与哀乐、悲欢与离合等事物内在和外在的一切变化和显现都只是给予其生命和赋予其存在的这种命运的表现而已……人，自然的造化，在强大的自然面前是何等的渺小，又是何等的微不足道。

人是自然的产物和发展的必然有其现实的依据，而神仙上帝造人却是无凭无据、无迹可寻。科学技术的日益完善和发展，在开拓了人眼界的同时，亦拓宽了人的认知范围和思维空间，自然的发展是从无机物演化到有机物，从有机物演化到原始生命，从原始生命演化到低等生物，再从低等生物演化到高等生物。胚胎学、解剖生理学、考古学和古生物学等人类的科学所提供的大量材料都已充分证明，人是由类人猿进化而来，而类人猿又是由森林古猿进化而来，这样又倒推回去，到云南虫，到单细胞，到有机物，再到无机物。那第一个生命从何而来？这是化学的反应。那为什么地球上的生命形式多种多样？那是因为首先是环境的多样性，其次是生命内在矛盾的多样性，是环境的多样性给予生命内在矛盾多样性表现的可能，于是二者最终造成了生命的多样。同时，环境的变异亦会引起生物的变异，适者生存下来，不适者不仅个体会灭亡，甚至连整个物种也会绝灭。达尔文（Charles Robert Darwin，1809～1882）的生物进化论向我们揭示出了生物演化的一个总体规律，即从简单到复杂、从水生到陆生、从低级到高级的一个过程，而我们自身的进化正是基于此规律的演变。

恩格斯（Friedrich Engels，1820年11月28日～1895年8月5日）指出："劳动创造了人本身"（《马克思恩格斯选集》第4卷，人民出版社1995年版，第374页），这有其现实中的印证意义。从人类进化的角度而言，可以说劳动是联结人与自然的中介。首先，劳动促使类人猿前、后肢分工，创造了人的手。为了生存，通过劳动在客观上使得类人猿的前、后肢分了工，逐渐从使用天然工具到自己创造和使用劳动工具，猿手也就变成了人手，这说明手不仅是劳动的器官，而且还是劳动的工具。其次，劳动创造了人脑，推动了语言及意识的产生和发展。工具的使用延长和扩大了人的感官，促使人脑的形成和发达，在长期的劳动过程中，彼此要有思想交流，于是生理上的喉头得以发展，有了说话的器官并产生了语言，有了语言和劳动，从而产生了意识和抽象思维的能力。再次，劳动形成了人类的社会关系。人类的活动由原来动物性的自发的群体活动，逐渐变为自觉的社会生产劳动，在生产劳动中，人与人之间形成了社会生产关系，在此基础上又形成了其他社会关系，诸如政治、经济、文化、思想等，从而形成人类社会。另一方面，气候的变化也在客观上承担了促使类人猿向人类进化的外部条件的作用和意义。由此可见，人类的进化和发展始终都和劳动有着必然而直接的联系，这也的确印证了恩格斯"劳动创造了人本身"的著名论断，这或许亦说明劳动将维持住人类进化的趋势，并将人类的发展导向一个更高的境界，尽管劳动的形式和范围会随着社会的发展而有所改变。

在此简单而概括地将人类的起源及其进化发展之路整理了一遍，使我们从科学而合理的角度理解了自身的由来，知道了生命的演化历程，亦明白了人类是自然发展到一定阶段的产物，是自然发展的必然，而不是怪力乱神的造化。只是那些执着的人们却并不能认同这一观点，终日信誓旦旦而又虔诚无比地向着自己心灵的远方朝圣，以祈盼救世主的来临，以拯救自己卑微的灵魂和易碎的躯体，以望将自己带出这深受苦难折磨和摧残的人世间，以达到灵魂的解脱和肉身的超越……然而从距今 170 万年前的云南元谋人，到距今 70 至 20 万年前的北京人，再到距今 18000 年前的山顶洞人，人类经历了漫长的原始社会，救世主没有来临，人类又苦苦地撑过了奴隶社会，翘首以待的救世主依然没有来临，虔诚的信徒们仍然信心无比地继续等待着，继续祈祷着，继续欺骗着，亦继续麻痹着……当人类历史的车轮碾过封建社会的路基，驶上了现代文明的台阶时，这万能的救世主依然没有出现，他（或许是她？抑或是它？）为什么始终不肯光临呢？就算不为拯救仍在苦难中挣扎的人们，也应该为其数亿虔诚的信徒们啊，可他就是不肯屈就，不肯为任何地球上的智者（认为其存在）和无知（认为其不存在）们抛一下头露一下脸，这究竟原因何在？难道他做不到，他不是万能的吗？难道他置人们于不顾，他不是善良而怜悯、慈悲而宽容的大善神吗？问题究竟出在哪里？

　　自然造化了人的全部（肉体和灵魂），也造化了人所能拥有的一切，而这又并不以人的意志为依凭和转移。在现实的存在中，亦是在自然的时空内外，没有造物主，亦没有救世主。如果一定要有谁来担任造物主的角色，那不是别人，正是自然，是自然造就了我们，以及我们周围的一切，这已是不争的事实。那救世主又是谁？这个让人类苦苦等待了几百万年也不愿现其真身，拯救人类于苦难中的神物——因为他根本就不存在，不存在的事物又如何作用于存在的事物？这不符合自然通行的准则。即使未来有比人类更为高等的智能生命光临地球，来帮助人类发展，他们也不能称作救世主，因为无论怎样，他们的法力亦是有限的，而不是无边的。倘若一定要有救世主，那救世主不是别人，恰恰就是人类自身，试问人类历史上哪一次的灾害、哪一次的苦难不是人类自己拯救的，不是凭借物质的力量来拯救的，而是借助于某某拥有无上法力的救世主？人类的发展史其实就是一个人类自身不断拯救和完善的过程，是而与其终日地等待和祈祷，不如时刻地奋起和拼搏。在自然的眼中，事物都是一律的平等，她不因为其在时空中的地位是何等的尊贵而过多地赐予，也不因为其是如何的卑微而过分地吝啬。一切现实中的尊贵者必然都是在客观上满足了自然认定的致使其尊贵的法则而成为尊贵的，所以这说不上是一种赐予；而一切现实中的卑微者亦必都是在客观上满足了自然认定的致使其卑微的法则而成为卑微的，所以这亦说不上是一种吝啬。然而，这种公平只是相对的，其在绝对上却是不公平的。（未完待续）

价值的归路

◎社会价值是人类社会中个人一切价值的最终归宿
◎自我价值不能代替社会价值
◎任何试图以自我价值来撼动整个社会价值的衡量体系,最终都只能以失败而告终
◎学习是人类进步的阶梯
◎人如果放弃了学习,学习也就放弃了人
◎意识对事物认识的不足,会使得行为的张力不当
◎社会价值能成就一个人,亦能毁灭一个人

辩证唯物主义哲学认为人的属性具有自然属性和社会属性的二重性,同时亦认为人的价值具有社会价值和自我价值的二分性。

所谓自然属性是指人的肉体存在及其特性;所谓社会属性是指在实践活动中人与人之间发生的各种关系。自然属性是人存在的基础,社会属性则几乎主导了人的本质,尽管不同的人其影响的强度和范围不同。自我价值是指在社会生活和社会活动中,社会对个人和自己对自己作为人的存在的一种肯定关系;社会价值则是指个人通过自己的实践活动为满足社会或他人物质的、精神的需要所做出的贡献和承担的责任。倘若一个对社会不承担任何责任的人,对社会、对他人没有任何贡献的人,那可以说他是一个没有社会价值的人。

社会价值虽然根植于人的社会属性,然而却是人类社会中个人一切价值的最终归宿。个人无论是自我价值,还是自然价值,抑或是其他的一切价值,在人类的社会中最终都将收归于社会价值。

社会,不是比谁的书读得多,不是比谁的墨水喝得多;不是比谁的能力大、修为高;不是比谁的学历高、造化强;亦不是比谁说话漂亮,不是比谁出生门第,不是比谁毕业院校;更不是比谁年龄大、资历老……所有的这一切,所有

的这些耀眼的光环如果不进行转化，都是没有用的——这只是你个人的事，关别人什么事？这些都只是一个人个人价值的体现，然而社会更看重的却是社会价值，而且这本身也不具有维持生存的意义。有的人一生创造的社会价值还不及有的人短短数年创造的社会价值，然而他却并不懂得这个道理，只是一味地看不起后学之人，总认为自己具有年龄和资历的优势是别人永远无法穿越的盾牌和超越的资本。细细想来，其实不仅没用——依然逃不出被社会和历史淡出的宿命，而且显得是那样的无知和乏力，正因为人类社会中个人的一切价值最终都将收归于社会价值，一切的掩饰都是没用的，一切的逃避都是徒劳的，高学历、强能力、优门第、好院校也不具有根本的效力。既然如此，那么人为什么要恃才自傲？社会不比谁能力强；那么人又为什么要将学位的帽子抛得高高？社会不比谁学历高。毕竟这些与个人社会价值的大小并没有必然的逻辑联系和对应关系，不是说学历高、出生门第优的人社会价值就大，或者说能力强、毕业院校好的人社会价值就大，所以有人说大学毕业等于零，因为一个人尽管拥有了世界名牌大学的毕业证书，拥有了博士的学位，但那些都只是自我价值，只是自己对自己能力、学历、修为和造化等内在素质的培养，可这终究只是自我价值，而不是社会价值，而社会价值才是人类社会中个人一切价值的最终归宿。这无非只能证明自己曾经学习的资历和拥有创造巨大社会价值的潜力，但个人的社会价值却依然是一片空白。

　　大学不是人生唯一的出路，试问在不断演进的人类历史的浪潮中，那些出类拔萃而事业有成的人物又有几人是名牌大学毕业，又有几人有着博士的学位？由此可见，这些没进过名牌大学，没有博士学位的人依然有在人类历史的舞台上分一角色、占一席位的权力和可能，这些彪炳史册的人物并非个个都来自象牙塔的顶端，并非个个都是宽袍布帽的学者。学校是如何的辉煌，个人是如何的优秀，这都将只是过去，代表的只是自我价值的体现，当走出校门，踏上工作岗位，又将迎来一个前所未有的空间和格局。这就意味着步出了一个体系，接着又步入了另一个体系，体系都已发生改变，衡量的标准自然会改变，这些本不具有生存效力的荣耀和辉煌必然会纳入整个社会的个人统一价值度量体系中来衡量，这就是社会价值。社会价值，人类社会中个人一切价值的度量都终将纳入的体系和范畴，自我价值不能代替社会价值，任何试图以自我价值来撼动整个社会价值的衡量体系，最终都只能以失败而告终，这就是现实的结论，这亦是通行的准则。

是而，倘若我们拥有较高的学历和修为，拥有较强的能力和造化时，我们不应感到有何等不可超越的优势存在，更不应认为自己从此就拥有了美好的人生，要知道我们还只是站在创造个人社会价值的起点上，比起那些走在前面的人而言，我们还相距很远。所以，优秀的学历和能力、卓越的修为和造化这些自我价值并不是什么值得炫耀的资本，真正值得一提的却是社会价值，然而社会价值又并不需要主动去张扬，因为其本身就是个人一切资本最佳的证明。

老子在《道德经》中以水喻道，指出水有利万物而有静的特性，认为其具有柔和的特点，甘愿处在卑下的地方，滋润万物而不与之相争，始终如一地永远付出……老子认为最完善的人格就应具有水的特性，通过对水之诸善的描写来达到对"道"的歌颂。总结以上特点，我们不难得出道具有柔和、居下、不争而利万物的特性，道既然是利万物的，道既然是崇尚付出的，这与个人追求社会价值是不谋而合却又并行不悖，一个是倡导利万物，一个是以利万物（在此主要是利人类社会）来作为个人一切价值的最终归宿和衡量准则。

虽然社会价值是人类社会中个人一切价值的最终归宿，所以人要积极地创造个人的社会价值，但这并不是说人可以不在乎个人的自我价值。通常情况下，倘若一个人没有较高的能力、修为、层次、学历（关键和核心是能力和修为）这些自我价值，又如何去创造个人卓越的社会价值？尽管如此，人们却始终没有将二者的关系理解透彻，我们必须深刻地认识二者的关系——自我价值，诸如学历、能力、修为、造化只是手段，而社会价值才是目的。如果自我价值等个人一切价值不能积极地转化为个人的社会价值，那是没有多大意义的，这等于是有了手段，却始终没有达到目的。抑或有人认为这种手段本身就是其人生追求的目的，然而这种追求显然是值得慎重商榷的，长缨在手，何时缚住苍龙？这也正是为什么有人认为只有当我们的发展与社会的发展紧密联系在一起的时候才能使我们的人生变得更加地光辉和灿烂的原因。古人云："学而优则仕，仕而优则学。"不也正体现了这种价值的取向吗？当自己有较强的能力时，就出仕以为社会和人民服务，此为增益个人的社会价值；而当自己有了一定的社会价值，依然不忘去增益自己的能力，此为增益个人的自我价值，以望将来能够创造更大的社会价值。学习是人类进步的阶梯，人如果放弃了学习，学习也就放弃了人，可是社会的发展并不待人，个人不进步，社会依然会进步，一旦个人不能适应社会的发展，则只有面临被淘汰的命运。

对于社会中的劳动者而言，他们的劳动不仅使个人实现了生存的目的，同时亦在客观上推动或阻碍了人类社会的进步，更重要的是他们劳动的过程就是个人社会价值实现的过程，而对于这一点人们却并没有充分地意识，没有意识到自己的劳动不仅实现了个人的生存，不仅推动或阻碍了社会的进步，而且是在创造个人正面、抑或反面的社会价值。思想的认识并没有提升到这样的层次和高度，然而意识对事物认识的不足，会使得行为的张力不当（这种张力可以是增加行为的数量和强度，也可以是减少行为的数量和强度），而张力不当，则行为可能过度，也可能不足。

个人的进步可以推动社会的进步，这体现了个人正面的社会价值，而社会的进步一方面会推动整体人类的进步，另一方面也将逐渐地淘汰部分的人群。人应该积极创造个人正面的社会价值，始终保持住创造价值的方向性，而不应误入歧途，走向反面，否则走得越远，将陷得越深，这无异于南辕北辙、缘木求鱼，同时这亦不是对个人肯定的塑造，而是将自己引入不复的深渊。由此可见，把握好自己言行的方向是何等的重要，社会价值能成就一个人，亦能毁灭一个人。

因果定律

◎因果定律：有因必有果，有果亦有因；没有无因之果，亦没有无果之因
◎任意状态的事物既是原因又是结果，既是发展的环节又是联系的环节
◎是物质导致了物质，亦是物质决定了物质
◎一切事物都具有因果的二重性和利弊的二象性
◎原因和结果在时间上可以是连续分布，也可以是间断排列
◎局部包含了整体的信息
◎事物现在的状态是其过去一切状态的总和
◎事物现在的状态储存了事物过去和未来的一切信息
◎事物是一个全息相关而又自我封闭的系统

因果定律，自然的法则，亦是自然中一切事物发展所必然遵循的规则。

事物之所以处于目前的状态，这不是偶然的，不是无据可查的，而是必然有其导致的原因。这种原因并不属于纯粹精神、纯粹意识的范畴，而是完完全全、彻彻底底的物质所致，是物质导致了物质，亦是物质决定了物质，是过去的物质状态发展成了现在的物质状态。所以，事物之所以处于目前的状态是事物过去的状态发展而成的，并且这种（目前）状态亦不是事物发展的终结，其必将导向事物未来的状态。

事物的存在和发展必然构建在相互的影响和联系中，事物之间相互促进和制约是事物存续所始终无法摆脱的命运。事物目前的状态必然是某种（或多种）原因所导致的结果，同时其自身的存在亦是导致某种（或多种）结果的原因。是而，对于处于任意状态下的事物而言，其既是原因，又是结果。与此同时，由于事物只能辩证地存在于纵横交错的时空中，于是使得处于任意状态下的事物成了发展的环节和联系的环节，即成了整个物质世界演化的过程和前后关联的纽带。又因为任意状态下的事物必然都存在矛盾，从而使得其对于其他事物而言必然具有利弊的二象。总结上述观点可以得出以下结论，即一切事物都具有因果的二重性和利弊的二象性。

根据以上分析可以引出一个定律，这个定律广泛分布并存在于自然的任意物质和时空中，是事物演化和发展的一条重要法则。这个定律就是因果定律，其可以表述为有因必有果，有果亦有因；没有无因之果，亦没有无果之因。

关于原因和结果的关系，古人似有所识：

《荀子·劝学篇》有云："物类之起，必有所始。"意思是说不同种类事物的产生，一定有它产生的原因。

《吕氏春秋·季秋纪第九·审己》亦曰："凡物之然也，必有故。"意思是说大凡事物的形成，一定有它的原因。

由此可见，这种因果之间的联系古人早已有所洞悉。

通过因果定律，使我们知道了现实中的原因必然都会找到其释放的途径——即必定都会导致结果；而结果亦必有其引发的源头——即必定存在激发的原因。原因和结果在时间上可以是连续分布，也可以是间断排列，不是所有前后相继的现象都是因果的联系，"在此之后"并不等于"因此之故"。例如，春夏秋冬四季更替，但彼此之间并没有因果联系，原因在于地球绕太阳公转；

白天和黑夜前后相继，但彼此之间亦没有因果联系，原因在于地球绕太阳公转和自转的结果。原因和结果不会不出现，这是事物存在的现实性所决定的；原因和结果亦不会孤立出现，这是事物因果的二重性所决定的；原因和结果更有其必然的关联，这是事物发展的规则性所决定的。

因果联系必然是客观的，这种客观性是事物本身所固有的，是不以人的意志为转移的，人们的因果认识只是对客观的因果存在的反映；因果联系是普遍的，这种普遍性使得任何事物、任何现象、任何过程都无法逃出其制约的范畴，既没有无因之果，也没有无果之因；因果联系同时又是复杂的，这种复杂性一方面表现为一因多果，即是一种原因同时引起多种结果。例如，森林遭受破坏，既会影响人们对森林资源的利用，又会影响全球的气温，同时亦会影响生态的平衡。另一方面又表现为一果多因，即是一种结果是由多种原因引起的。例如，学习成绩的好坏，既与其自身智商有关，又与其努力程度有关，同时还与外界的环境有关。

因果定律同时还说明事物既然已经是这样，那必定有导致事物这种状态的原因；事物既然已经是这样，那必定又会成为其他事物发展的前奏，这是自然普遍联系和永恒发展的属性所决定的。因果定律使我们知道事物就是从其导致原因发展而来的结果；事物存在的辩证属性亦使我们明白事物现在的状态是其过去一切状态的总和，即现在的状态包含了其过去一切状态的信息，也就是说我们可以从事物的现状看到事物的过去，当然我们也可以从事物的现状看到事物的未来，将二者统一起来就是事物现在的状态储存了事物过去和未来的一切信息，只在于人们是否懂得如何来将这些信息提炼出来而已。通过代换，我们发现是事物过去一切状态的总和储存了事物过去和未来的一切信息，这看似矛盾，其实并不矛盾，这正说明了一个重要的观点，那就是局部包含了整体的信息，无论是从横向联系，还是从纵向发展的角度而言都是成立的，因为事物是一个全息相关而又自我封闭的系统。事物如此，整个宇宙和自然又何尝不是如此呢？

审慎择类

◎人必然难以离开整个社会而生存，但是可以离开任意局部而生存

◎生命无时无刻不在同外界交换着信息和能量

◎联系和发展是一切事物存在的宿命

◎二次交换定律：在通常情况下，人至少需要进行两次交换，才能实现自身的生存和发展

◎相互影响并不意味着存在的任意个体将受到其他一切个体的影响

◎联系是整体的，影响是局部的

◎决定必然影响，影响必然联系；但联系不一定影响，影响不一定决定

◎事物之间是整体联系而局部影响，绝对开放而相对封闭

◎人是生存在一个绝对开放而又相对封闭的环境中

  人类经自然造化，由类人猿进化而来，还在类人猿时代，就已经有了简单的劳动分工和群居的生活习性。他们之所以要群居，是因为他们意识到群居比个体独立生存更为有利，于是这种群居的生活习性便自然而然地形成并保留了下来。随着劳动的产生、发展和人类的逐渐形成，人类的活动也由原来动物性的自发的群体活动逐渐变为自觉的社会生产劳动。所以，这一方面使得人类将类人猿的群体性保持了下来，同时使得相互的劳动关系得到发展，由动物间的群体劳动关系变为人与人之间的社会生产关系，在此关系的生产和发展中再形成其他社会关系，从而形成人类社会。

  而我们来到这个世界上时，这种既定的社会生产关系就已经存在，我们只是在其发展的某一阶段中诞生，亦将在其发展的另一阶段上灭亡。当人的生命还处于孕育阶段的时候，其就在不断地同外界交换着信息和能量，由于在生命的整个发展历程中，个人仅凭一己之力是无法提供自身生存和发展所需要的一

切，是而他必须同其他的个体进行交换。这种交换从生产力的进步而有了剩余劳动产品之后就开始一直延续至今，并在不断地延续中谱写着发展的命运。联系和发展是一切事物存在的宿命，事物要存在，就必须联系并发展，因为整个自然、社会和思维始终处于不断地联系和发展中，事物之间亦是相互联系、相互影响、相互制约和相互促进，是而谁也摆脱不了这样的命运，而这亦正是事物存在的辩证属性的表现。

交换由早期的易物交换发展而来，据上古历史记载，在神农时代人们创制了耒耜，有了"日中为市"、"交易而退"的物物交换，后来慢慢演变成现在有了统一的交换度量单位——货币的形式，交换的商品都将换算成货币来统一计价和支付。人类既然要利用交换来满足和实现自己生理和心理上的各种需要，而社会就提供了这样一个交换的平台和可能，使社会中的个体能够很方便地借助于这个平台去实现交换，换回货币，再实现交换，以换得自身生存和发展的需要，从而引出一条重要的现行法则，这就是二次交换定律，即在通常情况下，人至少需要进行两次交换，才能实现自身的生存和发展。人首先通过自己的体力和脑力劳动（完整的概定应为广义资本）为社会或他人提供物质的、精神的产品或服务，以实现货币输入，即输出劳动，输入货币，从而完成第一次交换；有了第一次交换作为基础，再根据自身发展需要和社会供应现实支出一定的货币，购入相应物质的、精神的产品或服务，即输出货币，输入产品或服务，这样就完成第二次交换。这里只是为了研究需要而抽象出来的一个简单的模型，现实的情况有时会复杂许多，是由多次的交换所构成，即在第一次交换和第二次交换中嵌入了有限多个中间的环节。下面让我们来分析一下这两次交换有什么样的特点：

第一，两次交换都必须发生在社会系统中，并借助于社会这个平台才能实现和完成。

第二，货币成了两次交换的连接纽带和交换载体。

第三，任何一次交换都具有交换的双重属性，即对一方而言是第一次的交换，对另一方而言则是第二次的交换；对一方而言是第二次的交换，对另一方而言则是第一次的交换。这种交换的双重性环环相扣，不可分割。

正是因为个人不能独立实现自身发展的一切需要，必须通过交换才能完成，而社会的存在使得这种交换成为现实。是而，人必然难以离开整个社会而生存。社会是一个抽象而又现实的概念，它的现实性体现在其在现实中存在具体的指代，而它的抽象性则体现在不因现实的变动而作相应的改变。也就是说，社会的容量是不断变化的，组成社会的成分也是不断变化的，但其中任何一部分的变故都不能撼动整个社会的存在体系。是而，人又可以离开任意局部而生存。

其实，这个道理在现实中是显而易见的。虽然人与人之间是相互影响，有的是直接影响，有的是间接影响；有的影响深刻，有的影响微弱，但又并非如人们通常所认为的那样简单而纯粹。关于事物之间是相互影响的观点，人们在应用中往往会犯一个主观的错误，即在自然中任意提到两个事物，无论其相距多么遥远，总认为它们是相互影响的，不是直接影响就是间接影响，总之是存在相互影响力的，因为事物之间是相互影响。其实这是不正确的，这等于是认同了这样的一个观点，就是自然中任意事物都会受到其他一切事物的影响，无论是直接还是间接，然而事实却并非如此。相互影响和接受一切事物的影响是两个完全不同的概念和范畴，相互影响并不意味着存在的任意个体将受到其他一切个体的影响，这就好比整个地球上的人是相互影响的，但这并不意味着其中的任意个人将受到除自己以外的一切人的影响，无论是直接还是间接。这在现实中的例子比比皆是、不胜枚举，试问一个直接或间接影响范围不过方圆数里的东半球的人如何去对一个西半球的人构建影响？试问同样一个南半球的人又如何去对一个北半球的人构建影响？再试问一个未来的人又如何去对一个历史中的人构建影响？纵然时空中存在大气、电磁波和宇宙辐射等物质可以将二者统摄起来，但其中任何一个个体对这些气流、电磁波和辐射的影响都会被无数多个中间环节所淡化和改写，使得这种影响变得甚微或者消亡，于是这种来自源头的影响根本无法传递到其另一端，从而再对另一个体构成影响。然而客观而论，尽管二者的影响已经微弱到不存在，但二者之间不会没有丝毫的联系，这种联系仍然在我们目前的科学尚不易理解的层面上发生；另一方面，二者始终是可以通过多而有限的中间环节间接联系起来，毕竟二者都统一在一个相同的时空的大尺度内，是而联系是整体的，影响是局部的。这无疑是一个重要的观点，它可以很好地用于解释现实中人们已经习以为常而科学目前依然无能为力的事情，比如为什么有关的学问能够准确地预测过去，准确地预测未来，以及准确地预测与自身毫无关联的人或事物？因为整个宇宙和时空在整体上是联系为一的，尽管影响又是局部分散的。这同时也意味着决定必然影响，影响必然联系；但联系不一定影响，影响不一定决定。比如甲决定乙，则甲必然影响乙，同时甲与乙必然联系；但甲与乙有联系，则甲不一定影响乙，而甲影响乙，也不表示甲决定乙。人们却容易混淆联系和影响两个概念，认为联系就必然影响，影响亦必然联系，其实并非如此。这就是说事物之间是整体联系而局部影响，绝对开放而相对封闭，这是一个跨越时空的论断，即这种联系、影响、开放和封闭不仅适用于现在的时空，也适用于过去和未来的时空，即是适用于整个横向和纵向的时空整体。对于人类而言，当具体到某一个人的时候，由于他一生的影响范围和力度必然是有限的，不同的人又会彼此不同，所以使得现实中的社会成员本就是相对离开了社会中的一部分成员而终其一生的，本就是相对离开了社会中的一部分成员而生存发展的。

人是生存在一个绝对开放而又相对封闭的环境中。由于环境的绝对开放，使得从理论上讲，即使是相距甚远的事物都可以对人类和地球产生影响，即受到的影响力可以是无限的，这种影响需要其自身能量足够大以进行直接影响，或通过或多或少的中间媒介来有限传递能量并传递到位而不至于被异化或消亡以进行间接影响。又由于环境的相对封闭，使得生存在这种环境中的每一个人受到的实际影响力必然是有限的，而且是各有不同，而人在这种环境中发展所受到的影响正是来自于这些实际影响力的作用。这种影响有些是立竿见影的，有些却是潜移默化的，在满足条件的情况下，两种影响又可以相互转化。是而，人应审时度势，审慎地选择共生的同类、共生的环境以及共生的一切。

通达人性（一）

◎人总是过于注重名声，而不懂得务实的重要
◎没有实际支撑的名声只能是虚名而已
◎人首先应看清自己，才能看清别人
◎认识并承认自身的不足是走向卓越和辉煌的第一步
◎事物没有起点，亦不会有终点
◎适应和进化是人生存和发展中始终无法摆脱的命运

◎了解自身就是了解人性的一个窗口
◎没有信息，分析将无法开展；没有全面而准确的信息，分析将难以定格
◎人对了解自己比对了解别人更感兴趣

人是挣扎在天地间的生命。

生产力和生产关系的矛盾、经济基础和上层建筑的矛盾，犹如一驾双轮的马车，在自然的时空中一如既往地拖着人类的社会走向未来。这条断裂的回归线支撑亦制约着社会的进步，同时也扼住了人类全面发展的瓶颈。

社会存在决定社会意识，人的一切意识，无论是超前还是落后，无论是真实还是虚幻都必依存并受制于目前的社会存在，没有社会存在，就不会有社会意识。人类社会发展的这个阶段是任何处于该阶段的人必须面对、接受和认可的事实，这也是人类社会发展必然会经过的阶段，有着不以人的意志为转移的特性。这个阶段存在着种种的利弊，无论是基于物质，还是精神的层面，而这也正是社会需要发展、需要进步的又一原因。

无论是基于人的自然属性，还是基于人的社会属性都注定了人不愿落后的一生，于是每个人都需要发展，每个人都渴望进步，可造化终究是不公平的，现实必然是残酷的，命运依然是多样的，矛盾发展的不平衡造成了事物发展的不平衡，亦造成了社会成员之间贫富的悬殊，有的富可敌国，有的却捉襟见肘，这种现实的差距和不平衡在不断地碰撞着人类那颗脆弱的灵魂，在一次又一次地冲击着这种人性的自尊。人总是过于注重名声，而不懂得务实的重要，可这种虚有的名声并不能改善自己生存的现状，只能暂时地满足自己虚荣的内心。这种由自己勾勒出来的名声根本没有实际的对应，没有实际支撑的名声只能是虚名而已，然而人需要的却是现实，而不是虚名。当人的心思沉浸在追逐这种虚有的名声上的时候，其做好实际的精力和热情就会变得不足。

《格言联璧》曰："于虚文熠熠者，于本实必薄。"意思是说追求外表华丽的人，其内在的修为必然浅薄。

《孟子·公孙丑章句上》则告诉我们："持其志，无暴其气。"意思是说人应坚定自己的志，不要随便使用自己的气。

由此可见，做好实际而不是追求名声，这是远溯古代而又通达圣意的。

人应懂得正视自身的不足，差距的存在不可避免。诚如韩愈所云："闻道有先后，术业有专攻，如是而已。"（《古文观止·唐文·师说》）生命的起点本就

不同，事物的发展亦是绝对的不平衡，这些都是造成差距的原因，是而万物又如何能够齐头并进而绝对等同？差距固然存在，但不是不可改变，认识并承认自身的不足是走向卓越和辉煌的第一步，没有这第一步，又何来第二步，乃至第三步……事物没有起点，亦不会有终点，故而不存在没有起点的终点，亦不存在没有终点的起点。既然卓越和辉煌是有终点的，其必然存在起点，这个起点就是认识并承认自身的不足。

人首先应看清自己，才能看清别人。人是复杂的生命，这是完整的人的概定和范畴，这种复杂性是由其自然属性和社会属性的二重性所决定。人同时又是多变的生命，比如不同的人在相同的处境中会有不同的表现；相同的人在不同的环境中亦有不同的表现；随着时间的变化，即使是相同的人在相同的处境中亦会有不同的表现，是而有时连人自身都无法将自己真正地审视清楚，更何况是别人？其三，人还是适应性的生命和进化中的生命，在适应中进化，在进化中适应，适应和进化相辅相成、不可分割。没有适应无法进化，没有进化亦无法适应，适应和进化是人生存和发展中始终无法摆脱的命运。正是因为人具有着如此众多的属性和特性，从而使人充满了一种复杂、神秘和不易琢磨以及随之而来的无穷变数。

如果一个人连自己都没有了解清楚，要想看透别人无疑是困难的。人无论是了解自己还是了解别人，其实都是在理解人性，尽管自己或别人只是人性中的局部，但依然具有人性中最基本、最普遍、最深刻的根本属性。所以，了解自身就是了解人性的一个窗口。然而人性的窗口并不单独地存在于某一个人，而是普遍地存在于每一个人，无论其生理或心理是否健全和安康，只要是人，就构成一个人性的窗口。透过这无数多个具有深刻代表性的窗口，我们就能看清整个屋宇，我们就能通达人性，是而欲通达人性者，了解自身是第一步，有了这第一步作为基础，后面的路将变得好走。人，只有当看清了自己，才更有资格、更有实力地说看清了别人。如果一个连自己是怎样的一个人都说不清、看不透的人，又有什么依据，又有什么可能说将别人看清？要知道了解自己困难，而了解别人更难。

了解自己比了解别人有着当局者迷、旁观者清的困难，同时亦有着需要冷静而深刻地审视和感悟自身的耐心和毅力，是而要理解自身也并非易事，但自己所能知道的关于自己的信息比自己所能知道的关于别人的信息要全面得多、深刻得多、准确得多、亦彻底得多。没有信息，分析将无法开展；没有全面而准确的信息,分析将难以定格。自己对自己的了解比自己对他人的了解更具先天自然的优势,因为自己自始至终就无法摆脱自己,自己自始至终就无法逃避自己。在正常的情况下,自己所有的外在言行、心理感受和发展历程,最清楚者莫过于自己。同时,人对了解自己比对了解别人更感兴趣,难道不是这样吗?当一个人在浏览有关星相、命相和属相等相关信息时,他(她)一定是先去查看和阅读有关自己的那一部分,然后再是其他的部分。这亦说明,在通常情况下,人首先想到和关心的是自己。

《格言联璧》曰:"欲胜人者先自胜,欲论人者先自论,欲知人者先自知。"意思是说想要胜过别人必先胜过自己,想要议论别人必先想想自己,想要了解别人必先了解自己。

《鬼谷子·反应篇》亦曰:"知之始己,自知而后知人也。"意思同样是说了解别人必先了解自己,了解自己之后再去了解别人。

正是识己难,识人更难。人在没有能力将自己审视清楚的情况下根本无法看清别人,是而人不得不知己在知人之前。

人性,这终究无法穷尽的可能,因为其会随着自然与社会的发展而作相应的改变和图谋。自然从根本意义上造就了人性的阶段并圈定了范围的版图,然后就是来自数量有限而又深浅不同的社会关系对其不断地摄动和摆渡。人,挣扎在自然与社会的襁褓中,何时才能得以通达,何时才能臻于完善,又何时才能迎来明媚的阳光?

通达人性(二)

◎同情弱者,敬畏强者,毁折扬者是谓人之通性
◎深沉在于积蓄过重而释放过轻,浅薄在于释放过多而积蓄过薄
◎沉默是无知者最好的盾牌,亦是睿智者最好的利器
◎泄露天机易遭天谴,泄露人机易遭人怨

◎人具有属性的二重性，因果的二象性，工具的二分性
◎趋于强势乃万物发展的必然
◎人唯有奉献才能积累起消费的资本，尽管这种奉献或许来自于别人
◎人无论是在消费还是在奉献，既是在增益别人亦是在增益自己

人，有时候不得不成为量天的尺度，以此来权衡万物，尽管万物的存在并不依赖于人的存在。

孔子说，人心的险恶，超过了山川，想了解它，比了解天还难；其又认为人的外貌像厚厚的外壳，深深地掩盖着真情。人心就仿佛是一座迷宫，在社会的关系中转折顿挫，让人不易捉摸和揣度。有时是和风细雨，有时是雷霆震怒，有时是蜻蜓点水、波光微漾，有时又是淡如微风、静如止水……人心就如一个感应器，要将万物海纳于胸；人心又似一个发射器，喜怒哀乐深藏其中。人心是何等的复杂，人心又是何等的微妙，自然的造化如此神奇，总是让人难以预料。

人心都不正，只因皆偏约一寸。自然的发展都是绝对的不平衡，又如何去奢望它将事物造化完美？或许事物都是完美的，因为不同的事物有着不同的禀性，而不同的禀性又有着不同的作用，自然根据它们作用的不同赋予了它们不同的使命和地位，如此一来，倒不是事物的不完美，而只是标准和尺度的不完美，不能准确地切合自然的根本要义。人心在生理构造上的不正并不能影响人性的善恶和法度的公正。尽管如此，但不得不纳入分析和考量的是人心要时刻受到外界的一切，诸如人事、物象，以及社会关系的影响和摄动，人心在影响万物的同时，亦会受到来自万物的作用，这种影响的双向性亦是自然中早已蔚然成形的法则。

人性，有其共性与通性，亦有其特性与个性。矛盾的普遍性和特殊性无处不在、无时不存，因为这是矛盾的禀性，而矛盾则按照某种既定的规则分布在自然的任意瞬间和部分。受万物作用的人性，构建在其生理机能的基础之上，游走于时空的夹缝中，在一定的程度和范围之内左右了人类的言行。人们常常怜悯失意的弱者，却又总是趋附于得志的权势；胸怀大志的伟人往往要失势于目光短浅的庸夫，这是必然。大器晚成，蓄势待发，励精图治，锐意自振，看似波澜不惊、风平浪静，实则风云际会、奔腾不息，这又岂是目光短浅之人所能始料得及？而生死的抉择，利益的度量和形势的权衡，更让人心倍受煎熬和

锻造。

同情弱者，敬畏强者，毁折扬者是谓人之通性。英国生物学家达尔文在《物种起源》中告诉我们同种的个体间比变种间生存斗争更为剧烈。的确如此，我们所感受得多的是人与人之间的斗争的确要远胜于人与其他物种之间的斗争，而其他的物种之间同样有此效应。《物种起源》同时又指出在习性、体质和构造方面彼此最相近的那些类型之间，斗争一般最为剧烈。这两条法则本是取材抽象于生物的，自然适用于一切生物圈，而人类社会在此基础上却要更为复杂。有谁愿意主动而积极地去与一个手无缚鸡之力的弱者相抗衡，胜之也不武。除非其本身就是一个弱者，因为只有这样他才会觉得争之有味，争之有理，争之有劲。是而男人总要摆出高姿态，美其名曰："好男不跟女斗"，圣人姿态则更高，不与万物相争，积极描象自然。对弱者的同情根植于人性的深处，不会随意地轻易显露。人为何要同情弱者？其一在于天性的使然，而并非完全出于后天的教化；再者就是人人皆知弱者根本没有实力和能耐对自身的存在和发展构建任何的威胁。

而在另一方面，强势群体一直以来就是人人乐于趋就的对象。"生当作人杰，死亦为鬼雄。"这是何等的胸襟和魄力，不仅在生前要指点江山、激扬文字，要挥毫泼墨、彪炳千秋，即使在死后也要力挽狂澜、一柱擎天。趋于强势乃万物发展的必然，而非人类所独有。强者拥有着比弱者更大的能耐，更多的资源，更重的力量，使其在举手投足、一笑一颦之间牵动并摄动着无数人的心。他们能够比较深入和广泛地影响并波及到别人的命运，诸如荣辱兴衰，有时甚至是生死存亡。强者的存在深重地影响着他人的存在，而这必然为他人所感知和领悟，是而他人能不敬如贵宾、畏为大人？生怕得罪了去，有损自身的前程。强者谓为强者，必然是遵循相应的法度而来，弱者想成为强者，强者想保住自身，二者必然相互磨合，互为援引。然而强者纵为强者，也不能任意妄为，因为弱者策略并非永世不变。

其三，嫉妒之心，就如同爱美之心，人皆有之。有人更将其戏分为东方的嫉妒和西方的嫉妒，并认为东方的嫉妒是拉下别人低于自己，而西方的嫉妒则是提高自己超越别人，不甚严谨但也初现端倪。物以类聚，人以群分，欠缺全局观念而目力所及不过尺寸的大有人在，我们又怎么能奢望每个人都胸怀万物、深谋远虑？我们又怎么能奢望每个人都高瞻远瞩、老成谋国？是以理想与现实的不平衡又会徒增人生的悲伤和孤寂。佛家有云：人生最大的财富是健康。其亦曰：人生最可怜的是嫉妒。可怜天下的嫉妒心吧，饶过芸芸的众生，但倘若运用得当，也不失为一道前进的法门。当优势与劣势放在一起相较时，劣势的一方就会感到压力，这就好比一个徒有其表而腹内空空的绣花枕头与一个满腹经纶却又外貌普通的杰出人才在一起时会互相给予对方一定的压力。一个专横跋扈、趾高气扬的人必然引来一片的喧哗和阵阵的唏嘘，挑逗起众人的嫉妒和情绪的不满，树大招风、风摧秀木，本是前人古训，是而本该轻描淡写的却反而浓妆重彩，自然难免祸害。枪打出头鸟，过于张扬者免不了众人的毁弃和曲折，是必成为众人眼中的沙砾、肉中的挑刺，是必成为众矢之的，犹如锐利的矛在映射着孤独的盾，做人做事是必应当低调才是。

古罗马的塞涅卡（Lucius Annaeus Seneca，约公元前 4 年~公元 65 年）说："最能帮助你的习惯是沉默。"（《智慧日记·知耻律己》，辽宁民族出版社 1998 年版，第 64 页）正是一语中的，由于人本身会受制于物尽其性的法则，故而总是惯于有话就说，沉不住气。其实懂得沉默之重要的也不乏其人，支撑的理论诸如"沉默是金，雄辩是银"这类通俗之论，可是一到关键时刻又往往控制不住自己，说个没完没了，理论早已寒透冰凉。沉默的背后并不意味着思想的停止，沉默的背后也并不暗示着追求的终结，而是蓄势的待发，而是契机的寻找。沉默耐久者有时就仿如纪伯伦笔下那个孤独地守望在寂寞的土地上的稻草人，以给他人一种恐惧而感到深深的自豪和快乐。普通之人往往会犯一个思想的错误，要么认为沉默者都是无知者，理由很简单，无知者何以能够口若悬河，又何以能够雄辩滔滔，故而唯有沉默的份；要么就认为沉默者都是大智大慧，理由也很简单，大智若愚、深沉含蓄，真人不露相，露相非真人，是而讳莫如深、敬畏有加，那么沉默者到底是睿智者还是无知者呢？这个问题其实并不困难，需要一分为二，无知者就仿佛处于人生发展中的肯定阶段，而睿智者就仿佛处于人生发展中的否定之否定阶段，而略懂哲学的人都知道肯定阶段和否定之否定阶段在外观上是极为相似的，不过内在却有着天壤之别，否定之否定阶段是基于第一阶段肯定阶段，而跨越了第二阶段否定阶段，然后构建起来的一个新的平衡，其层次要高于第二阶段并远远超出第一阶段，但却又极为形似于第一阶段，是而普通之人总是难以将其看清。那么这个问题自然就迎刃而解，沉默者中既有无知者，亦有睿智者，所以不得不细心地体察和分析。沉默是无知者最好的盾牌，亦是睿智者最好的利器，道理正是如此。

沉默者往往给人以深沉之感而不易亲近，张扬者却又总是让人觉得浅薄而透明，这其中的法度让人甚是难以把握，不知道应该收敛多少释放多少才算适宜。深沉在于积蓄过重而释放过轻，浅薄在于释放过多而积蓄过薄。不断地积蓄却又没有找到合适的释放空间，于是便只有自己一力承担，独自承担万千的理论与骇俗的造化，从而增加了自身的厚重与不透明，是而给人以深沉之感；而浅薄之人本来积蓄就薄，却仍要拼命地释放，生怕自己那点修为与造化有人不知、有人不晓，是而自己修造几何别人便洞若神明、了如指掌，故而透明无比，是以浅薄到位矣。

记得有一个爱唠叨的理发师给马其顿王（Macedon）理发，问他喜欢什么发型，马其顿王回答道："沉默型。"沉默对于一个生活中爱唠叨的人而言尤其值得提倡。米利都学派创始人，古希腊七贤之一的著名哲人泰勒斯（Thales，约公元前624年~547或546年）说过："多说话并不表明有才智。"的确如此，但不说话也不证明很睿智。人们总是乐于文采飞扬地发表老生常谈，激情满怀地说一些妇孺皆知的话，惯于以创始人的口吻宣讲陈词滥调，以发明家的身份公布道听途说，俨然一副众人皆醉而唯我独醒之态，不知真是众人皆不知而唯有我自知，还是众人皆有知而唯有我不知？

深谙佛法的高僧常常规劝其弟子及世人应不形于文字，颇有道理。不形于字反而获得万有，而一旦形于字就只能居于其中，试问有限与无限之间，须臾和永恒之间谁长谁阔？被誉为哲学的殉道者，古希腊三哲之一的苏格拉底（Socrates，公元前469年~399年）或许正是出于此因而终生不著一字，不过我们依然可以从柏拉图的著作中一睹其思想的光辉。可是一旦人人如此，那人类不知要损失多少的文化遗产，不知又要延迟发展多少年？那些精于道术而悟透生死、融身大化之人常说："法不传六耳。"传道授业也仅限于师徒二人，然后就只有天地为证、日月为期，而绝无第三者，言外之意此等惊世骇俗的秘密法门又岂能轻易地为世人共享？"天机不可泄露"总是其一贯的标榜和尾声，认为泄露天机易遭天谴。不知是故作神秘、欲盖弥彰，还是确有其事、神乎其神？倘若真有其事，那是必然，因为天机一旦泄露就极有可能遭到破坏，而使得天意无法顺利实现，世事无法自然推演，这必将破坏既定的演化程序，上天又如何见容？尽管如此，这于人们而言过于玄奥非常，而人类的科学至今也没有给出一个明确的答案，但倘若是空穴来风，这句格言自被首创以来就经久不息，人人细细揣摩，各得其所。是而，若其姑妄言之，那不妨姑妄听之，历史自会给出一个最终的判决。泄露人机易遭人怨，这是必然的结果。没有人希望自己的心思被别人完全洞穿，一旦个人的心思被别人彻底看透，那么他的一言一行便被别人纳于掌控和预料之中，他走出第一步，别人就知道了第二步，是而他会觉得自己就如同一个透明的活体被人一览无余、洞穿到底，已无丝毫的隐私和秘密可言，他会觉得自己似乎失去了立足之根和相处之本，而一旦将其不愿让人知晓的事情泄露出去，这必然有违其心意，有损其权益，那谁又能置若罔闻、仿如无事呢？诚如《列子·黄帝》中所说的那样，顺从它，它就高兴；违反它，它就发怒，这是有血性的动物的共同性情，那么人们又何以能够逃避？

沉默让人宁静，沉默给人深思，正是"一切伟大的诞生都是在沉默中孕育的"，无论是人的，还是物的，是而如果一个人想要孕育伟大，那么其必然需要懂得沉默。远山静默，近水无声；静如处子，动若行云。宁静给躁动以养息的时机，躁动还沉默一释放的契机，万物皆在运动与静止、含蓄与张扬、存在与死亡中呼唤着黎明，以臻于至善的荣光。

沉默归沉默，但倘若人人皆沉默，那么这种相对的优势自然会荡然无存，人世间将没有了欢声与笑语，没有了歌谣与嬉戏，只留下自然的声响和机器的轰鸣……

人具有属性的二重性，因果的二象性，工具的二分性，这三条法则贯穿于人类生命的始终。社会中的人摆脱不了其自然的属性，而其存在亦并非横空出世，必然有其来龙和去脉，是其前因的后果，亦是其后果的前因。人的一生又何以能够完完全全、彻彻底底、不折不扣地自生自灭而不假借于任何的外力？假借外力者，最大莫过于整合住整个自然的资源和能量。人本身所含有的物质能量相对于整个自然而言是何等的微不足道，但是一旦人懂得如何有效地假借外力的法门，以借力施力，那么即使是摄动星辰、捍卫时空也未尝没有实现的可能。再者，人无法成为完全的奉献者，其生命的存续必然要消耗一定的物质；而其亦无法成为彻底的耗费者，其必然会对他人作出或大或小的贡献，因为联系和影响是存在的万物所始终摆脱不了的命运。换句话说，人不能完全地为他人而活，人也不可以彻底地为自己而活。人的存续首先是建立在自然所允许的前提之下，而后既为他人亦为自己，这就是客观的事实和结论，任何主观的企图和努力都改变不了这样的格局，只是两者在个人生命中所占有的比例和权重又是因人而异、各有不同。然而，人无论是在消费还是在奉献，其实都有增益别人的成分，要么是有益，要么是有损，而社会的法度则要努力将其局限和限定在有益的范畴之内而不可超越。所以，如果你的消费和奉献是合法的，那么你是有益别人的人生；如果你的消费和奉献是非法的，那么你就是有损别人的人生。人唯有奉献才能积累起消费的资本，尽管这种奉献或许来自于别人。也就是说别人把本属于自己的消费份额让渡给了自己，而人类的法度则致力于将其维持并规制在对于奉献和消费的双方而言都是有益或至少无害的范畴之内，而法度所要体现和彰显的是公平和正义，同时法度也是规范、支撑和制约人类言行的尺度和准则，而公平和正义是人们一直以来都在努力追求和希望实现的，尽管会受到认识和发展的局限而使得公平和正义的体现并不十分的完善和无懈可击。由此可见，这种奉献——消费的生存模式并非是个人的愿望或图谋，而是根植于整个人类的希望和愿景。那么个人为什么不能欣然地接受和认同它呢？为什么又要积极地妄想着不劳而获而僭越于法度，僭越于公平和正义之上呢？

其实，人无论是在消费还是在奉献，既是在增益别人亦是在增益自己。只是有人将增益自己作为手段而纳入增益别人的目的中，而有人却将增益别人作为手段而纳入增益自己的目的中，如果这是在公平和正义的范围之内，那么这于双方而言都是有利的，那么这于谁而言又是不利的呢？这必然要损耗自然的资源。一个地区所能维持的生物数量必定是有限的，而人的生存必然是构建在相应的物质条件的基础之上的，人的存续会损耗掉自身赖以存续的自然资源，但损耗不掉自然本身的能量，这些能量在无限多个相对封闭的系统中进行游走，被其吸收、释放、转化或创新，以趋于高级，以趋于复杂，以趋于至善……

人，不仅仅属于自己，有其难以逃避的责任和使命，是个人、社会和自然三者共同允许和造化了我们的存在，当然从根本而论，依然是自然的化育和恩典，那么我们就不得不承担起相应的权力和义务，相应的责任和使命来。我们属于我们自己，我们亦属于人类社会，我们更属于万象自然……

取法乎上

◎ 事物本不是孤立而是联系的、本不是静止而是发展的,是而思辨问题也应使用联系和发展的观点
◎ 认知是一个不断向广度和深度无限延伸的过程
◎ 影响和联系是一切事物无法抉择的命运
◎ 影响必然都是双向的,故不存在单向的影响
◎ 一切事实的成立都需要相应条件的支撑
◎ 人应懂得尊重客观的事实,并将其纳入分析的范畴和应用
◎ 思辨的目的是为了决策,决策的目的是为了行动,行动的目的是为了生存和发展
◎ 一切分析和判断都是为了作出一个正确的决策

自然何其博大,事物何其渺小,远远超出了人类目前的认知。

诚如威廉·莎士比亚(W. William Shakespeare,1564~1616)在《哈姆雷特》中告诉我们的那样:"天地间未知事物之多,远超出我们的哲思冥想。"然而对于人类而言认知是一个不断向广度和深度无限延伸的过程。这个过程又是何等的漫长,它将贯穿人类生存和发展的始终。这就意味着根本不存在终极的认知和真理,恩格斯说:"世界不是既成事物的集合体,而是过程的集合体"(《马克思恩格斯选集》第4卷,人民出版社1995年版,第244页),这是显而易见的道理。

自然尽管博大而精深,但是却是由人类始终难以穷尽和计量的无数具体的事物所构成,他们本身都有其既定的运行规律,然而却又不得不受到来自万物的摄动和影响。这些分散在有限而深广的时空中的事物看似各行其道、互不相干,其实在现实的世界中却是彼此联系、互为影响。它们按照距离和能量的大

小远近彼此存在着某种作用，要么是直接作用于对方而形成直接影响，要么通过有限的中间环节来彼此传递而形成间接影响，即使相互之间不存在任何的影响也会联系于整个统一的时空，是而影响和联系是一切事物无法抉择的命运。而对于任意事物而言，影响必然都是双向的，故不存在单向的影响，并且这种双向的影响是同时发生的，这就是说事物在影响另一事物的同时亦被另一事物所影响。这些道理都无不证明了一个事实，那就是事物不是孤立而是联系的。

不仅如此，一切事物都处于不断地运动、变化和发展中，没有永恒不变的事物。一切事物内部首先都存在着演变的根据，而外部同时亦存在着允许其演变的条件，当有了这种内在的根据和外在的条件之后，事物自然会不断地运动、变化和发展。在人们目前的认知范围之内，运动是绝对的，静止只是相对的，绝对的运动有了事物的变化发展，相对的静止有了事物的存续和睦。运动之所以绝对，那是因为它存在于一切可能的事物中；静止之所以相对，那是因为静止的存在必然有其条件的限定。然而一切事实的成立都需要相应条件的支撑，无论是运动还是静止皆概莫能外。运动和静止只是事物存续的两种状态，它们是一对互逆的命题，二者是相互依存的，没有运动便没有静止，没有静止亦没有运动；二者又是相互包容的，运动中含有静止，静止中亦有运动。老子从朴素唯物主义哲学的高度论述了事物的动静之道，其在《道德经》中这样写道："万物负阴而抱阳，中气以为和。"意思是说万物最初都是处于安静、柔弱的状态而逐渐走向运动、强硬，动静平衡（即阴阳平衡）以达到和谐。运动必然引来变化和发展，从局部的角度而论，发展就是新事物的产生和旧事物的灭亡；从整体的角度而论，发展就是无限多个特定的过程的统一。事物的发展是由低级到高级、由简单到复杂的前进上升运动，而自然的发展则是由无限多个具体事物的发展所构成。由此可见，事物不是静止而是发展的。

认为事物是孤立还是联系，是静止还是发展体现了两种不同的发展观。唯物辩证法是用普遍联系和发展变化的观点来看世界，而形而上学则是用孤立和静止的观点来看世界，两种发展观的根本对立之处在于是否承认事物内部的矛盾。我们应坚持用正确的观点来看待世界，唯有这样主观才能和客观保持一致，现实也才能被思想所把握。

既然事物不是孤立而是联系的、不是静止而是发展的，是而思辨问题也应使用联系和发展的观点。人应懂得尊重客观的事实，并将其纳入分析的范畴和应用，这是十分重要和明智的抉择，它关系到人的主观意识能否同客观的存在保持一致的问题，同时又关系到自己能否拥有真理的问题，而且这亦将直接关系到事情的成败问题。思辨的目的是为了决策，决策的目的是为了行动，行动的目的是为了生存和发展。比如我们思辨人性本善，还是人性本恶，抑或不分善恶？比如我们思辨生命在于运动，还是在于静止，抑或在于平衡？所有的这些都是为了得出一个正确的结论，作出一个正确的决策，正是人的一切分析和判断都是为了作出一个正确的决策。人唯有作出了正确的决策，否则难以采取正确的行动，然而人又不得不采取正确的行动，因为这意味着人将无法成功，而人唯有成功，才能实现既定的目标，人也唯有成功，才能实现生存和发展的图谋，这是不言而喻的道理。

思辨问题是否联系和发展，关系到问题结论的正确度和准确度。当思辨一个具体的事件或过程的时候，我们必须将已知的关于此事件或过程的全部信息运用联系和发展的观点来加以整合，因为这些信息都是事物运动、变化和发展过程中无数个切片、无数个环节、无数个剖面的一部分，将这些切片、环节和剖面按照一定的顺序有机地结合起来，那么整个事物的轮廓将会慢慢地显现出来。如果这些切片、环节和剖面的信息是足够的多，那么勾勒出来的事物的轮廓将足够的细，这对于从点到面、从局部到整体回溯的能力的要求将越低，实现的可能亦将越大。

通过这样分析和处理的事件或过程信息，可以还原出事物本来的面容，让我们能够从这有限的信息切片中洞悉整个事件或过程的真相。

天人感应

◎成功和失败都是符合自然，但唯有成功才是顺应自然
◎一切既存的事物必然符合自然
◎自然中不存在任何超越自然的事物
◎是否符合自然成了一道决定事物是否存在的分水岭

◎自然从根本上决定和总体上局限了事物的运行轨迹和一切可能
◎整体决定局部，局部影响整体
◎自然整体力量的均衡决定了自然中任意局部的存在时空
◎一切的成立都是整体力量均衡的结果
◎人本就是在一个相对封闭的时空中划定自我
◎事物的发展必定也只能切合住自身整体的要求

成功和失败是用于考量理想和现实是否一致的哲学范畴。

当理想能够与现实保持一致，我们可以认为这是成功；当理想不能与现实保持一致，我们可以认为这是失败。如果部分一致，不能完全一致，则只能是部分成功或部分失败。

然而成功和失败都是符合自然的，成功也好，失败也罢，它们必定符合自然。符合自然的意思就是说成功和失败都是符合自然的法则，都能做到与自然相合，这是显而易见的道理。倘若成功或失败不能与自然的法则相符，那么根本就不可能成功，也不可能失败——即想失败都失败不了，因为与自然不相符合的事物根本不可能在自然中成为事实、成为现实、成为客观的存在，因为自然不允许它存在，自然不允许不符合自然存在之道的事物存于其中。由此可见，无论是成功还是失败都必然符合自然，这是其存于自然的先天基础。其实不仅是成功和失败，一切既存的事物都必然符合自然，道理相同。倘若不符合，便失去了存在的先决条件，失去存在先决条件的事物又如何能够存在？这就使我们知道根本不存在什么"超自然"的力量。一切力量、一切存在必然都是合乎自然的，因为没有任何物质或力量可以超越自然却又能在自然中存在，这不符合自然的法则。如果存于自然，则属于自然的一部分，那如何超越自然？如果超越了自然，又如何能够存于自然？这必然是自相矛盾的结果，是而自然中不存在任何超越自然的事物（物质或力量）。所以，所谓"超自然"的力量不过是符合自然而人类尚未识别的力量，而不是什么真正超出了自然所能允许的范围，因为超出自然所能允许的范围却又能存于自然的物质或力量根本不存在。诚如德国唯心主义哲人黑格尔（Georg Wilhelm Friedrich Hegel，1770～1831）的见解——凡是合理的都是存在的，凡是存在的都是合理的（原文：Was vernünftig ist, das ist wirklich; und was wirklich ist, das ist vernünftig. 此句出自《权利的哲学纲要》，《Grundlinien der Philosophie des Rechts 1820》），这个"理"

应该是自然之理、造化之理，而绝非人类之理、道德之理。既然合理合的是自然之理、造化之理，当然存在便是合理；如果不合此理，又如何被造化出来，又如何成为自然中的一部分？由此亦可见，一切事物，包括成功和失败在自然中的存在都必定符合自然。这样一来，是否符合自然成了一道决定事物是否存在的分水岭。这就是说，倘若符合自然，事物便能存于自然；倘若不符合自然，事物便不能存于自然。事物既不能符合自然而不存于自然，亦不能不符合自然却又能够存于自然。

成功需要符合自然，失败也需要符合自然，但成功不仅需要符合自然，而且还要顺应自然，这也是老子的一贯主张。顺应自然就意味着必须顺从、适应自然，这是当前的主观（理想）与未来的客观（现实）保持一致的唯一方法。客观的存在不以人的意志为依存和转移，它有自身既定的运行规律，这种规律来自于自然支配的力量，是自然赋予了它们存在和发展的权力，亦是自然从根本上决定和总体上局限了它们的运行轨迹和一切可能。这其实也是客观与主观、整体和局部之间相互关系的表现，人类的力量在强大的自然面前是何等的微不足道。之所以是从根本上决定，那是因为自然中的一切无不烙上自然的烙印，即必须符合存于自然的一切要求和法则。诸如必须是物质，或构建在物质的基础上，同时亦必须存在矛盾以及由此引发的一切，比如影响、联系、制约、促进、运动、变化和发展……所有的这些成分和要素都是事物存在始终无法回避和抉择的命运。如果事物不具有这些成分和要素，则不能存于自然，而要存于自然，则必须具有这些成分和要素，是而是从根本上决定；而之所以又是从总体上局限，这是因为整体决定局部，局部影响整体。这个观点的论证如下：

首先，从自然的整体来讲，是自然整体力量的均衡决定了自然中任意局部的存在时空。比如说地球，我们所赖以生存的星球，之所以会在自然的这个空间（存在空间）中出现，之所以会在自然的这个时间（诞生时间）中出现，这不是偶然的，这是自然的总体力量均衡的结果，这个地球（自然的局部）正是自然（自然的整体）所决定的，即是整体决定局部。

其次，从人类的社会来看，一个人在社会中的位置和处境是什么决定的？一方面与自身因素有关，而另一方面则是整个自然，明确一些是整个社会，再明确一些是整个地区，再明确一些是整个组织，再明确一些则是直接或间接决定自身所在位置的人所影响和决定。也就是说这是一种整体力量的均衡，是一种层层逼近而来的力量的制约。正是一切的成立都是整体力量均衡的结果，否则不能成为现实，因为一切的成立都需要经过整体力量的均衡，而整体力量又是什么？正是自然的力量，是而谋事在人，而成事的确在天，在自然，在整体力量的均衡。所以，"谋事在人，成事在天"这句古老的谚语的确非谬，有其现实中不可规避的实证意义。尽管一切既存的事实都需要经过整体力量的均衡，但正如前文所述，影响必然又是呈局部分布的，因为不同事物本身的影响力有着大小和强弱的不同，是而整体的均衡必然是通过无限多个局部影响的互为传递来实现和完成。同时，人们从古到今每一次的抉择所能选择的实际样本必然是呈有限排列的，而不是也不能做到从整个自然的时空中来进行考量。这亦说明人本就是在一个相对封闭的时空中划定自我，人是如此，万物又何尝不是如此呢？但局部又必将被整体的力量所摄动而形成整体的均衡，这是局部始终无法逃避的命运。由此可见，依然是整体决定局部，局部只能影响整体。

第三，从个人的角度而言，每个人的发展必定也只能切合住自身整体的要求，否则根本走不通。这是一种来自整体的局限和制约，而一旦发展是迎合了自身的整体，整体此时又成了一种支撑和促进，这就是现实的原理。由此可见，还是整体决定局部，而不是局部决定整体。

局部无论怎样发展，始终都属于整体的一部分，是而人类（局部）的能力无论如何登峰造极，无论如何出神入化，都是整个自然（整体）的允许和造化，代表着整个自然的功宏化育。从事物之间是相互影响、作用、制约和促进的原理来看，整体中的局部不可避免地会受到整体中其他局部的影响和作用，它的运动、变化和发展，从辩证唯物主义哲学内因和外因的辩证关系可知，是与外部——即整体的其他局部息息相关，这种来自于其他局部对其的影响力可以是直接，也可以是间接，彼此之间的互为影响构成整体的摄动，是而这是整体作用的结果。所以无论怎样推导和论证，只要是秉承全面、客观和辩证的态度，只能推出是整体决定局部，而不是局部决定整体。尽管如此，但局部和整体却是全息相关的，一如前文所述局部包含了整体的信息，是而有人认为从一朵花中可以看到整个宇宙，其实又何止是花中，花瓣中已是整个宇宙，花蕊中亦是整个宇宙，宇宙的任意分毫中尽是整个宇宙，说的正是这个道理。

成功的实现是一个过程，现实的存在只是过程中的一个点，过程就是由这样的无数个点所构成。而生存和发展也是一个过程，是由无数多个存在的点按照一定的顺序连接而成，所以要实现生存和发展（过程）当然也必须顺应（适应）自然，这与达尔文进化论中的自然选择——适应自然才能生存不谋而合。

诚如孟子所云："顺天者存，逆天者亡。"(《孟子·离娄章句上》)同样无不尽意。由此可见，顺应自然（整体）是通达圣意的，顺应自然（整体）是通向真理的。顺应自然的过程是由无数多个符合自然的点所构成，不顺应自然也是由无数多个符合自然的点所构成，但唯有顺应自然才能成功，不顺应自然只能以失败告终。

是而，存在于自然需要符合自然，而成功于自然则不仅需要符合自然，更需要顺应自然，因为成功不仅在于存于自然，更在于理想与现实的一致。这就是自然给予我们的启示，这亦是自然固有的权谋，这更是人道与天德的感应……

来去之路

◎从自然中来，到自然中去
◎一切皆源于自然，亦归于自然
◎天道在根本上主宰了人道
◎阴阳之理，顺之则亨，逆之则否
◎顺应自然成了人类走向成功的必经之路
◎人离社会越近，离自然就会越远
◎自然造化了一切，亦是自然耗损了一切，于是最后自然便收归了一切

人不是上帝的玩物，没有造物主，亦没有救世主，人是劳动的结果，是自然发展到一定阶段的产物和自然历史发展的必然，这在《自然的指纹》中已得到充分的说明，在此不再赘述。

人既然是从自然中来，这已是不争的事实，那人又将走向何方？人为什么要生存？或者说其生命的意义何在？这亦是古往今来的一切哲学家、一切思想家、一切求索者都未曾停止过思索和探讨的重大问题，但是至今仍无一个满意

的答案。

　　天道造化了人道，人道的力量远远微弱于天道，纵然人可以发挥自己的主观能动性，但这种能动性的发挥必然会局限在自然所能许可的范围之内。《易经》一方面强调要发挥人的主观能动性，另一方面又强调尊重客观自然规律，这体现了《易经》的理性和睿智。正因为天道在根本上主宰了人道，人们为了生存和发展而不得不研究天道，于是研究天道的成因、变化及其运行的哲学和科学便应运而生。地球上不同区域的人类在起源的早期，几乎都有关于天文、气象和星象的研究，其中最常见的应用设施莫过于天文台。这一方面体现了人类对于未知时空的好奇，另一方面也拓宽了人类的视野，增加了认知的信息。这些研究的成果形成了人类科学中的天文学，并帮助形成了人类哲学中的世界观。古人之所以如此重视天道的研究，还因为天道关系到自身的劳动作息和农作物的生产，从而与自身的生死休戚相关。诚如《易经·象》所云，君子要修治法则、明确时令，以便掌握时令季节变化的法则，适应时节以安排生产和生活。由此可见，天道对人类的生存和发展产生着极其重要而深远的影响。

　　《易经·系辞上》曰："一阴一阳之谓道。"

　　《阴符经》曰："观天之道，执天之行。"

　　《道德经》曰："道生一，一生二，二生三，三生万物。"

　　其又曰："人法地，地法天，天法道，道法自然。"

　　《黄帝内经·素问·上古天真论篇》则曰："上古之人，其知道者，法于阴阳，和于术数，食饮有节，起居有常，不妄作劳，故能形与神俱，而尽终其天年，度百岁乃去。"

　　……

　　这些都是古人对天道的理解和诠释，无不体现了其高度发达的智慧和哲思。天道是什么？天道，即自然之道，即阴阳之理，顺之则亨，逆之则否，这是千古不变的法则。古代能够参悟天道之人，人道又能合和天道，其人生定然平和而无祸害；倘若不识天道而又任意妄为，人生自然波折不断、祸患无穷。

　　天道制约了人道，于是使得"天人合一"成为中国古代哲学所倡导的修为方向和最高境界，将天道之必然与人道之使然完美地统一起来。

　　《易经·象》有云："火在天上，大有。君子以遏恶扬善，顺天休命。"意思是说火光在天上，象征盛大富有。君子因而抑制邪恶，表扬贤良，顺从赏善罚恶的天道，以使命运变得更加美好。

《易经·彖》亦曰："天地革而四时成，汤武革命，顺乎天而应乎人。"意思是说天地变革而形成四时，成汤和周武的革命，符合天地自然变革的规律而又符合人们的心愿。

这就告诉我们，人的言行既要顺天道又要尽人事，唯有这样才能承天遂命，平和渐进，志向通达而又人生无憾。这就是天道，自然的法则，它左右了人类的一生，支撑了人类的一生，亦制约了人类的一生。人类的一切事业能否成功都必须经过自然的认证和许可，否则根本无法成功，是而顺应自然成了人类走向成功的必经之路。人类就是这样顺应着天道，顺应着自然，一步一步艰难地走到今天，亦将在其支撑和制约中走向未来。

人造生于自然，终生存于自然之中，天道永伴左右而不可规避，于是最终又将化为尘土，归于自然。自然本无意志却又运行不息，自然的运动、变化和发展所体现出来的直接效应是在进化，是在发展，是在完善，然而其深远旨归却又是在清静无为，却又是在无所用心。自然之所以有此直接效应，是万物所固有的内在禀性所导致；而自然又之所以有此深远旨归，是因为自然没有主观的存在。是而道家慧眼识穿自然之机，崇尚清静无为，倡导师法自然，达于无为而治，以统于天地、和于自然，从而臻于天人合一的至高境界。

从自然中来，到自然中去，这不仅是对人生死归宿和命运泉源的一种客观描述，同时也是对人生存模式和发展调和的一种善意提点。生活总是给予我们这样的启示：人离社会越近，离自然就会越远。游走在人际关系的刀锋上，不堪重负的心灵早已憔悴，而一旦能够回归自然，怀抱自然，心灵又将重新焕发生机和活力，自然的确非同凡响，赐予了生命无尽的动力和力量。从自然中来，这是一切生命无法抉择的命运；而到自然中去，才能找到灵魂停泊的港湾。因为一切高亢、抑或低沉都将成为生命的震颤，而唯有归于平和才是心灵至真、至善、至理的所在，然而平和不在社会的关系中激荡，却在自然的无声无息中回归……

原来一切皆源于自然，亦归于自然。不仅人是从自然中来，一切都是从自然中来；不仅人要重归于自然，一切都将重归于自然。主说：一切源于土壤，归于土壤。这个论断有其积极的意义所在，然而却存在着不可避免的思想缺陷。首先在于土壤都是源于自然，是由自然的能量所构成；其次，不是所有的事物都是造生于土壤。泰勒斯则认为水是万物之本源，万物终归于水，其理亦然。所以，这个论断并不完善和彻底，范围还不够广义，深度还不够见底，而一切皆源于自然，亦归于自然，范围和深度都加以改善和拓宽，使得事物的来源和归宿变得无懈可击。（至少在人类目前的认知范围之内是这样）

来去之路，原来起点就是终点；来去之路，原来终点已不再是原来的起点。来来去去，来了又去，去了又来，一切却又井然有序、杂而不乱，前因后果、阴阳辩证，唯物利弊、清晰可陈。自然总是在生命的最根源处为其注入强劲的动力，然而却又在总体上来加以锁定；乐于给予它们阳光和雨露、希望和可能，却又悄无声息地守候在它们命运的尽头……

自然造化了一切，亦是自然耗损了一切，于是最后自然便收归了一切。

蛋糕和舞台

◎每个人都有一块属于自己的蛋糕，我们只有将这块蛋糕做大做强，做到品质俱全，那么自己才最具竞争和发展的潜力

◎做好自己，总有一块属于自己的舞台

◎未经审视的人生是不值得过的，未经规划的人生是有缺憾的

◎审视自己、规划自己、修正自己、坚持自己、完善自己

◎没有自信，是人性的悲哀；然而过于自信，却又是人性的疏狂

◎羡慕别人的蛋糕没用，嫉妒别人的蛋糕徒劳

◎治国治己源于一道

◎辉煌的背后注定背负的是常人所没有的沉痛

◎羡慕别人，不如做好自己

◎一切要来的自然会来，我们不能掌控一切

◎人类发展的道路永远没有尽头

◎一切的现实都只有在可能之后

◎不断地超越自己，就是人生最大的胜利

◎人必然会受制于客观存在的一切

◎先天条件早已写就，后天条件慢慢形成
◎事物存在必定有其存在的道理和价值
◎时间成就了一切的可能

"江山如此多娇，引无数英雄竞折腰。"毛泽东有感而发，笔力千钧；
"江山如画，一时多少豪杰！"苏东坡豪情万丈，变幻了时空；
"落木千山天远大，澄江一道月分明。"黄庭坚气势磅礴，境界宏大；
"沙上并禽池上暝，云破月来花弄影。"张先寥寥数语，万千气象；
"嫋嫋兮秋风，洞庭波兮木叶下。"屈原凄婉传神，绝唱千古；
……

江山的确绚丽多姿，让无数的文人墨客为之吟咏倾倒，而人生却是短短几个春秋，有如沧海之一粟，又似流星划过夜空，光芒是如此的微弱，生命是如此的短暂，"福如东海，寿比南山"不过是人们之间一种美好的祝愿和向往。人，又何以能僭越生死、寿同自然？

生命是短暂的，生命是宝贵的，生命亦是无价的，有限的生命如能绽放出耀眼的光芒和无尽的力量，随着时空的远逝去滋润和化育不断喷薄而来的生命，那这样的人生应该是有价值的人生，那这样的人生应该是有意义的人生，那这样的人生也应该是值得度过的人生……

生命的有限，需要我们用足够的时间去思考生命的意义和行进的轨迹，思索生命的过去、现在和未来。未经审视的人生是不值得过的，未经规划的人生是有缺憾的，是而我们必须审视自己、规划自己、修正自己、坚持自己、完善自己。

> 一只小老鼠认为自己很渺小，总是自卑地羡慕别人。它看到放射着万丈光芒的太阳，便由衷地赞美太阳的伟大，太阳说："乌云出来，你就看不见我了。"不一会儿，乌云出来遮住了太阳。小老鼠又赞美乌云的伟大，乌云说："风一来，你就明白谁最伟大了。"一阵狂风过后，云消雾散。小老鼠又情不自禁地赞美风的伟大，风却说："你看前面那堵墙，我都吹不过呀！"小老鼠爬到墙边，十分敬仰地赞美墙是世界上最伟大的。墙说："你却能站在我的肩上，你自己才是最伟大的！"

蛋糕和舞台

没有自信，是人性的悲哀；然而过于自信，却又是人性的疏狂。每个人都有一块属于自己的蛋糕，我们只有将这块蛋糕做大做强，做到品质俱全，那么自己才最具竞争和发展的潜力。人没有必要去羡慕别人，更没有必要来埋怨自己，光环的背后隐藏着艰辛与付出，没有谁能够随随便便取得人生的成功，上苍绝对是不公平的，但人们却可以凭借其相对的公平去跨越这种绝对的不平。造物主（自然）总是将众生造化得如此的不同，以至于每一个人都有着独一无二的色彩，但却始终又要给予他们一定的缺陷以作为其生命发展的空间。自然从来不造化完美，一时的完美也会转瞬即逝，怨天尤人亦只能是徒劳，事实既然是这样，那必定符合其演化上的需要。

这块仅属于自己的蛋糕，我们应当珍惜之，并竭尽所能使其变大变强，不断地改进，不断地修正，不断地完善，别人的蛋糕总是别人的，尽管极少数特定个人或场合的蛋糕——我们可以从中分得或大或小的一部分，但我们不能将自己生存和发展之路寄托在分享别人的蛋糕之上，而应该积极努力地去创造属于自己的蛋糕。羡慕别人的蛋糕没用，嫉妒别人的蛋糕徒劳，因为那块蛋糕毕竟不属于自己。蛋糕首先都属于它的拥有者，而造化的力量可以是其拥有者自身，也可以是其拥有者援引而来。

佛家欲普渡众生，但其必先渡自身；儒家亦认为"穷则独善其身，达则兼善天下。"（《孟子·尽心章句上》）所以我们必须懂得如何做大自己的蛋糕，那么别人蛋糕的存在对于我们蛋糕的铸造有什么积极的作用和意义呢？

首先，别人蛋糕的存在为我们蛋糕的做大提供了榜样和前景。美好而又强大的蛋糕是值得每个人为之努力和学习的对象。

其次，别人蛋糕的存在为我们蛋糕的做大提供了借鉴和参考。我们应该积极地从别人那里吸取蛋糕的造化和做大之道，用这种具有普遍性的道理、方法和技巧来创造和做大属于自己的蛋糕，这是十分重要和必要的。例如，在国家的和平崛起中就有许多值得借鉴的地方，诸如自力更生、艰苦创业、解放思想、实事求是、开放合作和务实发展等就是极为重要的思想和方法，尽管这是治国的方略，然而治国和治己在根本上却是相通的，二者源于一道。

《孟子·离娄章句上》曰："天下之本在国，国之本在家，家之本在身。"意思是说天下的根本在于国，国的根本在于家，家的根本在于个人。

《吕氏春秋·审分览第五·审分》亦曰："夫治身与治国，一理之术也。"意思是说治理自身与治理国家是同一个道理。

翻开历史的画卷,历史告诉我们的是那些治国平天下的圣王明君、忠臣良将,其个人修为和道德素养往往都相对卓越,而那些无道昏君、乱臣小人,其个人修为和道德素养却往往并不高深,以致国破臣亡、四面楚歌,这就是历史给予我们的启示。在此与古人不谋而合、遥相呼应,跨越千年的对话,穿越时空的樊篱,是而我们应将这些优秀的思想和方法援引来发展壮大自己。

再次,别人蛋糕的存在为我们蛋糕的做大提供了信心和动力。它会产生一种无形的力量,激励人们不断地前进和向上。

当一块尚未雕琢的璞玉在自己长期持续的努力下慢慢成形,并逐渐绽放出应有的光泽时,它的价值必将得以彰显,它的意义终将得到认同。有这样一则故事:

> 在一座佛寺里供着一个由花岗岩雕刻而成的非常精致的佛像,每天都有很多人来到佛像前顶礼膜拜,而通往这座佛像的台阶也是由和它采自同一座山体的花岗岩砌成。
>
> 终于有一天,这些台阶不服气了,它们对那个佛像提出抗议说,你看我们本是兄弟,同根同源,来自于同一个山体,凭什么人们都踩着我们去膜拜你啊?你有什么了不起啊?
>
> 那个佛像听后淡淡地说道,你们只经过四刀就走上了今天的这个岗位,而我是经过千刀万剐才终于成佛。

辉煌的背后注定背负的是常人所没有的沉痛,这种背负着沉痛的辉煌只能洗去背负者的辛酸,却无法洗去背负者的过去,因为辉煌和沉痛都将深深地嵌进其生命的历史,成为其历史的组成。当苦尽甘来,走过雨季的造玉者,此时会具有竞争和发展的更大潜力,而其亦将在不久的将来迎来一个崭新的春天……

临渊羡鱼,不如退而结网;羡慕别人,不如做好自己。做好自己,这对于每个人而言并不困难,人生最大的敌人不是别人,恰恰是自己。诚如西方谚语所云: Don't waste you life in doubts and fears. 意思是说不要在怀疑和恐惧中浪费你的生命。一切要来的自然会来,我们不能掌控一切。人类固然是在不断地发展和进步,然而客观而论,人类的能力依然是有限的,道路依然是遥远而漫长。

其实人类发展的道路永远没有尽头，因为只要人类存在，人与自然的斗争和矛盾就不会消失，于是主观和客观、已知和未知、理想和现实、必然和自由之间的矛盾就始终存在，一个自由王国的实现是另一个新的必然王国的开始，正是一切的现实都只有在可能之后。做好自己，并非要压倒别人，人的发展之路并不构建在压倒一切的基础上，既存的事物都有其存在的价值，压倒一切无异于四面树敌、自寻烦恼，而在客观上人也不能真正做到压倒一切，因为事物之间相互制约的法则锁定一切的存在。做好自己，亦不需要超越别人，能够超越自己就是一种胜利，而超越自己，在另一层意义上讲其实就是超越别人，因为无论处于何种状态和层次的自己都或多或少地体现和代表了一部分的别人，是而不断地超越自己，就是人生最大的胜利，因为每个人都是绝对联系而相对独立，每个人都可以成为一个生命的传奇。

　　自然是绝对不公平的，这使得每个人所具有的先天和后天条件是不同的，有的先天智商卓越，有的先天反应迟缓，还有的甚至先天残疾……我们时常感叹到，为什么自然要如此的不公，不能给予我们相同的礼遇，却要把我们如此地造化？几乎每个人对目前的自己都不满意，理想总是高于现实，是我们苛刻的追求标准超越了自然的造化尺度，还是自然的造化能力满足不了我们合理的现实追求？不知是心灵的缺陷，还是造化的缺陷，抑或是二者共同的缺陷？由于事物之间的相互制约，使得个人的发展在客观上必然有其限度，一切不是仅凭努力就能实现和完成，"有志者事竟成"也只是一句激励人不断努力和上进的善意之言罢了，因为人必然会受制于客观存在的一切，这就是客观的事实。同时，也不是说一个人勤奋不止，奋斗不息，他就可以超越一切人，因为你努力，别人也在努力；你勤奋，别人比你更勤奋。你无法确保、也无法做到你的先天和后天条件都是最好的，然而人又何须如此？做好自己，总有一块属于自己的舞台。先天条件早已写就，后天条件慢慢形成，无论一个人先天条件如何，只要将后天的自己做到最好，使自己的光芒能够相对于自己释放到最大，释放到最佳，尽管其在绝对亮度上或许比不过别人，但总有一块属于自己的舞台。

　　法国有句谚语是这样说的："不管笨蛋有多笨，总有更笨的家伙为其喝彩。"其实，如果一个人真能有许多人为之喝彩，那说明其总有过人之处，这是不争的事实。或许他（她）智慧并不高明，或许他（她）能力的确极其有限，但事物存在必定有其存在的道理和价值，因为一切于整体而言的错误的造生都将无法顺利地来到这个现实的世界，是而一个人无论是愚昧还是聪明，是肤浅还是深重，只要能够努力做好自己，客观的事实就是总有属于他的位置，总有属于他的舞台。

另一方面，一个人觉得别人笨，这有其积极的意义所在。这说明其认为自己比别人优秀，自己比别人卓越，然而孔子曰："三人行，必有我师焉；择其善者而从之，其不善者而改之。"人没有必要将精力主要用于批判别人，而是应该虚怀若谷，积极从别人那里学习自身的不足，以使自己变得更加的完善和成熟，这才是正确的态度。诚如《吕氏春秋·孟夏纪第四·用众》所云："故善学者，假人之长以补其短。"意思是说善于学习的人，善于借别人的长处来弥补自己的短处。

第三，普通之人总不能通达命运的可能与自然造化的意义，总是习惯于看轻能力低微之人，其实并不是所有的人都能成为思想家、成为哲学家、成为政治家、成为科学家、成为艺术家、成为文学家、成为作家……因为不同的人其内在秉性不同，而外在的环境又无法在其有生之年对其进行彻底的改造，是而人类的教育无论如何发达也杜绝不了低能的智商，人类的法律无论如何强大也消灭不了犯罪的可能。从古到今人类的社会总是分为三段，时代精英和穷困潦倒者永远都是分布在历史飞梭的两端，而广大的民众却只能被挤压在历史进程的夹缝。然而历史是人民创造的，这是不争的事实，因为历史的最终创造者是人民，而不是领袖的呼号，历史与人民创造的行为是相等的，与一切时代精英的领导却只能是相似，有时甚至是相反，而不能做到完全地对等，这就是客观的事实。事物的这种三态分布其实并非偶然，而正是在客观上彻底地切合住了自然的法则。其次，如果人人都是这类人物，也就没有了这类人物，因为这些称谓的成立本是相对而言，本是用于区别芸芸的众生。当人类的能力普遍提高，社会对这类人物的要求亦会相应地提高，总是始终要保持住一定相对的距离，否则便失去其存在的价值，所以又怎能人人都成为这类人物？再者，人们总是看轻能力低微之人，而一旦所有的人都能与自己的能力等同，那么这就意味着自己所具有的相对的优势就将被抹平，同时这也意味着自己的能力修为是处在社会的最底层，因为所有的人都具有了这样的造化。自然造化万物，本就给予了它们绝对不同的禀赋，人类又如何能够强求？是而人没有必要，也不应该看轻别人，无论别人是何等的修造。

做好自己的蛋糕，必然会有自己的舞台，然而蛋糕的造化和舞台的创造都离不开实际的努力，否则也只是一句空话，而一切的努力都需要时间，正是时间成就了一切的可能，无论是造化一切，还是毁灭一切，抑或是超越一切。合理的目标和理想有了，正确的理论和方案有了，剩下的就只是切实的行动。

思想者

◎没有创造性的思想，就没有创造性的人生
◎人与人之间最大的不同莫过于命运的不同
◎思想指导行为，行为修正思想
◎思想不仅形成人的伟大、铸造人的人格、引发人的意识行为，更重要的是它掌控了人的言行、支撑了人的生命、影响了人的未来命运
◎思想支撑了行为，亦是思想制约了行为
◎整合内外一切资源，调动内外一切因素
◎每个人走出的都是一条与众不同的道路

法国的帕斯卡尔（Blaise Pascal，1623～1662）告诉我们，思想形成人的伟大，人只不过是一根苇草，是自然界最脆弱的东西。思想，诚如其言，的确有其重要的意义和不可替代的作用，在人生命的轨迹和命运的演绎中占有着举足轻重的地位。

人与人之间最大的不同莫过于命运的不同。人尽管有着绝对不同的命运，然而追寻的方向却是彼此的相同，那就是人生的美好和幸福，而这必然需要通过相应的法则才能得以实现和完成。由于人的意识行为必先引发于思想，是而有什么样的思想就会有什么样的意识行为。思想总是把生活的散文写成诗篇，把生命的内容与经卷昼夜吟咏、颂念，然而有些人的思想能够很好地切合住自身的发展，于是自身在其思想的指引下走出了一条成功的道路；而有些人的思想与自身的发展却并不适宜，于是其只能在时空中划出一条失败的轨迹。由此可见，一个人无论是成功还是失败，都与自身的思想有着不可分割的联系。

一个人形成什么样的思想与其自身的经历和阅历有着莫大的关联，而这种经历和阅历又与其自身的内在条件和外界环境密不可分，可以说是二者共同造就了这种经历和阅历，而这种经历和阅历又形成了人的思想。一个人的思想总是体现并彰显出不同的世界观、价值观和人生观，而这些观念又将成为一个人思想、决策、言行的方向和指南。

思想指导行为，行为修正思想。一个人在客观上有什么样的意识行为，其必先在主观上具有什么样的思想，否则不能引发相应的行为。而通过行为不断地实践亦会对思想构建一定的影响和作用，从而对自身的思想产生相应的修正，这就是现实的法则，有着不以人的意志为转移的特征。

思想对于人生而言无疑是重要的，它不仅形成人的伟大、铸造人的人格、引发人的意识行为，更重要的是它掌控了人的言行、支撑了人的生命、影响了人的未来命运。思想是如此的重要，与个人的生存和发展息息相关；思想又是如此的关键，是人类的发展和进步所不可缺少。然而由于不同的人有着不同的经历和阅历，从而有着不同的思想，同样一件事情或方案，有人认为可行，亦有人认为不可，是而这种不同的思想和决策会导致其现实中不同的行为，于是产生不同的结果。这体现了思想对行为的支撑和制约，而这又是思想本身所无法规避的二象，正是思想支撑了行为，亦是思想制约了行为。

思想对于人生既然是如此的重要，那我们不得不重视它，不得不审视它，亦不得不发展它，更不得不完善它。人在审视自身之前，应当首先审视自己的思想，即进行思想的论辩。通过思辨，首先做到拥有正确的思想，拥有正确的批判武器，然后再用这种经过审视后的思想来审视自己、审视别人，乃至世间的万物。有人说，人类一思考，上帝就发笑，而我却认为或许人类一发笑，上帝也会思考，是而谁也不应看轻自己，看轻自己思想的份量。

思想直接引发了人的意识行为，如同思想属于意识的一部分，动机无疑属于思想的一部分，人外在的意识行为不过是其内在思想的表现而已，是故没有创造性的思想，就没有创造性的人生。这种创造性的思想可以来自于行为执行者自身，也可以来自于行为执行者外部，但必然通过其自身由内而外地激发出来。然而谁又能一如既往、系统全面、源源不断地向别人提出一个又一个的创造性思想呢？是而人们不能将这种思想的提出完全寄托在别人身上，而是只能从根本上依靠自己。从根本上依靠自己，并不意味着不去有效利用可以利用的一切资源和力量，相反人应该整合内外一切资源，调动内外一切因素，但这一切依然需要通过自己才能实现。

　　创造性的思想引发出创造性的行为，无数多个创造性的行为便铸造了创造性的人生。人生的优秀和卓越应是整体而不仅是局部，局部的人生不能代替整体的人生，整体的人生却是由局部的人生所构成，是而创造性的人生，应该是通过创造局部以构建整体，尽管局部早已被整体所决定，但依然有着影响的一线生机。倘若局部都是优秀的，那么随之而来的整体能不卓越吗？这就要求我们应该走好人生的每一步，唯有这样才能迎来一个辉煌而无悔的人生。

　　创造性的人生是不断超越的人生，创造性的人生亦是相对卓越的人生，创造性的人生更是值得期待的人生。思想本不同，内外条件亦不同，人生路又怎能相同？每个人走出的都是一条与众不同的道路，倘若给人生的各个阶段标示出不同的标点，那么其最后迎来的必将是一个看似相同而实则不同的句逗……

生命的坐标

◎不同的职业体现出不同的智慧层次和范围
◎选准职业的层次和范围，事业便成功了一半
◎人要么增强自身智慧去适应职业的需要，要么降低职业的要求以迎合自己目前的智慧，都不失为一条生存和发展之道
◎知识不等于智慧，智慧侧重于知识的辨析、应用和创新
◎知识由客观到主观，智慧由主观到客观
◎层次和范围是智慧的两个维度
◎一个人要在客观上拥有正确的行为，则其必先在主观上拥有正确的思想
◎人只能有限掌控自己的行为，而根本无法掌控行为的结果
◎行为根植于自身，结果根植于整体
◎智慧和态度是产生正确思想的充要条件
◎智慧给予了我们驾驭事物的能力，智慧赋予了我们走好人生的可能

黎巴嫩的纪伯伦（Gibran Khalil Gibran，1883～1931）曾这样写道："我说生命的确是黑暗的，除非是有了激励；一切的激励都是盲目的，除非是有了知识；一切的知识都是徒然的，除非是有了工作；一切的工作都是虚空的，除非是有了爱；当你仁爱地工作的时候，你便与自己、与人类、与上帝联系为一。"（《智慧日记·大地的梦》，辽宁民族出版社1998年版，第4～5页）这就是说生命的黑暗需要激励来支撑，激励的盲目需要知识来指引，知识的徒然需要工作来充实，而工作的虚空则需要仁爱来弥补。唯有饱含热情地工作，才能实现自身基于自己、基于人类，以及基于万物的价值。当人在有了生命之后，的确不能没有激励，亦不能没有知识，但最后依然要走向工作。

　　人不应拒绝工作，唯有在工作中才能更好地彰显出个人的价值。工作给予了人贡献自己能力和才华的一个平台，同时也赋予了人在人类历史和社会中相应的意义，而工作形成的劳动关系亦将人牢牢地、准确地、主要地定位在了社会关系的系统中。

　　工作，是人们生存必然要面对的抉择。人类的发展和社会的进步使得职业的种类也在不断地发生着变迁，在逐步淘汰一些不适应社会发展的职业的同时，又产生出不计其数的新兴行业。职业的产生和消亡总是与生产力的变化有着直接或间接的联系，它们之所以产生，是生产力变化的结果；它们又之所以消亡，亦是生产力变化的必然。职业的数量和种类始终处于不断的变动中，但整体而论，二者都是在不断地增加或拓宽。

　　三百六十行，已远远不能成为社会所有行业的总和，但不同的职业体现出不同的智慧层次和范围。首先，职业的不同，它所需要和涉及到的智慧层次是不同的，有的高深，有的低浅。知识不等于智慧，智慧侧重于知识的辨析、应用和创新；知识由客观到主观，智慧由主观到客观；知识是抽象归纳而来的信息，而智慧则是分析判断等现实的能力。是而有知识不等于有智慧，而有智慧必须得有知识，知识是相应智慧构建的基础。其次，不同的职业所涉及到的智慧范围亦是不同，有的精深，有的广博，这体现了不同职业之间相对的封闭性和专业性。诚如达尔文所言，所有的生物学家都承认专业化对于生物是有利的，因为这有利于机能执行得更加完善。由此可知，社会的专业分工亦是一种进步的体现。智慧的范围和智慧的层次始终相互关联，没有不体现出一定层次的智慧，亦没有不表现出一定范围的智慧，是而层次和范围是智慧的两个维度。

从事任何职业都需要相应的智慧的支撑，而智慧又必然会体现出一定的范围和层次，所以选准职业的层次和范围，事业便成功了一半。说到成功，这是每个人一直以来的共同追求，学习希望成功，工作希望成功，事业希望成功，爱情亦希望成功……几乎每一件事都希望成功，然而有人能够成功且越走越好，而有人却总是失败且越走越差，这是为什么？我们知道那是因为成功者在客观上奉行了正确的法则，而失败者在客观上奉行了错误的法则，于是自然是一个走向成功，一个走向失败。那为什么成功者能在客观上奉行正确的法则，而失败者却在客观上奉行错误的法则呢？道理亦很简单，一如前文所言，思想引发了人的意识行为，是而一个人要在客观上拥有正确的行为，则其必先在主观上拥有正确的思想。那人又如何才能拥有正确的思想呢？这需要拥有足够的智慧。那些能够在客观上奉行正确法则的人必先在主观上拥有这样的智慧，而那些在客观上奉行错误法则的人首先自己没有这样的智慧，同时亦没有具有足够智慧的人从旁指点，于是自然无法在主观上产生正确的思想，进而在客观上产生正确的行为。由此可见，依然是智慧不够，无法使自己产生出正确的思想和行为。尽管如此，但我们同时需要明白的是人只能有限掌控自己的行为，而根本无法掌控行为的结果。这是完全不同的两个概念，正如前文所言，一切的成立都需要经过整体力量的均衡，无论是行为还是行为的结果皆概莫能外，然而人毕竟是意识行为的发出者，行为根植于自身，所以可以在一定的程度和范围内对其进行有限的掌控；行为的结果则涉及到相应的事物，结果根植于整体，而人始终难以掌控整体，掌控整个存在的力量，即整个自然的力量，所以人又如何掌控行为的结果？如果认为人即使不能掌控所有行为的结果，但可以掌控某些行为的结果，这无异于是被现实的假象所迷惑，这只在于其他事物的不作为而给自己留出了决定的权力，而不是自己真能掌控行为的结果。如果真是这样，这等于是说自己掌控了对行为的结果产生直接和间接，以及层层推进而来的力量，然而没有人能够做到这一点，因为这是整个自然的力量。所以倘若人要掌控行为的结果，必须掌控整个对行为产生作用的力量，即整个自然的力量，即需要掌控整个自然，是而依然是"谋事在人，成事在天"，人类始终难以越度。

现在又重新回到现实的职业中，我们知道任何职业都有其相应的智慧层次和范围，没有做到事业的成功，我们认为是没有具备足够的智慧，准确地说是没有具备相应的智慧层次和范围。一个人无论从事任何职业，如果不具备相应的智慧层次和范围，则无法胜任工作，那又如何能够成功？如果一个人具备了相应的智慧层次和范围,自然就能胜任工作,自然就可以走向成功。也就是说,如果一个人具备了足够深广的智慧层次和范围,那么其不仅是胜任工作,而是能够在同行中做到相对的更好,这就是自身智慧与从事职业之间的关系。然而社会是一个复杂的系统,任何一个群体决策的成立都是多方力量角逐的结果,也就是说是集体智慧的结晶,群体决策可以形成优势的互补,但必然需要付出承受各方劣势的代价,依然是利弊的二象。在这样的格局中,个人的智慧反而被淡化,体现出来的是一种群体的智慧,是群体之间思想的交锋和碰撞而激发出来的智慧火花,如此一来智慧已经跨越了个人的局限,却依然会受到来自于群体的制约。人们或许时常这样感叹到,社会上那些出类拔萃的人物其实能力还不如自己,智慧亦不见得高明,然而别人却已崭露头角,而自己却依然在人生的道路上艰难跋涉,故而感叹命运的不公,智慧的无用。其实很多职业都并不需要太高深、太深奥的智慧,它所需要得更多的不过是完完全全、彻彻底底、不折不扣地踏实苦干罢了,仅此而已。恰恰相反,那些具有玄奥智慧的人往往一无所有,因为他们的时间都用来修为自身的德行和智慧,而没有时间去获取外在的权力、名誉和利益,所以他们总是满载智慧,却空空行囊,而那些腰缠万贯,却又并不通达。

  自身的智慧(层次和范围)和职业所需的智慧(层次和范围)始终处于不断地变动中,通常情况下二者都是在增加,以切合住社会发展的需要。人在从事或准备从事某项职业之前,其自身的智慧是否足以胜任未来,这是一个极其重要的问题,因为它关系到个人事业的成败和命运的变化。由于任何职业都涉及到相应的智慧层次和范围,那么面对未来的职业,人要么增强自身智慧去适应职业的需要,要么降低职业的要求以迎合自己目前的智慧,都不失为一条生存和发展之道。这就告诉我们,当人在选择职业的时候,必须清楚两个问题,一个是自己所具有的智慧层次和范围,一个是希望从事职业所需要的智慧层次和范围,以此来判断自己是否具有胜任工作的能力以及未来事业发展的可能。至于在具体选择如何来生存和发展的道路,则应根据自身的实际情况和外界环境的变化灵活运用,而不应拘泥于固定的形式,对于自己而言,适合自己就是最好。

  智慧,无论从哪个角度而言都是重要的,对于人生和事业的发展亦是如此。但智慧只是确保行为符合正确法则的基础和前提,因为正确的行为来自于正确的思想,而要拥有正确的思想,除了相应智慧的支撑,还需要有正确的态度,智慧和态度是产生正确思想的充要条件。态度的积极与否关系到智慧的发挥程度，本来具有制定正确决策、产生正确思想的智慧，可以因为态度的消极而无法实现，故而态度同样是一个不可忽视的重要因素。

智慧给予了我们驾驭事物的能力，智慧赋予了我们走好人生的可能。人之所以有不同的人生，首先在于先天造就的不同，而这是个人所无能为力的事情，其次在于后天发展的不同，而这是个人可以影响和决定的，但这种影响和决定必然有其难以规避和僭越的程度和范围，这就是人现实的命运。我们应该以什么样的心态来面对生活？我们又该从什么样的角度切入社会的进步？我们更该如何在个人、社会和自然历史的发展中找到生命的坐标？超越职业的智慧不仅是胜任职业的前提，而是超越一次又一次的阶段人生，超越一个又一个的智慧人生。

决　策

◎决策的关键在于选准决策目标
◎决策应面向大众、面向正义、面向未来
◎人的生存和发展离不开决策，人生总是处于不断的决策中
◎一个人能够作出正确的决策，必须具备相应的智慧层次和范围

所谓决策，是指决定矛盾解决及其相应行动所需要的指导思想和具体方案的策略，也就是解决人们生存和发展中的各种矛盾、各种问题，诸如学习、工作、生活等方面的思想或步骤。

决策的正误关系到行动的成败，而行动的成败又关系到人生的得失，所以决策对于人生而言同样重要。决策是思想的一部分，特指解决矛盾或问题时所需要的那部分相应思想，而不是思想的全部。尽管如此，决策对于人生依然是极其的重要，因为它关系到个人、集体，乃至国家的前途和命运。

人的生存和发展离不开决策，人生总是处于不断的决策中。人生的旅程充满了无数的矛盾，存在着难以穷尽的问题，而在行动之前人必先决策，所以决策以一个又一个的矛盾作为发轫而与人生紧紧地联系起来。决策的数量和层次因人而异，有的人决策多，有的人决策少；有的人决策的层次高，有的人决策的层次低，而无论是任何事情都需要有正确的决策，否则都将会因为决策的失误而给自己或他人造成诸多的不利。因此，对于人生的决策，无论是高层还是低层的决策，人们都不能掉以轻心，而必须慎重以待。

人生既然离不开决策，那如何才能确保我们决策的正确呢？人的智慧有层次的高低和范围的大小，而决策亦有层次的划分和范围的不同，高层的决策相应的智慧层次高，低层的决策相应的智慧层次低，一个人能够作出正确的决策，必须具备相应的智慧层次和范围，所以决策的关键在于选准决策目标，即选准决策的层次和范围。一个人所拥有的智慧层次和范围在制定决策时是既定的，而一个需要被决策的矛盾在被解决时亦是既定的，矛盾的解决需要行动，正确的行动需要思想，思想的决策需要智慧，当一个人拥有高于解决矛盾所需要的智慧时，那么他就能够制定出正确的决策；当一个人拥有低于解决矛盾所需要的智慧时，那么他就难以制定出正确的决策，所以要确保自己能够制定出正确的决策，必须确保自己拥有的智慧高于解决矛盾所需要的智慧。是而，选准决策目标对于自己能否制定出正确的决策具有十分重要的意义和作用，它是制定正确决策的基础和前提。

决策应面向大众、面向正义、面向未来。

无论是制定任何层次和范围的决策都首先应面向大众。所谓面向大众，是指制定的决策应该是对大众直接有利或间接有利，比如提高人民生活质量，降低赋税等决策是对大众直接有利；发展壮大自身力量以最终回馈社会，增进产品或服务质量以提高人民消费层次等决策是对大众间接有利。决策为什么要面向大众？因为事物之间总是相互影响和联系，自己制定的任何决策无论是与其直接相关或是间接相关，最终都会与他们的利益相关。人类与自然的力量相比是微不足道的，而个人与大众的力量相比亦是微乎其微的，唐太宗认为君是舟民是水，水能载舟亦能覆舟，一国之君尚且如此，更何况是普通之人？人的存在应该具有正面、积极、向上的意义和价值才是值得肯定和尊重的，无论是自然、社会，还是历史都给予了我们相同的结论。

决策应面向正义。正义亘古有之，其相对于邪恶而存在，没有邪恶便没有正义,然而邪恶又何时才能走到尽头?自道以来,太极生两仪,正义与邪恶正是阴阳二性的一种表征。二者自产生以来就从未停止过斗争,双方力量此起彼伏,犹如连绵不绝的山势,其相互对立而又终为一统,其相互抗争而又互为促进。在人类历史的进程中,正义与邪恶之间的较量就从未间断,然而人类是向往和平、向往光明、向往正义的,这种希望和追求根植于人性的根源,亦代表着整个自然发展的所向。个人的力量永远阻挡不了人类前进的步伐,任何试图与此作对的个人或群体最终都只能被历史的车轮所碾碎而逐渐退出时代的舞台。

决策更应面向未来。制定任何决策都应该从大局出发,从整体布局,着眼于未来,从长远的角度和方向来考虑问题,来解决矛盾,来制定决策。决策面向未来,也就是基于发展的现实,应用联系的观点来制定决策,在当前利益和长远利益发生矛盾时,能够做到尽力协调,而这需要高深的智慧和谋略,如果一时难以调和,则应以长远利益为重,但这并不意味着要完全彻底地放弃当前利益的图谋,因为"千鸟在林,不如一鸟在手",未来毕竟具有更多不确定的因素,唯有这样才能时刻把握住未来发展的主流,而不至于因小失大。急功近利既是人生的悲哀,同时也是决策的缺憾,功到自然成,这就是自然一直以来所给予我们的启示。

大众、正义和未来是任何值得倡导和追求的决策的三个维度,个人制定任何层次和范围的决策,若能把握好以上三个维度,那么这样的决策无论对于自己还是对于社会最终都会是有利的,有助于事物的良性发展和进步,是共同走向光明、走向胜利、走向未来的真途。

时间的法则

◎一寸光阴一寸金,寸金难买寸光阴
◎你热爱生命吗?那么别浪费时间,因为时间是组成生命的材料
◎浪费时间的是我们,葬送我们的是时间

◎时间就是生命，时间就是金钱，时间就是效率
◎一切节约归根到底都是时间的节约

所谓时间，是指物质运动的持续性和顺序性。持续性是指任何一个物体的运动都需要经历一个或长或短的过程；顺序性是指不同事物之间运动过程的出现有一个先后顺序的关系。时间和空间都是物质的一种存在形式，二者同属于物质的范畴。

时间对一切事物而言必然是极其的重要，这是不言而喻的道理。时间给予了我们生命延续的可能，时间亦限制了我们存在的时空长短。可以说，没有时间就没有万物的运动、变化和发展，没有时间就没有万物的创生和未来。

关于时间的法则，在此仅举以下五则来作为阐述的重点，一方面希望借此增加人们对于时间的理解和认识，另一方面则希望对我们今后的人生有所帮助和启示。

一寸光阴一寸金，寸金难买寸光阴。时间的确如此，只能给予事物一次并且无法修改的有限旅程，对此事物不具有选择的权力。光阴远胜于黄金，不仅一寸的黄金买不来一寸的光阴，就算是世间所有的财富在人类尚不能达到如此造化的情况下亦是徒劳。天道高高在上，人道只能在其支撑和制约下求得最大的发展空间，自然无思无为，只是按照既定的规律运行不息，《荀子·天论篇》有云："天行有常，不为尧存，不为桀亡。"意思是说自然有它固有的运行规律，不因为尧的治世而存在，也不因为桀的乱世而灭亡，说的正是这个道理。是而人类的荣辱兴衰，人类的生死存亡，自然本身并不十分在意，其实人类所拥有的一切文明和进步都是人类自身奋斗的结果。

奋斗需要时间，关于时间，美国启蒙运动的开创者本杰明·富兰克林（Benjamin Franklin，1706～1790）曾这样说道："你热爱生命吗？那么别浪费时间，因为时间是组成生命的材料。"时间的确度量了生命的长度，生命正是由时间一点一点地累积而成，生命的存在就是时间持续变化的一段过程。我们既然是珍惜生命的，因为生命对每个人只有一次，那我们必定得珍惜时间。时间延续了我们（生命），亦是时间终结了我们（生命），诚如一句谚语所云："浪费时间的是我们，葬送我们的是时间。"真是一语中的，切中了事物的要害。我们应该觉醒了，时间在一次又一次地为我们敲响了警钟，它总是不紧不慢地从我们的脚步中，从我们的微笑间，从我们的思想里一点一点地溜走，永远不再

回头……

时间无疑是宝贵的,对于生物而言,时间就是生命;对于企业而言,时间就是金钱;对于生产而言,时间就是效率。时间对于不同的事物赋予了不同的意义,其又在不同的意义上成就了事物不同的命运。时间、空间和事物总是紧密地联系在一起,各自担负着各自不同的使命,然而都将在其存在的一切可能中统摄于自然的深邃奥义。空间将事物区分开来,时间让事物演化有序,而事物又将反作用于时空,偎依在其深深的怀抱中而将自己沉沉地烙上其温柔的印迹……生命对于时间总是无可奈何——依然在其能够掌控的微小范畴之外岿然而动。时间固然存在,可生命却始终无法将其抓住,却也永远无法对其摆脱,除非自己淡出存在的时空,或者与时间的演化并驾齐驱而绝对等同以达于相对的静止,正是因为万物又如何能有如此的造化,生命才会渐渐地被时间剥夺在四维的时空。

时间是需要节约的,说到节约,卡尔·马克思告诉我们:"一切节约归根到底都是时间的节约。"(《马克思恩格斯全集》第 46 卷上册,人民出版社 1979 年版,第 120 页)诚如其言,因为一切的成立都需要耗费时间,财富的积累需要时间,社会的发展需要时间,人类的进步同样需要时间。所以,对于一切财富的节约,对于一切资源的节约,对于一切能源的节约……最后都可以归结到一点上来,那就是对时间的节约。的确如此,是时间给予了既存事物发展的权利,亦是时间赋予了未来事物出现的可能。时间,在人类的存在和发展中占据着不可替代的作用。人类的一切都离不开时间的参与,个人的诞生、存在、抑或是死亡都只能呈现在时间的延续中,历史的演绎、理想的实现和未来的图谋亦无法独立于相应的时空,正是时间成就了我们一切的可能。

珍惜时间吧,少壮不努力,老大徒伤悲,时间匆匆而来,又将匆匆而去,我们都将成为历史,成为时空的过客和未来的可能。屈原在《离骚》中这样吟叹道:"日月忽其不淹兮,春与秋其代序。惟草木之零落兮,恐美人之迟暮。"意思是说日月匆匆而过从不停息片刻,春去秋来,四季依次交替。想到那草木都要凋零枯败,恐怕我想念中的美人也将衰老。作者在此将楚怀王喻作美人,希望他能趁着年轻力壮抓住时机,实现楚国的富国强兵,同时也寄托了自己的政治理想,表现了其光辉峻洁的人格和强烈的爱国主义精神。屈原尚且感叹时光流逝、壮志难酬,无限悲愤和感慨溢于言表,如今和平盛世,发展成了世界的主流,《易经·象》有云:"天行健,君子以自强不息。"但愿天下已觉与未觉之人都能以此共勉，无悔人生。

自然赋予了万物，给予了它们存在的时空，于是时间成了万物的一个维度，自始至终依存于时间的万物何时才能突破自然的束缚而迎来一片崭新的天空？亲临自然，更觉宇宙的浩瀚和生命的微渺，作为一个辩证的存在，我无法清楚地知道我是多少自然力量造化的结果，我也无法彻底地洞悉我的存在将引起世间怎样的变化，我更无法完全地知晓我的未来将导向一种什么样的可能……

制胜法则

◎制胜法则：秉承解放思想和实事求是的原则具体问题具体分析
◎事物是现象和本质的统一
◎固有的思想既是一种成果，但亦是一种局限
◎逞一时口舌之利，远不及由此而带来的祸害
◎唯有行动才能实现意识，唯有行动才能创造历史，唯有行动才能改变世界
◎意识具有能量
◎在真理和正义的指引下行动

解放思想，就是从落后的传统观念和僵化的教条的束缚中解放出来，即解除对固有思想的束缚。实事求是则是从现实情况出发，既不夸大亦不缩小，正确地对待和处理问题，也就是使主观做到与客观一致。

实事求是包含着丰富而深刻的哲学思想。第一，实事求是体现着唯物主义和辩证法的统一。唯物主义需要从客观存在的一切出发，如实正确地反映客观的事物；而辩证法则需要将事物看作是本质与现象的对立统一，要求认识事物必须透过现象，抓住本质。第二，实事求是体现着尊重客观规律和发挥主观能动性的统一。从实际中来，找出事物固有的规律，然后按规律办事，这既是尊重客观规律，又必须发挥人的主观能动性。第三，实事求是体现了自由和必然

的统一。坚持实事求是的目的是认识必然并在改造世界中获得自由，自由是在对必然认识的基础上对客观世界的改造和把握。人们对客观的必然认识越多，认识越深刻，人们就能获得更多的自由，这其实亦要求我们应有卓越的智慧，以增强对事物的驾驭能力。实事求是是马列主义、毛泽东思想和邓小平理论的精髓所在，是一脉相承而来的思想系统，亦是构建一切卓越思想的根本和基础。

解放思想和实事求是是我们解决一切矛盾和问题的根本原则，因为只有这样我们才能对客观拥有正确的思想和认识，才有可能制定出正确的决策和方针，这是我们的自身条件和外部环境共同决定的。

第一，物质世界是不以人的意志为转移的客观存在。人们要想有效地改造客观世界，就必须正确地认识世界，按照事物的本性来从事实践活动，并顺应自然之道才能达到人们预期的目的，于是这就决定了我们一切都必须从实际出发，坚持实事求是的原则。

第二，物质世界不仅是客观的，而且其运动是有规律的。事物是现象和本质的统一，我们对事物的认识不能停留在事物的表面，而必须透过现象深入到事物的本质中，通过认识规律，从而利用规律，进而改造现实的世界。

第三，实践是认识的基础，是认识的来源和发展的动力，也是一切理论的最终归宿和检验真理的唯一标准。这就要求我们必须做到实事求是，倘若离开了实践标准，究竟做到了实事求是，还是自以为是，这是根本无法判定的，并且对出现的错误也无法更正。实践是发展的，真理亦是发展的，故必须用实践来不断地发展和完善真理，而这又必然需要坚持实事求是。

我们的生活和现实的世界中充满了各种各样的矛盾，这些矛盾是促进我们发展的根本动力。矛盾是多样的，矛盾是复杂的，矛盾亦是多变的，一言以蔽之，矛盾是普遍性和特殊性的融合。矛盾会随着矛盾双方的改变而被迫改变，矛盾普遍与特殊的属性使得其解决之道就难以有一个确定而具体的方案可循，有一个简单而纯粹的法理可依，而唯有一个与之相比并切合到位的对应理论才能弥盖住其一切的可能，这个对应理论就是具体问题具体分析。为了确保分析的正确性、合理性和科学性，是必应加上解放思想和实事求是的原理，于是有了制胜法则，那就是秉承解放思想和实事求是的原则具体问题具体分析，这是解决一切矛盾的不二法门，亦是其唯一不变的思想总纲。它之所以能够不变，那是因为它本身就已经包含了一切变化的要素，通过不断地变动而均衡为一个相对稳定的理论，在客观的现实中真正地弥纶了矛盾的一切可能，当之无愧地成为其对应之道的法则皈依。

解放思想、实事求是，具体问题具体分析三者是辩证统一的：

首先，解放思想是实事求是的前提。如果思想僵化，拘泥于教条，拘泥于形式，这是不能做到实事求是的。所以，只有真正地解放思想，才能切实地做到实事求是。

其次，实事求是是解放思想的目的。解放思想是为了更好地做到实事求是，解放思想如果离开了实事求是，不能是科学意义上的解放思想，而只能是胡思乱想。固有的思想既是一种成果，但亦是一种局限，敢于坚持正确的原则审视一切、批判一切、扬弃一切，从而达到实事求是的目的。

再次，具体问题具体分析是手段。正如上述，解放思想是前提，实事求是是目的，那么又如何在此前提下达致此目的？这就需要具体问题具体分析，因为"实事"是指现实中实际存在的一切事物，而这些事物又是由有限多个任意具体的矛盾所构成，而要"求是"就是使主观必须做到与这些客观的事物保持一致，故必须具体分析。所以，要坚持实事求是，就必须坚持具体问题具体分析，没有具体问题具体分析也做不到实事求是，是而这是必不可少的通达手段。

这就是制胜的法则，它广泛存在并适用于一切现实的可能，涉及到个体、群体、民族、国家乃至国际事务。同时，它亦可以成为解决一切能动主体所涉及到的并需要解决的一切矛盾和问题的思想总纲。倘若能够在客观上真正坚持并做到这"两点原则"和"一个手段"，那必然是可以解决矛盾而走向成功，这条法则就是理论和方法的统一，就是抽象和现实的统一。

在人类发展的道路中，我们知道夸夸其谈没用，只有埋头苦干，一切的思想、一切的理论、一切的道理都将化作实际的行动。逞一时口舌之利，远不及由此而带来的祸害。古人云："坐而言不如起而行。"西方谚语说：The shortest answer is doing. 意为最简短的回答就是行动。犹太经典格言告诉我们："光有知识是不够的，我们还必须应用知识；光有意志是不够的，我们还必须付诸行动。"道理正是如此，唯有行动才能实现意识，唯有行动才能创造历史，唯有行动才能改变世界。在这里行动的主体包括但不限于人类，而行动的范畴则极其广泛，一言一行是行动，一笑一颦亦是行动，意念力同样是行动。现代实验已经证明人脑的功能会对亚原子微粒，或者说"量子系统"的运动产生直接影响，所以无生命物体和人脑之间是可以存在某种相互的作用和沟通。我们的思想能够以一种不能用现行传统物理学定律解释的方式，影响着自己周围的事物，这就是意识的力量，意识必然具有能量，只是不同的人其大小不同。

将这些理论概括起来可以推出一个更为重要的思想，那就是在真理和正义的指引下行动。坚持真理是保证未来目标的实现，坚持正义是一切行动的前提，离开了这个前提，即使达致了成功，那最终也是一种无法弥补的缺憾，也是一种不值得倡导的追求，而采取行动则是确保存在现实，是故三者缺一不可。我想唯有这样，未来才是真正光明的，未来才是值得向往的，未来亦才是值得奔赴的……

学习·思想·反省

◎人在生存和发展中不能放弃两件事，一是不断地学习和思想，二是不断地反省自身

◎圣人不天生，天生无圣人

◎局部就是整体的缩影和构架

◎感应可看作是意识的初级阶段，学习可看作是意识的中级阶段，思想可看作是意识的高级阶段

◎没有学习和思想，就没有人类的进步

◎感应、学习、思想构建了人类意识的全部

◎反省生存中的一切，善则继续，恶则改之

◎人不能始终活在一种未知的状态中

◎反省以总结过去而通达未来

◎功利的喧嚣容易使人迷失前进的方向，兴奋的言行容易激活体内休眠的细胞

人生有太多的问题需要去思考，有太多的苦难需要去面对，有太多的梦想需要去实现。在人不断扬弃的一生中，在人生存和发展的进程中，有两条重要的准则犹如一柄达摩克利斯之剑，高高地悬在命运的上空，审视着一切羁绊的灵魂，亦向一切高等智能的生命昭示着远方。

人在生存和发展中不能放弃两件事，一是不断地学习和思想，二是不断地反省自身。

首先，人不能放弃学习。弗兰西斯·培根（Francis Bacon，1561~1626）在《论求知》中告诉我们："求知可以作为消遣，可以作为装潢，也可以增长才干。"的确如此，但这只是学习的一些基础功能，学习的意义远不止于此。

求知的作用除了消遣、装潢和增长才干以外，更能增益人的道德修养，锻造人的性格，培养人的思想，塑造人的灵魂。从人类的发展史中可以看出，人类的发展磨灭不掉求知的印迹，消亡不掉思想的轨迹。通达物性、参悟自然，这需要求知；个人成长、命运造化，这亦需要求知；社会进步、人类发展，这更需要求知。

西方有句谚语叫作 Knowledge is power，意为知识就是力量。知识本身无法成为力量，但当它被意识激活的时候，自然就是一种力量。这句格言的意思是指知识能够激发人的力量，给人以生存和改造自然的勇气。

犹太名言告诉我们："知识是取不走的财富。"

《吕氏春秋·孟夏纪第四·劝学》则曰："圣人生于疾学。"意思是说圣人产生于努力学习之中。纵观古代的圣贤之人，有谁是不通过学习而成为圣贤的？可以有天赋异禀，却没有天赋圣人，所谓圣人不天生，天生无圣人，道理正是如此。

《论语·雍也》有云："知之者不如好之者，好之者不如乐之者。"孔子在这里阐明了学习态度上的三个境界，人不仅应是知之者、好之者，更应成为乐之者，把学习看作是人生的一种快乐。当人能够从学习中获得成果并得到启示以后，就会有利于人不断地去学习，这在组织行为学中被称为行为强化。

知识赋予了我们太多的可能和遐想的空间，哲人罗素认为知识之重要在于增进精神上深思广虑的习惯，这亦不失为知识的众多益处之一。知识直接或间接地产生并派生出了人类无数的物质和精神的文明，其作为意识（积极或消极）始终引领着人们对于客观世界的改造，这种产生并归宿到客观存在中的意识使得人类的发展和进步在自然允许的前提下再次成为可能。

其次，人不能放弃思想。思想是人意识行为的引擎，它是客观存在反映在人意识中经过思维活动而产生的结果，通过学习而得到的知识必须通过思想来整合、来融会、来贯通，进而为灵活运用和发明创新提供基础和前提。

学习和思想是对立的，同时又是统一的，二者亦是相互包含和渗透的，学习中有思想的存在成分，思想中亦有学习的潜在机能。《论语·为政》就二者关系曰："学而不思则罔，思而不学则殆。"意思是说只学不思会无所得，只思不学则会疑惑。孔子注意到了学习和思考二者同样重要、不可偏废，所以在倡导不断学习的同时亦不忘告诫学生不忘思考。最可取的态度就是学思并重，既用功学习，又勤于思考，这样才能在学业上有所收获与突破，这些卓越的思想光辉延续到今天依然是值得有识之士吸收和借鉴的。学习和思想以对立的形式统一在一个完整的系统中，而这个系统又会统一在一个更为强大的系统中，这样一级一级向外延伸，最后统一于自然抑或更大的系统。局部就是整体的缩影和构架，它们以对立的形式而存在，于是可以分而论之，它们又以统一的形式包容在一起，于是可以纳入一个统一的范畴。体内、体外的感应（感性认识）可看作是意识的初级阶段，学习（理性认识）可看作是意识的中级阶段，思想（贯通的理性）可看作是意识的高级阶段，正是感应、学习、思想构建了人类意识的全部。

　　人不能丧失学习和思想的习惯和能力，因为社会的进步和人类的发展离不开学习和思想，可以说没有学习和思想，就没有人类的进步。学习和思想对于个人或人类的进步，其功劳不可磨灭，它牢牢地印在了人类历史前进的道路上和涌动的血脉中。

　　人不能放弃学习和思想，更不能放弃反省自身。反省自身不仅是君主和一切当政者应有的品德修养，更应该成为每个人的品德修养，成为个人生活中的一种习惯，融入到个人的生命成分和历史构成中来。

　　儒家认为修身是治国平天下的前提条件，而要提高个人修养除了晋德修业以外，就是要时刻反省自身。曾子曰："吾日三省吾身：为人谋而不忠乎？与朋友交而不信乎？传不习乎？"（《论语·学而》）这是什么意思？曾子的意思就是说自己每天都要多次反省自己，为别人出谋划策是否忠诚？与朋友相交是否守信？对老师传授的知识是否研习？曾子把这种反省当作日常生活中的必修内容，从中可以看出儒家对个人修养的要求之严。

　　《荀子·劝学篇》有云："君子博学而日参省乎己，则知明而行无过矣。"意思是说君子学习渊博的知识并且能经常检验考察自己的行为，那么他会变得聪明，而且行动上也不会犯错误。从中我们可以看出，荀子不仅倡导博学，而且倡导"参省乎己"（反省自身），认为这样可以智明而行无过。这些思想同儒家的修身思想是一脉相承而又相得益彰。

《史记·范雎蔡泽列传》有曰："鉴于水者见面之容，鉴于人者知吉与凶。"意思是说对着水来看可以看到自己的面容，对照别人可以知道自己的吉凶。这与唐太宗"以铜为镜，可以正衣冠；以古为镜，可以知兴替；以人为镜，可以明得失"（《贞观政要·任贤》）如出一辙，其中都蕴藏着深刻的反省意识。

　　《格言联璧》曰："不自反者，看不出一身病痛；不耐烦者，做不成一件事业。"意思是说不自我反省的人，看不出自己一身的毛病；没有耐心的人，则不能成就一件事情。《菜根谭》亦曰："反己者，触事皆成药石；尤人者，动念即是戈矛。一以辟众善之路，一以浚诸恶之源，相去霄壤矣。"意思是说能够经常反省自己的人，遇到任何事情都可以成为使自己警醒的良药；而经常怨天尤人的人，心中的念头即是伤害自己的戈矛。一个是通向各种善行的途径，一个是形成恶行的源头，两者有天壤之别。由此可知，二者都对反省极为重视且推崇备至。

　　反省，是古代圣人学者长谈不止的一个命题，也是一切有识之士都异常重视的一个问题。时代的发展赋予了反省更为宽广和深刻的内容，它不仅仅包括曾子的三省吾身，它还包括个人所经历的一切，对个人所经历的一切进行深刻而又严谨的反省，即反省生存中的一切，善则继续，恶则改之。具体而论，其步骤如下：

　　首先，通过反省以看清自己。苏轼在《题西林壁》中这样写道："不识庐山真面目，只缘身在此山中。"的确如此，当我们置身于某种社会事件时，因为事态的发展，需要自己不断地作出反应以迎合不断演变的世事，此时我们很难保持安静的状态，只为如何能够走好下一步而思虑，而不能站在一个更为广阔的空间来权衡和把握事物的利弊和进退，于是容易作出错误的决策，因为自己正是当事者。所以世人云：当局者迷，旁观者清。此言甚有道理，但我们同样应该辩证地来看待问题，不是当局者一定迷，旁观者一定清，而是相对而言，当局者更容易迷，旁观者更容易清，这正是一种局势、一种环境、一种时空对其内部事物的局限效应的体现。

　　其次，通过反省以明得失。人通过对自己以往的经历进行反省，就能够比较、相对而言地看清处于过去事件状态中的自己，当然这同样会受制于个人的思想修为和审视态度。在经历一系列事件后，自己最终得到了什么，最终又失去了什么，这种得失的总结和考量对于人生的旅程而言是极其重要和不可替代的。人不能始终活在一种未知的状态中，而应尽可能地牢牢地把握住未来的自已。有人说，人活得太清楚岂不是活得很累？而我认为人就是活得不清楚才累，正因为不清楚，才需要不断地思索以达于清楚，除非既不明白也不想明白，以此安于无知，才能无知无累且无畏。

再次，反省要觉悟其意，即通过反省，悟出道理。反省要在看清自己、以明得失的基础上明达道理和准则，以作为指导个人今后人生的理论和依据。反省，是对过去经历的消化和吸收，反省以总结过去而通达未来，这一点似乎更为重要。它使自己始终保持一颗清醒的头脑，在对自己过去历史清醒认识的基础上走向未来，而不是始终带着一种模糊不清的心态走向未来。反省不能仅仅停留在看清自己、以明得失的基础上，而应通向一个更高的境界，即觉悟其意以引领未来。

生活、学习和工作的繁忙，让我们很难真正地沉静下来，往往处于一种亚兴奋的状态。诸葛亮在《诫子书》中曰："静以修身，俭以养德。"这是很有道理的。反省必然是在宁静中，功利的喧嚣容易使人迷失前进的方向，兴奋的言行容易激活体内休眠的细胞，而唯有安静地反省，才更容易使人得到一种心灵的解脱和灵魂的释放……

学不可已

◎不被社会淘汰的唯一途径就是持续不断地学习

◎学习不仅在于精益求精，更在于持之以恒

◎社会是一个新陈代谢的过程

◎我们之所以能够适应这个社会，那是因为我们正拥有着适应当前社会发展和需要的某些认知及其技能

◎学习不能一劳永逸

◎社会不会迎合个人的发展，只有个人迎合社会的发展

◎唯有学习的进度超过社会代谢的程度，才能避免社会的淘汰

◎一日的冷暖只能是天气，永远也成不了气候

◎人在学习的道路上，应永葆一颗年轻的心

◎知识的不足又要强作分析，难免会陷入唯心主义的深渊

◎性格有限决定命运，智慧深重影响命运

◎性格和智慧是相互制约和促进

◎不断地学习是社会的要求，其实更应成为个人的追求

◎智慧的增益依赖于学习；学习的维持离不开性格；性格的成变少不了智慧

人类是自然的产物和发展的必然，人类社会是一个自然的历史的过程。

人类社会同自然内的其他事物一样，始终处于不断地运动、变化和发展的过程中，是一个不断从低级走向高级，从简单走向复杂的过程。人类社会的演变经历了漫长的原始社会，接着步入奴隶社会，然后是封建社会，现在人类正行进在资本主义或社会主义的阶段上，但二者最终都将发展到一个更为高级的社会形态中。

从以上的分析我们可以看出，社会的总体趋势是不断进步和发展的，社会永远不会停止不前，社会的进步和发展也不会以人的意志为转移。社会不会为了某人或某些人而发展，也不会因此而停滞，更不会因此而倒退，社会内部的矛盾决定了其不断发展的宿命。

社会是一个新陈代谢的过程。社会在不断造生出新事物的同时，又将陆续地淘汰一些落后的事物，我们现在之所以能够适应这个社会，那是因为我们正拥有着适应当前社会发展和需要的某些认知及其技能。倘若没有这种认知和技能，我们将无法适应这个社会，而这种认知和技能是我们通过后天的学习获得的，这就意味着一个后天没有相同或类似经历的人，诸如原始人类，是无法立刻适应当前社会的，因为这一切对其而言都是新的，适应社会需要有一个过程。这同样说明了要适应发展中的社会，首先必须得学习。

学习不能一劳永逸，那种妄图以一段时间的艰苦学习来管定终身，以一时的学习来统率一生的想法和做法都是不现实的，也是不明智的，因为代谢更替的社会会使其某些现实的指代成为过去，这就使得不被社会淘汰的唯一途径就是持续不断地学习，不断学习新的知识和技能，这是避免淘汰的唯一途径，除此之外再没有第二门径，并且具有现实的可行性。社会不会迎合个人的发展，只有个人迎合社会的发展。在这点上个人不具有选择的权力，而个人所具有的

权力只是在无限多个前提划定的范畴之内发挥自己的主观能动性，以选择如何去适应既定的环境，适应自然的演化以及社会的发展，从而求得更好的生存和发展空间。

是否被社会淘汰，取决于是否拥有社会发展和需要的某些认识及其技能，而社会是一个代谢和发展的过程，这能意味着唯有学习的进度超过社会代谢的程度，才能避免社会的淘汰。如果学习的进度滞后于社会代谢的程度，那只有面临逐渐被社会淘汰的命运，而要做到学习的进度超过社会代谢的程度，也只有持续不断地学习。

学习不仅在于精益求精，更在于持之以恒。

《墨子·修身》曰："君子力事日强，愿欲日逾，设壮日盛。"意思是说君子勤奋于事，则力量日益加强，抱负日益远大，品行日益完善。

《菜根谭》则曰："学者要收拾精神，并归一路。如修德而留意于事功名誉，必无实诣；读书而寄兴于吟咏风雅，定不深心。"意思是说做学问就要集中精神一心一意致力于研究。如果在修养道德的时候仍不忘成败和名誉，必定不会有真正的造诣；如果读书的时候仍喜欢附庸风雅、吟诗咏文，必定难以深入内心而有所收获。

古往今来任何一位大学问家，任何一位在学问上有较高造诣的人，从来都是一个持之以恒的学习者。西方有句谚语是这样说的：Great works are performed not by strength but by perseverance. 意思是说达成伟业，不在力量，而在持之以恒。这正切中要害，他们是真正的活到老、学到老，将学习作为生存的需要和组成，于是他们最终在学术的造诣上取得了非凡的成就，这是可以想象和理解的。没有持之以恒，就没有这些大学问家；没有持之以恒，就没有他们如此卓越的造化。要知道冰冻三尺非一日之寒，一日的冷暖只能是天气，永远也成不了气候。通过持之以恒以取得成就，这种成就是自然而然的，不是什么巧合或偶然的因素，这就叫作功到自然成，没有什么技巧，也没有什么手段，就是脚踏实地持之以恒的学习，仅此而已。

他们以持之以恒的方式来实现精益求精，通过持之以恒不断地实现新的突破、新的跨越和新的飞跃。敢于突破固有的模式和已有的成就，勇攀学术的高峰，使得学习在客观上成了生存的一种方式，这样的作用在于，一方面可以避免社会的淘汰；另一方面则适应了工作的需要；更重要的是始终保持住了自己在某些领域的优势，始终站在社会和时代的前沿，成为该领域走得更高看得更远的人。

　　人在学习的道路上，应永葆一颗年轻的心。只有做到这样，才能学而不厌，才能学不知足，才能持之以恒，也才能真正地活到老、学到老，这对于持续不断，无怨又无悔的学习是必不可少的精神法门。知识的不足又要强作分析，难免会陷入唯心主义的深渊。是故，通过不断地学习积累起分析所需必备的知识，是一切客观分析的前提，唯有这样才能做到主观与客观、存在与意识的一致。

　　犹太格言曰："播下一种行为，收获一种习惯；播下一种习惯，收获一种性格；播下一种性格，收获一种命运。"性格的确对人生的命运有着决定的作用，而不是智慧，但这种决定必然有其限度，不能做到完全决定；而智慧纵然只是影响命运，而非决定命运，但也是深重影响，因为你人生的每一次分析和决策，每一次思想和判断，以及性格和习性的审视和判定都无法避开智慧的存在，是而将此理论收归于一个准确的观点来描述，那就是性格有限决定命运，智慧深重影响命运。

　　性格对人而言无疑是重要的，它关系到自己的生存、学习和事业，更重要的是它关系到个人的前途和命运。但没有人会认为智慧对于人生而言是没有用的，或无足轻重的，如果真是这样，那无疑是一种认识的错误。性格和智慧是相互制约和促进，二者不可偏废。性格之所以能够成为长期的性格，会受到其自身智慧的审判，而智慧不断地对其性格进行审判亦将包括在其总的性格中。

　　不断地学习是社会的要求，其实更应成为个人的追求，化社会被动的要求为个人主动的追求，这将更有利于个人适应社会的发展。正如犹太经典《塔木德》所说的那样：生命有限，时光荏苒，只有奋斗不已，方能生生不息。通过不断地学习以增进自身的智慧，而这个学习的过程本身就是性格一方面的体现，通过性格这一方面的体现增益而来的智慧再去审判其自身的一切性格。在通常情况下，人的智慧会随着年龄的增长而增长，所以人的智慧始终是处于变动中，这为人性格的变动提供了理论基础。当自身的智慧意识到这种性格对自身是有利的，于是会让其持续地延续下去；当自身的智慧意识到这种性格对自身是不利的，于是又会改变这种性格。较为复杂而特殊的一种情况是，对于有些人而言，虽然明知其性格中的某方面于己是不利的，但这种不利的效果却并不明显，而更着眼于这种性格对自己的有利，于是依然会将此性格持续下去，直到其缺陷暴露到自己无法忍受或承受的地步才会摒弃。智慧的增益依赖于学习；学习的维持离不开性格；性格的成变少不了智慧。由此可见，学习、智慧和性格三者相互联系、互为摄动,谁也没有独立存在的权力。

学习是没有错的,它给予了我们生存的勇气;

学习是没有错的,它赋予了我们卓越的智慧;

学习是没有错的,它激活了我们与众不同的人生。

走向成功

◎好学才能深思,深思方能熟虑,熟虑更易明理,明理才能成功

◎当人拥有了深厚的知识积淀,一切似乎都变得简单起来

◎谁能静到极致,谁将走得更远

◎静是修身之道,静是致远之门

◎勤于学习、善于学习、乐于学习

◎语言无法穷尽其一切的意义

◎智慧的卓越需要知识的积累,知识的积累需要持续的学习

◎成功不是一蹴而就,成功不是空穴来风

◎一切都有其来龙和去脉

成功是一个长谈不止的命题,在前文中援引先哲老子的思想,认为顺应自然才能成功,这是一切成功之道的思想总纲,于是是否顺应自然成了一道成功与失败的分水岭。

顺应自然又是何其的广博,矛盾具有普遍性,同时又具有特殊性,即任何事物都含有矛盾,并且不同事物包含着各不相同的矛盾。这种矛盾的普遍性和特殊性相互区别又相互联系,在一定的条件下可以相互转化。从事的任何一件事都是具体的事,是而都包含着矛盾,并且是具体的矛盾,而要做到顺应自然,只有针对具体的事情制定出具体的行动方案以解决具体的矛盾。这说明在不同的事件中,要取得成功的具体做法是各不相同,因为要解决的具体矛盾不同,

唯一相同的就是都是在力求顺应自然。

解决矛盾以顺应自然，就必须秉承解放思想和实事求是的原则，具体问题具体分析，这与制胜法则无疑是相通的。指导理论固然如此，而在现实的实践中却并不是人人皆能做到，那又如何才能尽可能地确保在现实中的的确确做到顺应自然呢？这需要明理。明白事物的生克制化之理，参悟其兴衰荣枯之道，这样才能够使我们在具体实际的操作中游刃有余、驾驭有度，知道如何做是增进其成长，如何做是增进其衰退，当心领神会这种奥妙之后，岂有不成功的道理？

关于明理，三国时嵇康有云："四民有业，各以得志为乐，唯达者为能通之。"(《与山巨源绝交书》) 这是什么意思？这就是说四方的民众都有自己的事业和职业，各自都以实现志愿为最大的乐趣，而唯有通晓事理的贤能之人才能够为他们实现志愿创造条件扫清障碍。由此可见，嵇康同样认为唯有明理，才能达愿（即才能成功）。可见明理对于成功是何等的重要，也唯有明理，才能知道如何顺应自然。

那如何才能明理呢？这需要熟虑。凡事三思而后行，以达熟虑以动的目的，但又并非一个人熟虑之后就能明理，因为一个人的理论修为高度限定了其熟虑的程度，而只有当熟虑的程度跨越了明理的界限才能通过熟虑以达致明理，否则即使熟虑也不能明理。无论怎样，熟虑是走向明理的无限接近和跨越，这说明熟虑有助于明理，那又如何才能熟虑？这需要深思，即深刻地思考。而能否做到深思需要具备两个条件，一是思想的态度，二是深思的能力。如果一个人本具有达到深思的能力，可以因为其态度不端而无法得到正常的发挥，于是依然无法达到深思的目的。当一个人思想的态度是端正而积极的，那么能否达到深思就取决于是否具备深思的能力，这种能力关系到深思的程度。如果其深思的能力不够，那么无论其如何思索、如何刻苦、如何用功也不能达到参悟事物所需要的程度，因为深思的能力限定了深思的程度，而思想的态度又关系到这种能力发挥的强度，所以二者同样重要，不可偏废。这亦说明了一个道理，即谁能静到极致，谁将走得更远。由于思想亦无法跨越固有的存在，而必然会受制于其中，是而走得更远只是相对于自己而论。诸葛亮曰"静以修身"、"非宁静无以致远"，"静"对于每个人而言无疑是重要的，"静"不仅是修身之道，而且是致远之门，基于自身的能力和态度，"静"创造了一个思维潜力最大发挥的平台，可以将个人目前所固有的思维能力发挥到最大的限度，是而可以相对于自己走得更远。

《菜根谭》曰:"天地间真滋味,惟静者能尝得出;天地间真机括,惟静者能看得透。"意思正是说天地间的真谛,只有心静的人才能体会;天地间的玄妙,只有心静的人才能看明白。

宁静,对于参禅悟道者而言似乎具有更为重要的意义,可以借以参禅入定,可以借以洞彻天机。当宁静达到极致,这在佛法中被称为"涅槃",佛家认为当人到达涅槃的层次和境界时,便能告别纵欲罪愆、疏失和无知的梦魇。由此可见,"静"于人而言的确意义重大、不可轻视。思想的态度对于任何一件事而言没有本质的不同,而思想的能力对于不同的事而言却是极为的不同,它必然有其自身不同的对应,这种能力的构建需要相应知识的积累,而如何才能有这种知识的积累呢?这需要好学。是而应勤于学习、善于学习、乐于学习,学习相应的知识以达相应的思维能力,再辅以端正、积极的态度,从而达到深思的目的。有了深思以熟虑,即对事物进行全面、深刻、客观、辩证的思虑,通过熟虑以明理,即明白如何顺应自然之理,这在实际中表现为如何解决具体矛盾,从而走向成功。将这个逻辑推理表述如下就是:好学才能深思,深思方能熟虑,熟虑更易明理,明理才能成功。

关于好学和深思,《史记·五帝本纪》曰:"好学深思,心知其意。"意思是说好学且思虑深刻,才能心领神会,真正懂得其中究竟。这是司马迁在本文论赞中说的一句话,也是其治古史做学问的准绳。由于《五帝本纪》所写的都是上古史事,而《尚书》又早有缺漏,有的只是传说没有详实记载,有的虽有记载但其文不合理之处颇多,难以让人信从,还有就是各家众说纷纭,在这种情况下,只有好学深思、心知其意,否则难免沦为浅见寡闻。司马迁提倡的这种治学精神和创新精神,值得每一个认真做学问的人所继承和发扬。

好学深思不仅是治学之道,也是走向成功的通途。人若能养成好学深思的生活习惯,并在平时生存的时间中得以全面而彻底地贯彻,那么自己将会得益终生、受益无穷。这种体会只有真正奉行此道者才能深得其中三昧,而旁观者永远也无法达彻。语言无法穷尽其一切的意义,在此难免存一漏万,还是只有自己亲自去实践。当人通过不断地学习拥有了深厚的知识积淀,其会发现原来社会是如此的简单,一切似乎都变得简单起来,因为此时他将比别人对事物有更深刻、更透彻、更到位的理解和诠释,这将有助于自己对事物的权衡和把握。

我们之所以有很多事情想不明白,有很多社会现象看不透彻,那是因为我们智慧不够，准确而具体地说就是知道的相应信息不够。如果你想诠释自然，那么你必须具有自然的信息，否则无法诠释。同理，你想诠释别人的一切，那么你必须首先具有能够诠释别人一切的信息。智慧的卓越需要知识的积累，知识的积累需要持续的学习，通过学习以积累知识，再通过知识以增益智慧。当人有了卓越的智慧以后，以前想不通、看不透的事情，现在都知道了所以然；以前无法参悟的道理，现在得以参悟；以前弄不明白的事理，现在得以明白；以前无法洞悉的心思、无法把握的心机，现在都迎刃而解，一看便知，一听便明，一切皆成竹于胸、运作有度，这就是造化的使然，这就是智慧的功用。《荀子·天论篇》有云："大巧在所不为，大智在所不虑。"意思是说大巧之人不需用去做就能成事，大智之人不需去思虑就能明理。这是荀子对大巧和大智之人的见解和概括，这样的标准对于普通人而言无疑是困难的，可望而不可及，试问古往今来能有此造化者又有几人？但这却为我们指明了奋斗的方向。

成功不是一蹴而就，成功不是空穴来风，在成功的道路上必然是荆棘丛生、困难重重，否则人人都可以轻易地成功。而要达致成功，需要拥有持续的激情以学习、以思想、以行动，诚如西方谚语所说的那样：Without passion, you cannot succeed. 意思是说没有激情，你不能成功。聚散皆有缘，胜败岂无凭？一切都有其来龙和去脉。命运更多地会垂青于那些早有准备的人，当你沿着成功的道路坚定不移地走下去的时候，成功还会远吗？正如诗人雪莱（Percy Bysshe Shelley，1792～1822）在《西风颂》中给予我们的启示：

If winter comes, can spring be far behind？

现实主义

◎一切只有基于现实，才有可能实现理想
◎主观不一定是基于现实，但客观必然是基于现实
◎未来永远都是构建在现实的基础上

◎ 基于现实的一切，是决策成为正确的先决条件
◎ 没有现实，就没有一切
◎ 一切都是现实的一切，现实都是一切的现实
◎ 基于现实的一切，就是基于与现实相符的理论
◎ 现实都是本质和现象的融合
◎ 没有现实就没有浪漫，没有现实就没有理想
◎ 一切主义都必基于现实主义，否则根本没有实现的可能

人人渴望成功，希望梦想能够成为现实，向往自己能够拥有美好的人生，而这所有的一切都必须基于现实。

基于现实的一切，是决策成为正确的先决条件，因为真理是意识对现实的一切客观存在的正确反映，而实践同样是现实的实践，同样是现实的存在，亦是检验真理的唯一标准和一切理论的最终归宿，是而决策不得不基于现实，否则难以成为正确，这是不言而喻的道理。历史唯物主义认为社会存在决定社会意识，而社会存在正是现实，这说明是现实决定了我们的认识，是现实决定了我们的意识。解放思想，实事求是，具体问题具体分析，这些思想、这些意识同样都是基于现实，这都无不表明现实的重要性和不可忽略性，以及对包括人类在内的万物的制约性。由此可见，没有现实就没有一切。根据整体对整体，局部对局部的原则可以知道一切都是现实的一切，现实都是一切的现实，因为现实的，就是一切的；一切的，就是现实的。

现实和基于现实是完全不同的两个概念，而一切只有基于现实，才有可能实现理想。基于现实，就是一切从实际出发，把客观实际情况作为自己认识和解决矛盾的出发点，这是我们获得正确认识（真理）和采取正确行动（实现成功）的基本前提。基于现实，其意为自身的意识与当前的实际相符，即要有与现实相一致的认知，也就是要做到理论与实际保持一致，这是理论成为真理的充要条件，而要做到理论与实际保持一致，则必须将理论与实际联系起来。一方面，理论联系实际是以从实际出发为前提，实际固然制约了理论，但理论同样可以反作用于实际，也就是说理论联系实际不是从理论原则出发去"剪裁"实际，而是从实际出发，率先形成与目前的实际相符的理论。当现实被抽象出来以信息的方式存储于意识的时候，我们可以说基于现实的一切，就是基于与现实相符的理论。这自然不是说现实就是理论，现实与理论是对立而统一，基

于现实，是我们基于现实，准确地说，是我们的意识基于现实，在这个前提下，意识基于现实当然是基于与现实相符的理论。通过将现实转化为理论，这样就将现实以信息的方式纳入了理论的范畴，以此作为构建自己一切决策和规划的基础。另一方面，只有把理论和实际联系起来，才能真正地做到一切从实际出发，因为从实际出发并不是盲目地、简单地就事论事，所以不能满足于片面的事实和表面的现象，而要以同现实相符的理论对客观事物及其规律作出科学的概括和总结，如此才能正确地认识事物和解决矛盾。

基于现实才有可能实现理想，它是实现理想的前提和基础。基于现实才可能有正确的理论，接着才有正确的决策，然后再是正确的行动，于是才有理想的现实（即让理想成为现实）。正因为"基于现实"和"实现理想"中间存在"正确理论"、"正确决策"和"正确行动"三个环节，所以使得不是基于现实就能够实现理想，一个环节就有无限变动的可能，更何况是三个环节？现实都是本质和现象的融合，是故基于现实，必然要基于其本质和现象，二者不应偏废。

现实就相当于一个过程的起点，理想就相当于一个过程的终点，而要实现这两点之间的跨越，必然需要有正确的行动，由行动来将这并不相连的两点连接起来。无论怎样，事物在客观上必然是基于现实来发展的，而人在主观上却并不一定基于现实，不基于这个起点，于是主观和客观之间必然就存在不符，这种不符就会造成在起点上主观和客观之间的一段落差，无论是主观高于客观，还是主观低于客观而形成的落差都将给未来理想的实现带来不必要的困难和阻隔。所以，确保主观和客观的一致性不可动摇。

未来永远都是构建在现实的基础上。未来是由过去和现在发展而成为现实，后一个现实只能构建在前一个现实的基础之上，这是自然为一切事物制定的规则。由于一切客观的言行都是现实的，这就使得无论人们是正确的言行（可以实现既定的目标）还是错误的言行（难以实现既定的目标）都将产生一定的效果，并将导致必然的未来，但这个未来不一定是人们当初预想的那样，也就是说人们采取一系列行动过后可能成功，也可能失败，而唯有采取正确的行动才能成功，而要采取正确的行动则必先基于现实。

坚持现实主义，并不意味着就要否定浪漫主义、理想主义。浪漫和理想相对于现实而言，没有现实就没有浪漫，没有现实就没有理想，不顾客观现实的浪漫和理想只能成为空中的楼阁和沙丘上的幻影，是故一切主义都必基于现实主义，否则根本没有实现的可能。

　　基于现实无疑是重要的，尽管现实不一定都是美好的，不一定都是惬意的，但这是我们走向成功、走向胜利、走向辉煌必然的抉择和唯一的出路。基于现实，就必须正确地把握住现实，即主观对客观要有一个正确的态度，既要看到其优势，又要正视其不足，这需要全面、历史、客观、辩证地来把握现实的事物，从而才有可能基于现实，否则就连基于现实也只是一种理想而已。试想当基于现实都无法成为现实，我们还能在无限的黑暗中找到那条通向理想的未来之路吗？

生存第一法则

◎谨慎，生存第一法则
◎终点的美好抹杀不了起点的错误
◎任何超越时空的言行都将得不到思想受制于时空的人们的认同
◎说出去的话、做出去的事都将永远无法回收
◎下者只能得其下，中者仅能得其中，上者才能得其上
◎人只能按照自己思维的空间去理解和诠释世间的一切
◎谨慎的迟疑是审慎的表现，审慎的根源却在于内在的谨慎
◎相对封闭的时空容易诱发绝对开放的错误
◎言行本身无所谓对错，只在于言行发生的时空
◎幸福只能构建在危机中

　　古人的智慧深奥非常、通透无比，然时而又隐晦难明。既然其能够有此一语，那便是对此已有所领悟并趋于通达之人，可正是基于此层面的缘故，有些道理又不便讲得太透太明，藏锋露首，讳莫如深。下者只能得其下，中者仅能得其中，上者才能得其上，故其往往不知所云，待其悲剧过后方才悟得其精髓

所在。是故尚未通达之人知之亦不知，而业已通达之人早已知晓，不过引为佐证而已。

人只能按照自己思维的空间去理解和诠释世间的一切，诸如甲认为某事物是怎样的，这不能出其思维的空间；乙认为某事物是怎样的，这亦不能出其思维的空间；当甲乙二人对某一相同事物看法各异，后来甲认为乙的看法更为正确和高明，于是援引乙的看法作为自己对此事物的看法时，这亦不能出此法则的制约，因为乙的看法在甲援引为己之看法之前就已经注入到甲的思维空间中。

谨慎，生存第一法则。人人都渴望美好而幸福的人生，而美好与幸福必然要遵循一系列的法则，没有相应法则的援引和支撑，难以有美好和幸福，这是自然法则——相应的原则所决定的。

人为什么要谨慎？因为人不慎就会招来祸害。正如《格言联璧》所云："不自重者取辱，不自畏者招祸，不自满者受益，不自是者博闻。"是故人还是应有一颗敬畏之心，不慎而致害，不慎而招怨，谓之必然。可人偏偏就有不愿致害而渴望幸福的天性，所以人不得不慎。后人眼中那些所谓放荡不羁的历史人物，其实依然有其不可逾越的底线，他不过是以此来释放他束缚已久而拘谨过严的灵魂，并以此来掩盖抑或隐藏他内心固有的审慎。除了那种被社会关系所严重扭曲的灵魂，或那种被自然与社会的压迫而丧失生存的勇气和自甘堕落者，都有其不可也不愿突破的生存底线。

谨慎，是对人生负责的态度，是对生命的尊重，是对命运的看重。谨慎的迟疑是审慎的表现，审慎的根源却在于内在的谨慎。关于谨慎的品质，古人是十分看重并多有论述的：

《荀子·劝学篇》有云："故言有招祸也，行有招辱也，君子慎其所立乎！"意思是说言语若是不慎就会招致祸患，行为如有不慎就会引来耻辱，君子对自己的一言一行都是很慎重的。

《国语·晋语九》有云："君子能勤小物，故无大患。"意思是说有道德修养的君子能够做到认真对待小事，所以不会有大的祸患。

《菜根谭》亦曰："谨德须谨于至微之事，施恩务施于不报之人。"意思正是说谨慎的品德应该做到谨慎于最细微的事情之上，施予别人恩惠应该施予那些根本无法回报自己的人。

《韩非子》又曰："事以密成，语以泄败。"意思是说事情因保密而成功，言语因泄漏而失败。韩非子认为不可说破君主秘藏着的心事，否则会有杀身之祸，这是其根据自身的经验和体会有感而发,引为明哲保身之道。

《格言联璧》则曰:"谨慎,保家之本。"意思是说保家的根本在于谨慎。在此将谨慎的品德立论到保家,而不仅仅只是保己的层次之上。

《道德经》更曰:"故慎终若始,则无败事矣。"意思是说如果做事最终还能像最初一样谨慎,那么就不会坏事了。由此可知,先哲老子也是如此地看中谨慎的品质,认为应将其一如既往地贯彻到底,以最终换来事业的成功。

……

谨慎的品质无疑是重要的,对于肩负重任者更是如此。《礼记·大学》曰:"有国者不可以不慎,辟则为天下僇矣。"意思正是说掌握国家大权的人不可以不慎重,如有妄为出偏差,那么就会被天下百姓所不容。至于谨慎的要点和关键,《礼记·中庸》指出在于"慎独",其曰:"是故君子戒慎乎其所不睹,恐惧乎其所不闻。莫见乎隐,莫显乎微,故君子慎其独也。"意思是说有德行的君子就是在别人眼睛看不到的地方,也要谨慎检点,就是在别人耳朵听不到的地方,也要怀着恐惧的心理而加以注意。没有比处在幽暗之中更为显著的,没有比置于细微之中更为显明的,所以君子在一个人独处的时候也会同样谨慎。的确是然,而这恰恰又是常人所忽略的。

思想道德修为越高的人,似乎受到的束缚越多,因为他不得不遵守这样,抑或那样的法则条陈,而不能像无知者那样放纵自己、纵容自己、自由自己……他们尽管没有他们活得洒脱、活得自我、活得纯粹、活得透明,可是越到最后,他们却往往收获得更多,这是后者永远也无法企及和奢望,永远也无法超越和达到的。放纵自己?任由自己?随意自己?却不得不让渡出一生的代价来偿还和弥补。孰轻孰重?孰卑孰尊?一切自有公论,价值自在人心。

需要放纵,那是因为活得压抑。而一个相对封闭的时空容易诱发绝对开放的错误的言行,这种时空的相对封闭性在成就万物的同时亦局限并制约了万物,然而这种利弊的二象又是一切所无法规避和遁逃的命运。言行本身无所谓对错,只在于言行发生的时空,每个人都有相对独立的属于自己的时空,因而对一个人合适的时空并不一定适合于另一个人。说出去的话、做出去的事都将永远无法回收,这就是客观的事实,它将永远地存在于事物的历史并被封闭在相应的时空中而成为其组成的一部分。有人说:"要想人不知,除非己莫为。"当其放上客观的平台而被严格地审视和剖析时,我们会发现其存在着严重的思想漏洞,而无法完全囊括住客观的现实,于是使得客观上存在其命题的题设部分却没有其所指向的相应结论的事实的广泛成立和存在，否则历史上的事件早被现实的人们一一洞悉，而现实之中的人们也再无任何的秘密可言，那又何来关于历史人物的不解之谜？那又何来历史神秘的面纱？那又何来悬而未决的案件？这不过是限定了无数个条件而成立的结论罢了，而无法做到放之四海皆准，但无论怎样，事件（无论已知还是未知）都将永远无法收回。

追求幸福，这本无可厚非，但必然需要遵循相应的法度和人类的道德，并不能将自己的幸福构建在别人的痛苦之上。人类共生于自然，却有着绝对不同的命运，受各自经历、阅历、知识、智慧、修为、环境、处境等现实客观因素的影响，使得不同的人具有不同的禀性、思想观念和价值取向，其相应的言行亦有着不同的放宽程度，即使是相同的人在不同的环境或处境中，其言行同样会受到相应的波动并划出不同的范围和界限。对于一切都无所顾忌的人，他必将难以在人类的社会中实现自身的抱负和理想，迎来美好和幸福，因为他违背了相应的法则。有些人总是为了自己的幸福而不择手段，为了达到目的而不顾一切，这其实是十分危险的思想和价值的取向。历史永远无法被淡忘，人们总是千方百计地去追寻，以求认知一个更为完整而全面的事物，终点的美好抹杀不了起点的错误，你本想用起点的错误来换取终点的美好，可那时它却又偏偏成了幸福的累赘和美好的瑕疵。

任何超越时空的言行都将得不到思想受制于时空的人们的认同，这是必然的道理。有人凭借着一时的冲动，或满腔的热忱，抑或是执着的追求，甚至是天真的烂漫，妄图以个人微薄的力量，试图以一己之力去撼动、去动摇、去改写、去重塑整个人类社会的道德大厦和伦理根基，这无异于以卵击石——盲目而无效，徒劳而无功，只能淹没在滚滚的红尘，而人类道德的根基依然如故。这种受制于时空，由整体铸造起来的钢铁长城依然坚若磐石、固若金汤，岂会因为个体势力的不断挑衅而土崩瓦解？这种代表着人类文明与进步，由人类历史有限发展堆积、沉淀而来的道德又怎会在个体势力的影响和摄动中濒临灭亡而告老还乡？这是一个历史的过程，受制于人类认识和时空的道德必将通过一个历史的过程，在循序渐进的发展中潜移默化，不断地修正和改进，但这需要时间的允许和人类共同的努力，当能形成一种风气、达成一种共识，那道德自然被带动和推进，又何须个体一而再、再而三地孤军奋战？试图改写整个人类系统的道德体系，试图撼动整个道德的价值皈依，这只能被看作为一种冒失和挑衅，而被有识者所理解，无识者所唾弃。正是"时不至，不可强生；事不究，不可强成。"(《国语·越语下》)范蠡的思想和见解又一次穿越了时空。

年长者劝导后学者总不忘引用诸如"谨慎驶得万年船","一失足成千古恨"等箴言警句来说明谨慎的重要,浅薄之人却总是不忘怀揣着一夜成名或暴富的梦想,充满了阿拉贡人(Aragon)想出名的那种固执、倔强和狂热而不惜血本,不顾一切的法则条陈,僭越于人类的道德礼仪之上,游走在人类法律规章的内外,而没有半点庄生大道流行而不显出光明,道德高尚而不追求名声的逍遥和达观、透世和无求。逐世者和致道者又怎可同日而语?的确如此,但人类的道德和法度无法容忍一个不慎的人,无法看重一个不循道德而言行的人,他无论在现实中有着如何的造化,身居何等的地位,有着多大的成就,他都将被人类的道德所蔑视,被思想受缚于道德的人们所看轻,他曾经道德缺失的不慎言行都将成为其生命的墨迹和永远的伤痕。

古人向来是重视谨慎之德并为之身体力行,古代的那些著名人物,那些叱咤风云者,那些德高望重者都将其奉为生存的准则和言行的圭臬,而且他们往往有着极不张扬的性格和低调的作风,深谙"圣人之道阴,愚人之道阳"的法则。三国时的蜀相孔明,一直以来被后人推崇备至,至今仍光华犹在、享誉千古,这在历史上是少有的。尽管后世从不同的角度来看待其在历史上的功业和地位,但有两点是千秋万世的人们所公认的,一是忠于信念,矢志不移;二是谦虚谨慎,克己奉公。虽然天命不佑,使其志向未遂,但其忠贞冠世、高风亮节和鞠躬尽瘁、死而后已的献身精神震撼并感动了无数的后人,这样的历史人物,一生都是恪守着谨慎的法则。

古人看重谨慎,时刻不忘敦促自己,以防失慎而引来身败名裂,而引来官位不保,而引来财产流失,而引来杀身之祸,更有古人将其纳入其名,以时时提点自身。东汉经学家、文字学家、《说文解字》的作者名曰许慎,明代文学家杨慎,北宋杰出医学家唐慎微,清代著名画家、"扬州八怪"之一黄慎,唐朝清廉宰相卢怀慎……就连一些宫廷小人,目不识丁者对此也不敢有丝毫的懈怠,正是不慎无以为人。古人深谙其道、精通其理,知道这意味着什么,失去又将意味着什么。

古代有古代的危机,当今有当今的弊病,任何时候都存在着风险和危机,绝对安全而美好的世外桃源是不存在的,幸福只能构建在危机中,稍不留神,四伏的危机便会扑面而来。这是必然,因为在所有可能的情况中,幸福所能占有的样本空间就要远远地小于危机所能享有的部分,这是一切生存者所无法抉择而又不得不面对的命运。谨慎，贵为生存的法则之一，其不仅是人的优秀品质，更是生存的需要，发展的需要，幸福的需要……

生存第二法则

◎谦虚，生存第二法则
◎局部的运势不能代替整体的命局
◎学识越是深厚，为人越发厚重；学识越是肤浅，为人越发浅薄

生存的幸福需要一系列的法则来加以维系，否则便失去了平衡的维度，丢失了平衡的幸福自然会在顷刻之间烟消云散，化为乌有。

构建幸福是一个长期的过程，是一种持续的积累和力量的释放，是一种综合的平衡和生存的状态。那幸福是什么？如何才能达致幸福？又如何才能使幸福延续？不同时空的人，不同阅历的人，不同经历的人，不同文化积淀的人，不同时代背景的人定然会给出不同的结论，从而使得这个问题自始至终就没有一个标准的答案而成为一个开放的问题。尽管答案不尽相同，但却有着许多共同的因素和成分来支撑和指向一个相同的目标和方向。

总的目标和大的方向是一致的，分歧只在于细微的末节，那又如何才能达致这样的目标并走向既定的方向呢？正如前文所述，这必然需要遵循相应的法则。

谦虚，生存第二法则。这是在经过慎重思考和总体权衡，以及反复思辨的基础上总结而出的结论。

谦虚，经过人类数以千年的洗礼，在实践、归纳、总结过后，再实践、再归纳、再总结……通过自然的存在，渗透进人类的社会体制，弥盖住一切的人性，最终被越洗越亮，晶莹剔透而炙手可热。

英国戏剧家莎士比亚说："一个骄傲的人，结果总是在骄傲里毁灭了自己。"

美国发明家爱迪生告诉我们:"谦逊不仅是一种装饰品,也是美德的护卫。"

法国人文主义者蒙田(Michel Eyquem, Seigneur de Montaigne, 1533~1592)则认为:"缄默和谦虚是社交的美德。"

"向上级谦恭,是本分;向平辈谦虚,是和善;向下级谦逊,是高贵;向所有的人谦恭是安全。"这就是摩尔(George Edward Moore, 1873~1958)的谦恭,此语录表达了他对不同对象谦虚的划分及其所指代的意义和内涵。一言以蔽之,谦逊于所有的人,向所有的人谦恭,这是你的本分,这是你的和善,这亦是你的高贵,这更是你的安全。

西方的谦恭抹杀不了东方的睿智、哲思与包容。

儒家学派创始人孔子就是一个谦虚而好学的人,《论语·述而》载其语录曰:"三人行,必有我师焉;择其善者而从之,其不善者而改之。"在此表现了孔子达观上进的勤学态度和豁达而谦逊的胸怀。

《荀子·仲尼》引述孔子的言论:"巧而好度,必节;勇而好同,必胜;知而好谦,必贤。"意思是说灵巧而遵守法度,一定能够节制;勇敢而又善于同别人合作,一定能成就大事;知识渊博而又能谦逊待人,一定很贤明。道理正是如此,感同身受,受益良多。

享有"亚圣"之称,儒家学派集大成者孟子有云:"人之患在好为人师。"(《孟子·离娄章句上》)这是当时身处百家争鸣、学派林立,辞锋相向而又相互辩驳的春秋战国时期思想殿堂中的孟子有感而发。学派之间论辩不休,九派学说粉墨登场,痛陈诸家之弊,欲力挫群雄、独树一帜而屹立不倒;欲成为思想的主流、社会的大统而万代流芳。学派之间,你来我往,唇枪舌剑,铺张扬厉,堆砌辞藻,为此难免忽略了谦逊的美德和包容的坦荡。言辞激越、口若悬河而雄辩滔滔,互陈流弊、相邀辩难,好为人师之象跃然而出,欠缺一种宁静的深远,一种包容的博大,一种理解的豁达,一种彻悟的淡然……孟子有感于此,故而提出"人之患在好为人师",以正本,以溯源,重拾人性的美德和荣光,以回归质朴的宁静和含蓄的奥远。

《左传·僖公三十三年》有云:"出门如宾,承事如祭,仁之则也。"意思是说出门遇见人就像宾客那样恭敬,承担事情就像祭祀那样敬重,这是仁爱的准则。儒家思想向来以仁义为本,在此将"恭敬"升华为仁爱的标准,充分说明了古人对"恭敬"、"谦虚"这种个人品德修养的高度重视及其作用的认识和应用。

印度诗哲泰戈尔（Rabindranath Tagore，1861～1941）指出："当我们是大为谦卑的时候，便是我们最近于伟大的时候。"这种伟大是一种心灵的伟大，人格的伟大。正如一句谚语所说的那样："谦虚与伟大是近邻"，二者有着异曲同工之妙。

先哲老子认为圣人是谦退不争的，这种不争的品质中就含有谦虚的美德，其深谙自然的运行之道和彰显而来的法则。其在《道德经》中指出："重为轻根，静为躁君"，"轻则失本，躁则失君"，意思是说重是轻的根本，静是躁的主宰，轻浮就丧失了根本的原则，躁动就丧失了主宰的地位。是以谦而不轻，谦而不躁。

其又曰："不自视故章，不自见故明，不自伐故有功，弗矜故能长。"这是什么意思呢？其意正是说不自以为是，所以才能声名显扬；不自我显露，所以才能自明；不自我夸耀，所以才能建功；不自以为贤能，所以才能领导。可以看出，从中无不体现出谦逊的光辉和要旨。

其再曰："是以圣人之能成大也，以其不为大也，故能成大。"意思则是说圣人之所以能够成为伟大，是因为他始终不自以为伟大，所以能够成就伟大。这种充满辩证的思想再一次莅临在了谦虚的品质之上，彰显了其作为晋德修业的无上荣光。

《道德经》第五十八章进一步指出："是以方而不割，兼而不刺，直而不绁，光而不眺。"意思正是说圣人方正而不剪割万物，兼收并蓄而不刺伤他人，正直而不过度，光明而不耀眼。这都说明谦虚、包容、适度、淳朴、自然的重要，体现了道家思想的修为造化和价值取舍。

谦虚无疑是重要的，它关系到个人人际关系的构架和事业的前景，关系到命运的转折和处境的融洽。它与人生周遭和抟造的际遇息息相关、密切相连，在人已知和未知的时空潜移默化着个人唯一的命运。

普通之人总是一味地追求尽善尽美，眼睛里容不下半粒尘沙，对别人总是乐于过分地苛求，以迎合自己挑剔的目光。心胸过于狭隘，容得下光明、容不下黑暗，容得下正义、容不下邪恶，然而矛盾的双方相互制约和提携已走过多年的风雨，岂是人力能够在须臾之间化为无形？懂得生命的人豁达，精通智巧的人狭隘；通达大命靠顺利，通达小命靠碰巧，庄子的教诲如雷贯耳。人应懂得虚怀若谷，正如老子所说的那样："江海之所以能为百谷王者，以其善下之也，是以能为百谷王。"（《道德经·第六十六章》）是故有容乃大，而能容得下光明与黑暗、容得下正义与邪恶的又是什么？正是自然。

中国哲学的源头，其博大深邃的思想内容影响过儒家、释家和道家的《易经》，对于谦逊给予了崇高的肯定，其所阐述的六十四卦，吉凶都各有消长，从无全吉全凶，而唯有《谦》卦，下三爻皆吉，上三爻无不利，是一个六爻皆吉的卦象。《易经·象》认为《谦》卦象征谦逊，谦逊必然亨通。

其曰："天道亏盈而益谦，地道变盈而流谦，鬼神害盈而福谦，人道恶盈而好谦。"意思是说天道是减损盈满而补充谦逊，地道是改变盈满而充实谦逊，鬼神是危害盈满而保佑谦逊，人道是厌恶盈满而喜爱谦逊。

其又曰："谦尊而光，卑而不可逾，'君子'之'终'也。"意思是说谦逊，地位高的人显得更加光彩，地位低的人显得品德高尚而难以超越，所以只有"君子"才能"终身谦逊"。

谦逊的确有其现实中不可替代的意义，实际的情况却又往往更为复杂，但我们需要谨记的是局部的运势不能代替整体的命局。《易经》是如此地看重谦逊的品德，寄予了极高的期望和评价，自然有其道理所在。我们只能批判继承，积极求进，以望彻悟。倘若人们已经大彻大悟，那早已洞悉了世间一切的奥秘。

谦虚使人进步，骄傲使人落后，这是不争的事实。可为什么会有这样的效应？那是因为当一个人谦虚（真谦而非伪谦）的时候，总觉得自己有所不足，此时就仿佛身后有一股力量在推动自己不断前进，这样自然能够进步；而当一个人骄傲的时候，总觉得自己样样精通、无所不能，而丧失一种审慎与敬畏之心，此时就仿佛前面有一堵墙，在不断地将自己向后推而不得越雷池一步，于是始终与前进的目标保持着一定的距离。骄傲不走，这种阻碍力（或向后的推进力）就不失，总是一如既往地横亘在自己前进的道路中，自己又如何求得进步？是而此言非谬，有其经验的依据和现实的意义所在。既然如此，那现实的生灵又如何能够例外？

谦虚，并不意味着要点头哈腰；谦虚，也绝不意味着要摇头摆尾。那不是谦虚，那是阿谀，那是奉承，那是巴结，那是讨好，那是对谦虚的曲解，那是对人格的扭曲。你主动而温和地招呼别人，已经表现出了自己的谦虚和诚意，这就足矣，至于别人是否以相同的礼遇来回应，那是别人的事，并不在意和奢求。人需要的是做好自己，别人不认为清高傲物，这亦足矣。

谦虚同样需要把握好度的衡量，以求得平衡的久长。何为合适的度呢？在此认为不卑不亢、柔和中正为宜。古往今来的众多杰出人物、著名人物亦都深谙此理，并在现实中身体力行，以营造出更好的生存环境，以改造自身的现实命运。一如西班牙格拉辛（Baltasar Gracián, 1601~1658）所说的那样："礼貌是伟大人物的策略魔法。"(《智慧日记·人们的善意》，辽宁民族出版社1998年版，第341页）诚如犹太古谚："愈是果实鼎鼎的葡萄，愈会垂下头来；愈是伟大的人，就愈平易近人。"是而谦谦君子，彬彬有礼。谦虚既是人类的优秀品质，然又可以援引为人类的魔法策略，纵使内在有所不同，而外在的效应却是相同的。

学识越是深厚，为人越发厚重；学识越是肤浅，为人越发浅薄。学识深厚之人知道识别法则并顺应法则，学识肤浅之人受制于法则却不甚明了，始终游弋在一个必然的国度而无法达于自由的空间。对于个人的言行将会产生如何的效应理解不足、深度不够，在不知不觉之间就走向了道的反面，做出了违心的事情。

说实话的人总是吃力不讨好，让人不开心。其实这本有利于语言指向的对象很好地认识自己、看清自己，以便更好地修正自己、完善自己，但语言的主体却收不到应有的效果，因为普通之人总是无法容忍别人当面抑或背后揭示出自己心灵或肉体的缺陷与创伤。虚伪的人性没有勇气面对现实的人性，自尊、敏感而又懦弱的人性仍需要自然的锤炼和历史的锻造，以趋于豁达，以趋于宽广，以趋于至善……

慎而为静，静极生动，动而为进，进而含谦，真实的谦逊绝不同于虚伪的表演。它诚恳，它质朴，它慧于中而形为外，既无棱亦无角，平淡而不高亢，淡然而不低沉，没有任何的矫情和娇柔的造作，亦无任何的企望和隐含的索求，纯粹、朴实而又自然。谦虚能彰显你的美德，拓宽你的社交，改造你的命运，增益你的成功，那为什么你要流于张扬而舍弃谦逊呢？

生存第三法则

◎勤奋，生存第三法则

◎ 勤奋与懒惰都将直接体现在个人进步的快慢上

◎ 仅有激情是没有用的，因为它或许让你输得更惨；而没有激情亦是不行的，因为你必然注定难以成功

◎ 勤奋需要刻苦，勤奋需要忍耐

◎ 没有理想的人生注定失去光泽

◎ 人需要的是做好自己，而不是去征服别人

◎ 如果你超过别人一点点，有人会嫉妒你；如果你超过别人一小截，有人会羡慕你；如果你超过别人一大截，有人会依靠你

德国唯心主义哲人黑格尔告诉我们："没有激情，任何伟大的事业都不能完成。"事实正是如此，人无论有何理想（非自然而成）需要变成现实，需要成为事实，那人必须得付诸行动。但是我们必须要明白的是，仅有激情是没有用的，因为它或许让你输得更惨；而没有激情亦是不行的，因为你必然注定难以成功。

理想需要行动，现实需要行动，成功亦需要行动。日复一日、年复一年，时间就这么溜走，悄悄地滑过人们的指尖，默默地揉进匆匆的脚步，漂流在言谈的嬉笑间，停泊在沉沉的思索里……时间量度了生命的长度，时空赋予了生命的可能。时间按照既定的规则有条不紊、不紧不慢地走向远方，走向未来，将生命的事件一一续写。时空，自然的双桨，怎能按捺住内心的平静，一往无前，运行不息，直至命运的终结，而这一切都源自其内在的本能……

自然写就一切的语义，时空将我们言行的一切、生命的一切、命运的一切都一一铭记，深深地镌刻进她生命的年轮中，透过其一道道深邃的纹理，我们可以解读出她的历史和未来，解读出她的内容和本质，而这一切都只能在其内部进行，我们又如何能够遁逃在被其湮没之前？

理论上我们可以在其内部的任意时空点上纵横驰骋、自由游渡，因为自然中本就存在这样的法则。自然的法则大而广博，小而细密，取之不尽而用之不竭，只是目前的人类仅仅得其皮毛而已。至于时空的游弋，就如今的我们而言，由于能力的限度而始终不得门径，自然无法游走和驾驭在这样的法度之上。

时间不会停留，以等待人类的参悟和理解，而假使时间停留，我们又将被永远地定格，思想将被凝滞，又如何参悟？即使参悟了亦没有时间来付诸行动。是而为了在生命重新被自然收归之前，人不得不节约时间，慎用时间，以努力实现人生的价值、理想和抱负。

勤奋，生存第三法则。人生不能丧失勤奋的德行，勤奋亦是人类几千年文化积淀而来的杰出品质，它伴随无数的出类拔萃者走过其辉煌而灿烂的一生。他们恪守了勤奋的法则，勤奋也铸造了他们的人生。

勤奋，广泛存在于人类社会的各个领域和人们生活的方方面面。事业需要有所成就，你不得不勤奋；财富需要有所增益，你不得不勤奋；学问需要有所造诣，你不得不勤奋；人生需要有所寄托，你同样不得不勤奋。人生的晋德修业，人生的一切造化，如果寄予了厚望，希望不会落空，企盼在生命中能够实现，那么都需要纳入勤奋的范畴。于是人不得不舍去过多的闲暇时光，舍去过度的娱乐消遣，舍去多余的吹拉弹唱，舍去无益的雄辩滔滔……人不得不为之努力，不得不趋于向前，不得不恪守勤奋，更不得不与时间较着劲、赛着跑，以超越自我，以追赶时光，以相邀日月，以上下求索。

勤奋，没有谁会否认必然要付出代价，这是谁也无法规避和改变的事实，因为我们永远都存在于交互的时空。但勤奋的品德无疑是重要的，它让人类的德行更加显耀，人生不再虚度而更加透亮。

古人的教诲犹如暮鼓晨钟，振聋发聩，至今仍历历在目，不绝于耳：

《左传·宣公十二年》有云："民生在勤，勤则不匮。"意思是说人民的生计在于勤奋，勤奋就不会困乏。道理正是如此，勤奋不仅事关个人事业及前程，同样攸关国计和民生，这句古老的箴言所蕴含的朴素哲理道出了一个颠扑不破的真理。

《荀子·劝学篇》则曰："锲而舍之，朽木不折；锲而不舍，金石可镂。"荀子认为雕刻东西倘若半途而废，腐朽的木头也不能折断；雕刻东西若能坚持不懈，金属玉石也可以雕刻成器。事实正是如此，这些朴素的辩证思想左右了我们的生活，正应了古人那句"只要功夫深，铁杵磨成针"的格言和妙语。

学问的精进更离不开勤奋的踪影。身为唐宋八大家之首，被苏轼誉为文起八代之兴衰的韩愈说："业精于勤，荒于嬉。行成于思，毁于随。"（《古文观止·唐文·进学解》）韩愈以其个人经历为蓝本，在深思熟虑过后有感而发，的确字字珠玑，丝丝入扣。

古人有云："书山有路勤为径，学海无涯苦作舟。"亦是在极力倡导增进学问应以勤奋为径，学习中不可有半点马虎，这种严谨而务实的态度和作风是值得后学之人发扬光大的。

"学如逆水行舟，不进则退；心如平原跑马，易放难收。"正是天道酬勤，上天对于勤奋之人从来都是情有独钟而眷顾有加，让他们能够较别人成长得更快，成功得更早，收获得更多，因为勤奋与懒惰都将直接体现在个人进步的快慢上。勤能补拙，笨鸟可以先飞，有一则格言值得我们永远铭刻在心：骄傲与失败挂钩，虚心与进步交友；懒惰和愚昧相亲，奋斗跟胜利握手。

勤奋需要刻苦，勤奋需要忍耐。有感于屈原"路漫漫其修远兮，吾将上下而求索"的执着和追求，没有理想的人生注定失去光泽。其实，每个人本就有着绝对不同的人生和命运，人贵有自知之明，盲目的攀比绝无益处，人需要的是做好自己，而不是去征服别人，人唯有懂得如何走好自己的人生，方为上策。"天才在于自制"必然有其客观的道理，事实亦正是如此，因为天才不是天生的，而是后天造化的产物，其造化的方式正是勤奋。常人总是看见天才的荣耀和光环，而看不到其光环背后的刻苦、忍耐、勤奋与付出。

勤奋能够增益人的才干，加速人的成熟，提高人的技能，丰富人的智慧，这样难免会引来别人的嫉妒，但我们需要知道的是，如果你超过别人一点点，有人会嫉妒你；如果你超过别人一小截，有人会羡慕你；如果你超过别人一大截，有人会依靠你。当你通过勤奋超越了别人，引来别人嫉妒的目光，这很自然，那是常人心理的不平衡，超出了其意料之外，没想到你也能有如此的造化和成功，此时你不可停留，应继续坚定地沿着既定的道路走下去，以作不断地突破。当你超越的程度由一点点变成了一小截后，别人会发现嫉妒是无用的，嫉妒是徒劳的，嫉妒根本不足以阻挡你前进的道路，于是这种被超越的心态会由不平衡而变得适应起来，于是对你的表情和态度自然会随着心态的变化而跟着改变，开始变得欣赏起来——原来你本来就非等闲人物，但此时你仍需努力，无论别人是嫉妒你还是欣赏你，你的人生本就不是为了取悦别人。当你超越的程度由一小截变成了一大截后，你会发现你的人际处境将会得到更大的改观，冰封早已消融，紧接着便是春天般的温暖，然后是夏天般的火热，原来这本暗藏自然的规律和玄机？

勤奋，无疑是人生重要而不可缺少的优秀品质，它创造了无数的人生奇迹，铸就了无数的辉煌人生，谱写了无限的华美乐章，描摹了无穷的瑰丽画卷。生存第三法则，勤奋当之无愧。

谨慎，是为了人生的安全。人若希望胜利，首先应将自己立于不败，然后再去求胜，故为生存第一法则。而谦虚关系到人际环境的和谐与优劣，一个良好的环境是晋德与修业的基础和前提，故为生存第二法则。勤奋则关系到修为与造化的深浅以及自身的前途和命运，是而同样重要，故为生存第三法则。三者同为人类的优秀品质，被无数杰出人物所援引和继承，经过数以千年的打磨和洗礼，越发锃亮而光泽、灿烂而耀眼，你又怎可不知？你又怎可不识？你又怎可不用？三颗璀璨而夺目的明珠必将在人类的历史上永放光芒、传承不朽……

自然的约定

◎运动是绝对的，静止只是相对的

◎不公平是绝对的，公平只是相对的

◎事物发展不平衡是绝对的，平衡只是相对的

◎阴阳二性构架了现实的存在

◎物质的运动就是不断地从绝对状态走向相对状态，又从相对状态走向绝对状态的一个永恒发展的过程

◎动中含有静的可能，静中亦有动的契机

◎矛盾环环相扣

◎一切的存在都必须构建在相应的条件上

◎未来的现实在过去还只能是遥不可及的梦想，今日的真知灼见在昨日还可能难登大雅之堂

◎人类只能面对现实、基于现实并发展于现实

◎事物能够彰显为一种状态，那必定有其对立的一面

阴阳二性构架了现实的存在，这在辩证唯物哲学中被赋予为矛盾的两翼，它是事物赖以存在的根本和基础。

事物有着质、量、度的划分，属性是事物本身所固有并且是质的外在表现，这种属性必然是在事物相互作用时表现出来，一种事物的属性是多方面的，然

而它都无不体现了事物质的存在。一切事物都有着绝对和相对的二重属性，其辩证关系可以表述为以下几个方面：

第一，绝对和相对既对立又统一。这种对立统一如同矛盾的两个方面相互依存，一方作为另一方存在的前提，虽然彼此区别，但最终又将归于一统，二者共同铸造了事物存在的属性。

第二，绝对存于相对中，相对亦存于绝对中。二者相互渗透和影响，此中有彼，彼中有此，使得事物在任意状态下发展成为对立面成为可能。

第三，绝对和相对在一定条件下可以相互转化。自然本是一个绝对开放的系统，没有不可逾越的鸿沟，一切都依赖于相应条件的成立。二者规定自身向其对立面进行转化，这就是其发展的方向，当外界条件成立时，绝对就变成相对，相对亦可变成绝对。

绝对和相对是一对互逆的哲学范畴，它表示事物在一定的时间、空间和条件范围内处于何种的状态。绝对是其体现的状态，相对只是其限定的状态，而这一切都必须依赖于相应条件的支撑，由于现实中所有的一切都是暂时的，当条件满足时，这种状态就可以发生逆转，绝对的状态又成了其限定的状态，即相对的状态；而相对的状态又成为其体现的状态，即绝对的状态，于是又构建成一个倒置的系统和新兴的组合。物质的运动就是不断地从绝对状态走向相对状态，又从相对状态走向绝对状态的一个永恒发展的过程。这是一个可逆的过程，由于一个绝对的状态（由相对转化而来的绝对）是一个长久时间和广大范围内的存在状态，这个时间和范围又不知包含了多少具体事物的生死存亡，所以使得对于许多具体事物而言，其终生都只能处在一个体现绝对、限定相对的状态中，于是这种绝对及相对的状态就成了自然在一定时间和范围内的法则。然而正是因为这种存在状态必须要依赖于一定条件（即某种客观存在）的存在才能成立，所以使得这种法则在条件改变后亦会发生改变，于是又成了一个倒置的法则，或者说原有法则的倒置才是此时的法则，否则不能成为法则，因为它已经不再具有现实的旨归和意义。

运动是绝对的，静止只是相对的，这就是当前自然时空的法则之一。在人类目前的认知范围之内，一切事物都是满足此法则来运作的，正因为事物的这种绝对运动、相对静止，才有了事物的变化，有了事物的发展，有了事物的生死存亡。换句话说，事物之所以要变化、发展和生死存亡，那是因为目前的自然时空就处在一个绝对运动而相对静止的状态和阶段上，而自己又正处于其中并受到这种法则的制约和摄动。自然之所以要处于这样的状态，那必定有其既定的条件，这种条件就是自然的某种客观存在，正是因为这种存在（条件）的存在，才有了这样的自然法则，于是才有了在此法则之下所应导致的一切。当这种存在（条件）被打破或改变之后，首先是相应的法则就跟着改变（因为法则依赖于存在本身并随存在的改变而作相应的改变），然后接着便是法则所主导的一切现象就跟着改变。这就是真实的自然（即自然的真实性），这就是相对的自然（即自然的相对性），这亦是绝对的自然（即自然的绝对性）。

尽管运动是绝对的，静止只是相对的，但动中含有静的可能，静中亦有动的契机，并且这种法则只是一种较长时间和较大范围内的存在，客观而论应该是存在例外的情况，那就是说，在自然的某时空里，应该有着某种存在是以相反的法则——即绝对静止、相对运动的形式来存在，它或许发生在各种力量相互均衡而抵消的地方，亦或许发生在普遍状态的夹缝及其尽头，更或许是在我们未知的时空。这是理论推演的结果，即使目前没有，在无限的未来也可能被造生。

辩证哲学家们一边极力主张运动是绝对的，静止是相对的，以切合我们所观察到的现实，而同时又认为没有永恒的绝对真理，倘若将二者放在一起进行分析，必然会引来矛盾，同时亦将认为运动是绝对的，静止是相对的不是永恒的，既然不是永恒，那就只能是暂时，那就只能是一段时间和范围内的存在状态，而不是整个存在世界中不变的法则，既然如此，那同样可以推出存在例外。

人类自始至终就没有看遍宇宙的每一个角落，并没有仔细地考量尽存在世界的任意分毫，只是凭借着根据其某一有限区域而总结、归纳、计算、思索、诠释、论证而来的哲理和定律主观地去类比、去囊括、去概定、去适用宇宙和存在世界的任意区域，并认为这是可行的、科学的和理所当然的，这就好比在无限的样本总量中选取了有限的样本，经测定其全部合格，于是就认为其全部样本，即无限的样本总量完全都是合格的，然而客观的事实却并非如此。诚如哲人罗素所认为的那样，人类的知识都有其一定的范围和限度，事实正是如此。人类对自然的认知还依然十分的有限，人们并没有也无法将自然中的一切都拿来同这些哲学或科学的命题进行一一比对，在没有发现例外时，人们总是信誓旦旦、坚定不移，科学的发展拓宽了人类的认知范围，当人们发现了例外时又不得不信，才知原来如此。爱因斯坦提出的质能方程 $E = mc^2$，没有人怀疑过它在自然中的广泛适用性，可以称得上是放之四海而皆准，然而在距离我们遥远的类星体的问题上，它却遭遇了滑铁卢，对此存在现象是解释不了的，这亦好比在宇宙整体膨胀的过程中依然存在局部的黑洞坍缩。既然如此，那人类又有多大的信心去相信自己所发现的这些哲理和定律是适用整个时空和永恒自然的呢？那人类又有多大的勇气去否决例外的情况的发生呢？只是这种情况在人类目前的认知中还未找到现实的依据。

另一方面，我们说运动和静止是矛盾的两个方面，而这两个方面的组合亦将成为一种更高层的矛盾，绝对运动、相对静止和绝对静止、相对运动这两种矛盾状态亦将融合为一种新的矛盾，此为矛盾环环相扣，大矛盾中有小矛盾，小矛盾中亦有更小的矛盾，这就是宏观和微观角度的不同。既然同为矛盾，那它们就是对立而统一的，就是相互包含并可转化的。这就说明即使是在绝对运动、相对静止的作用范围之内，依然存在相对运动、绝对静止的情况。例外的发生是我们所不能掌控的，然而却又是我们所无法否认的，举个现实的例子来类比，人人都会生长，也会因此而衰老，这是我们所共知的事实，可偏偏就存在极个别的人能够不老，能够真正地青春永驻，这是已知的客观事实。这种造化的条件可以是其天然中客观而成，也可以是其后天的修为使然。从这点上使我们知道，长生不老并不是什么不可能的事情，因为这在客观上已有现实的存在，毕竟时空都可以转换（爱因斯坦相对论），还有什么不能转换，一切都离不开相应的支撑条件。既然长生不老已成为客观的存在，那我们为什么一定要认为长生不死就是绝对的不可能，就是绝对不可觊觎和穿越的禁区呢？不过这同样离不开相应的条件。

这里所说的长生不死只是自然状态下不受外力干扰和破坏的情况，但现实中的存在，谁又能摆脱来自人为或自然的外力干扰和破坏？这就意味着即使达到了长生不死的境界，也不是从此就可以得以永生。倘若人类能够发展到这一步，已属十分的不易，如果需要达到永恒，从理论上讲，这是可能的，因为一切皆有可能，但是要将这种潜在可能转化为现实存在，这必然需要满足相应的条件，条件在，则事实存；条件灭，则事实亡。一切的存在都必须构建在相应的条件上，这就是客观的事实。这将是人类一次漫长而遥远的探索和奋斗之路，但只怕在人类有生之年都无法满足这样的条件。退一步而论，就自然状态下不受外力干扰和破坏的那种情形而言，不要说古代的帝王将相们不能达到如此造化的条件，科技和智慧相对于古代如此发达的我们亦是觉得遥不可及，不过要知道未来的现实在过去还只能是遥不可及的梦想，今日的真知灼见在昨日还可能难登大雅之堂。尽管如此，但我们必须要谨记的是无论何时何地，企图去成就条件尚不能成就的事情，就犹如盲人摸象，无论怎样出击都始终抓不住要害。

以朴素唯物主义审判一切的老子认为由静生动，由动归静，故而认为动是相对的，静是绝对的，而现代科学的观点则认为动是绝对的，静是相对的，而我认为这都是不完善的，都是暂时的。绝对和相对状态只是一定时间和范围内的状态，也不是永恒的一成不变的存在。自然在很早以前应该是老子的观点，而现在并将长期持续应该是现代科学的观点，但自然发展的方向是奔向老子的观点而去，不过紧接着又将踏着现代科学的观点而来。因为矛盾是相互贯通的，规定自己向自己的对立面转化，当归于老子的观点时，这就是自然的涅槃，而我们现在也只能处在自然的非涅槃时，即无限喷薄活动的时候，因为只有在这个时候，才能有这变幻莫测而又神奇无限的生命和时空。

现实总是给予我们这样的启示，那些长相俊美、身材魔鬼之人往往是一事无成，而那些有着这样或那样缺陷的人却反而能够成就一番事业。当然，这只是通常的情况，不能概定所有的可能。神学家们发现了这样的现象，于是说道：看，上帝，造化万物的上帝是公平的，他给了你这样，就不会再给予你那样，以此来求得心理的平衡和安慰，其实事实并非如此。

不公平是绝对的，公平只是相对的；事物发展不平衡是绝对的，平衡只是相对的，它们和动静之道一样，同样依存于相应的条件，相应的存在。当物质之间因为相互的作用而被搅动起来，形成了现在绝对运动、相对静止的主流状态之后，就很难再停止下来，于是无限发展的物质世界有了花谢花开，有了草木枯荣，有了生死存亡，也有了我们生命的赞歌……自然形成了这样的状态，便奠定了万物发展的基调，并派生出一系列的法则，发展的平衡与不平衡，存在的公平与不公平同为一对相反而可逆的矛盾，它们与动静一样源于一道，广泛地根植于事物的存在、变化和发展的过程中，这就是过去，亦是当前，更是未来将长期存在的法则，它影响并制约了广大的事物，而我们只有基于这样的现实来寻求一种更好的发展道路，这是自然与我们的约定，而我们只能面对现实、基于现实并发展于现实。

事物能够彰显为一种状态，那必定有其对立的一面，否则其无法成为一种状态，因为矛盾双方相互对立是事物存在和发展的前提，它们相互促进、相互援引、相互抑制、相互包容并有相互转化的可能。当事物的某一面是绝对的，则其另一面必是相对的。事物处在绝对的状态上，但其必含有相对状态的可能，而只有在外界条件满足后才能形成转化的条件，否则根本无法进行转化，这可以从事物内因和外因的辩证关系上得到证明。

　　自然，这难以穷尽的一切，她早已为我们摆好了阵势并布好了格局，这是我们所难以预料和掌控的，然而却又是那样的难以抗拒。自始至终游弋在法则的平衡木上，我们何时才能与自然的发展构建出一个完美的平衡？我们何时又才能精通自然的规则而不至于这样轻易地就被判定出局？自然不动声色地审视着人类的一切，但你无论如何也不能忽略她的存在，你不仅不能忽视，反而还要积极主动地去理解她，理解她的一切，以及一切的一切，但她却总是乐于将自己深深地隐藏，让你看不真切、想不透彻，当你小心翼翼拨开她神秘的面纱想一窥究竟的时候，她却已经不厌其烦地不知变了多少个来回……

心灵的嬗变

◎紧握双手，其实什么也没有；敞开胸怀，反而容得万物
◎生存就注定了压力
◎善用一切不利，转化一切不利
◎人生的一切都可以成为人生的财富
◎希望得到别人的认同是谓人之通病
◎严于律己，宽以待人；上善若水，厚德载物
◎造化各有所钟，是而不可强求
◎人生的关键在于战胜自我

　　宗教是自然和社会双重压迫的结果，在天地之间打开一扇通向心灵的门户，通过撑起一道人为的屏障，以阻隔世间的杀戮与纷争、功名与利禄，从而使灵魂回归一种质朴和纯真，进而达致一种平衡和解脱。但我们却并不生存在宗教的世界与国度中，生存和发展使我们不得不面对来自自然和社会、个体和群体

的压力。当内在或外在的压力袭来，我们必定是思维纵横，以寻求应对的策略，援引相应的理论来支撑自身的言行，以及给予自己生存的勇气。我们无法一遇到生存中任何的问题或困难，就去神父、牧师或住持那里寻求精神的解脱与心灵的慰藉，亦无法像他们那样躲进小楼成一统，管它春夏与秋冬。

生存就注定了压力，压力存在于我们周围的时空，有的是直接的，有的是间接的，有的是明显的，有的是潜在的。然而压力并不可怕，它同样有着利弊的二象，关键在于人们如何对待和看待压力。我们是知难而进，还是知难而退？我们是畏首畏尾，还是勇往直前？抉择的权力始终掌握在自己的手中，但我们又不得不慎用这样的权力，因为它关系到我们的前途和命运。

畏惧压力？压力并不见得得胜就会隐退，它依然存在于自己发展的道路中，成为自己永远也无法超越的一道屏风。唯有善用压力，转化压力为前进的动力，在自己身心能够承受的范围之内，压力越大，动力就会越大。西方科学家曾做过这样一个有趣的试验：他们为了试验南瓜这样一种普普通通的廉价的植物其生命力究竟有多强，于是就在很多同时生长的南瓜上增加砝码，砝码的重量就是这些南瓜所能承受的极限。这样不同的南瓜被压上了不同的砝码，只有一个南瓜压得最多，从一天几克到几十克、几百克、几千克，在这个南瓜成熟的时候，上面已经压上了几百斤的重量。最后的试验就是把这个南瓜和其他南瓜放在一起，大家试着一刀切下去，看看质地有什么不同。当别的南瓜随着手起刀落被噗噗地打开的时候，这个南瓜却把刀弹开了，把斧子也弹开了，最后这个南瓜是用电锯吱吱嘎嘎地锯开的，它的果肉的强度已经相当于一株成年的树干！这就是压力的作用，使生命具有了弹性。人无压力轻飘飘，井无压力不喷油。压力对于人类的生存和发展并非一无是处，事物存在必然有其存在的价值，道理正是如此。善用一切不利，转化一切不利，我始终认为人生所拥有的一切经历，诸如成功与失败、快乐与痛苦、团聚与离散，其实都是人生的一笔财富，正是人生的一切都可以成为人生的财富，关键在于人是否懂得应用。

生命的黑暗需要激励的支撑，否则人生将会失去生存的勇气，而无论是来自体内还是体外的激励终将由内而外地激发自身。一切的不利化作一股无形的力量从四面八方向我们击来，几乎要将我们的生命窒息，命运又一次将我们重创，搁浅在了人生渐渐远去的河流中，化作一叶的扁舟，也载不动这许多的愁。不幸与挫折，悲哀与忧叹犹如晴天的霹雳，又似缥缈的云雨，让人不易捉摸却又无法抗拒，有谁能架起一座理想的云梯，来将我们引渡至未来的光明？步入命运的温柔中，圣殿的火焰依旧，卸下用作伪装的面具，掸去尘世的功名，归于自然的和谐与纯真。命运的方舟摇晃起来，在狭窄的时空隧道中不停地摆渡。摆渡，乃为合力的作用，并非一切尽在掌握。我们不得不抓住桅杆，在惊涛骇浪中紧握船舵，始终保持住正确的航向，以避免永远也无法停留的旗舰走上歧路……

希望得到别人的认同是谓人之通病。自然，化育万物的母亲，却并没有给予我们同等的命运，这似乎是她刻意的安排，以造化无限的可能。无论是完美，还是缺陷；睿智，还是愚钝；俊美，还是浅陋，都将凝为须臾的一瞬，闪现在自然为其设定的一个悬空而又有限的时空内，成为其雀瓶中可圈可点的一道风景。

面对来自周围的压力，人们紧握双手，想要抓住飞逝的星云，其实什么也没有；不如敞开胸怀，汇川聚流，反而容得万物。严于律己，宽以待人；上善若水，厚德载物。老子以退为进，倡导师法自然，无为而治。心胸狭窄，只能让我们急功近利、目光短浅；斤斤计较、苦苦相争，平添了生活中无限的烦恼。自然默默无闻以化育万物，通达物性而造化一切，静观其枯荣，笑看其争斗，却又从不与万物相争，因为她乃万物之母，一切都是她的，她又何须争斗？

自然包容一切，而非对立一切。天地之间，物各有主，造化各有所钟，是而不可强求。人，为什么一定要超越别人？人生的关键却在于战胜自我，狭隘的胸襟只能导致自己一事无成，嫉妒的火焰最终只会将自己烧灼，不如敞开心扉的门窗，放下坚韧的利器，透进和煦的阳光，追逐自己的理想，拥抱他人，拥抱自然，你会发现你人生的道路原来竟是如此的宽广。

人生秩序

◎生存第一，为学第二，思想第三，行动第四，反省第五
◎健康的心态是实现幸福的前提和要件

◎人是必应有胜任生存的智慧和勇气

◎信息是思想的基础，思想是信息的整合

◎思想是人类意识行为的引擎

◎人生是以有限的重复来实现发展的过程

◎经历人生，才能感悟人生；感悟人生，才能通达人生

◎唯有通达人生，才能走好人生

人生是独一无二的人生，人生是与众不同的人生，人生亦是值得研究和探讨的人生。

自然赋予了我们仅有的一次人生，当我们能有幸坐上这趟时空列车在自然的怀抱中自由（亦是在一定的限度之内）穿梭时，就注定了荣耀与悲哀、快乐与痛苦，希望与梦想、团聚与离散交织的一生。我们透过列车的玻窗，不停地向外打量，看见了山川与河流，看见了海洋与湖泊，看见了流云与雷电，亦看见了动物与植物，还有无数的星辰和蔚蓝的天空……

我们在偶然中作出必然的抉择，在必然的世界里想获得无限的自由，于是总是不甘寂寞而又小心翼翼地迈出人生的每一个脚步。我们一边回味着人生的每个细节，一边憧憬着美好的梦想，一边又不得不作出抉择和行动。人生有太多的疑惑需要去解答，有太多的创伤需要去抚慰，亦有太多的追求需要去实现。列车以轮回的方式来实现进化的旅程，拖着疲惫的躯壳驶过有限的春秋，岁月的痕迹早已写上了斑驳的年轮，终于不堪重负的我们，再也无法承受住这趟时空列车的颠簸，于是不得不停止人生的旅途。

卸下行囊，也未尝不是一件好事，而能够拥有这种旷达的胸襟，必然具有大彻大悟的智慧，因为众生更愿背上行囊，宁愿承受跋涉的艰辛，只为得到旅途中那仅有而易逝的快乐与荣光。既然已背上行囊，生存就成为其第一的需要。生存，首先需要的是摆正心态。心态，对于人生是何等的重要，健康的心态可以铸造幸福的人生，它是实现幸福的必不可少的前提和要件。为了生存，我们不得不一次次地思索，一次次地徘徊，以寻求生命的出路和最佳的生存模式。我们详求往哲，想以智慧来诠释人生的真谛；我们穷经皓首，企图冲破文明的断层，直逼宇宙的洪荒；我们询问科学，试图看清无限深广的世界，找到人生的起源和命运的皈依……不是任何一个人都能随便地生存下来，人是必应有胜任生存的智慧和勇气，我们不得不通过学习以增益生存的能力，于是为学成了

第二。学习就是信息的输入和技能的培养，大脑的生理机能在自然的允许和社会的作用下提供了意识的可能。意识依赖于输入的信息，没有输入就不会有输出，这在前文中早已阐明。思想可看作是意识的高级阶段，属于意识的范畴，倘若没有信息，又何来思想？信息是思想的基础，思想是信息的整合，这种整合的作用可以是调用，也可以是改造，亦可以是创新。思想是人类意识行为的引擎，有了正确的思想才能对行动作出正确的指引，但有了正确的思想而不行动，也只能是一阵徒劳，因为一切的思想和理论，一切的希望和梦想只有化作具体的行动才有实现的可能，于是思想第三，而行动成了第四。人通过实践行动就必然会导致一定的结果，无论这种结果是否与自己当初的预想相符，这涉及成功与失败的判定。尽管如此，但无论人是成功还是失败都不能放弃反省这个环节，人如果成功了，需要通过反省找出行动中的不足，以避免在以后的实践中再犯同样的错误；人如果失败了，就更需要通过反省来找出问题的所在，找出原因的所在，以使自己在今后的实践中能够走向成功，于是反省成了第五。

这不是一个简单的递进过程，也不是一次完成的过程，它是一个不断反复和重复的过程。正如列车是以轮回的方式来实现进化的旅程，人生同样是以有限的重复来实现发展的过程。生存、为学、思想、行动、反省，人生抽象的环节一一显现在我们的面前，构建成我们生命的全部，它们组建成一个完整而全面的人生链条。这是一个不断变动的点阵，人们正处在其中的某个点上，以此作为基础，然后再去捕捉下一个据点。

经历人生，才能感悟人生；感悟人生，才能通达人生。感悟是人生的一部分，是经历的另一种形式，其作为经历的效应和通达的基础，起着承前启后的重要作用，而唯有通达人生，才能走好人生。从经历人生到感悟人生，从感悟人生到通达人生，再从通达人生到走好人生，实现了从现实到意识，再从意识到现实的突破和转变，这就是我们一直都在做却又始终没有做好的事情。

交互代价

◎做任何事情都要付出代价

◎三思而后行,因为人不得不为自己的错误付出代价

◎天下间没有绝对免费的午餐

◎人生就是由一系列的脚步所构成

◎既然这已成为事实,必定符合其演化的需要

◎有所付出,才能有所收获

◎在一个既定的系统中,代价和收益是既定的

◎一切都是矛盾的结果并自身含有矛盾

◎没有交互,就没有代价;没有交互,亦没有事物的荣辱兴衰和生死存亡;没有交互,不能产生任何的结果

卸下尘世的喧嚣,掸去周身的疲惫,静坐以观心,回归至灵魂,畅游在希望与梦想的旅途中,亦将深深地溯回进儿时的记忆里……

沉思自己过去的经历,回眸早已写就的历史,历史中的高潮和低谷、转折和失误犹如一道道闪现的流星,在虚无的天空——划落,而后凝为一颗颗透明的水晶,装进我们生命的宇宙。品味人生,参悟命运,才能洞悉生命的奥秘以通达未来的可能。

自然总是给予我们这样的启示,做任何事情都要付出代价,一切生物皆概莫能外。这使得我们不得不三思而后行,小心地迈着人生的每一个脚步,其实人生就是由这一系列的脚步所构成。每个脚印中都透出不同的深浅和光泽,它是人生的历史,亦是历史的人生。代价就如同一种交换,是我们为了实现某个目标或达成某个愿望所必须提供的成本,这种成本有些是我们先天与生俱来,而有些却是后天修为使然。

三思而后行，因为人不得不为自己的错误付出代价。尽管成功亦需付出相应的代价，但付有所值，而失败却得不偿失。诚然，三思而后行亦不能保证我们一定能够做出正确的决策，进而采取正确的行动，然而随意的出手却使我们失败的概率变得更高。代价，无论是金钱、体力、脑力，还是精力、精神和时间，都必须是我们所能提供，而对方又愿意接受或产生感应的东西，否则无法成为代价。我们做任何一件事情，所付出的代价必然都是复合的，而不能是单一的代价。

人们要实现生存，实现发展就必须不断地付出代价，其中一项不可缺少的就是时间，对此人们不具有选择的权力。这种代价一方面增益我们的成长，使我们不断地壮大；另一方面又将我们消耗，将我们淘尽，以至于最后再也无法为生存而付出任何的代价。时间是自然赋予我们的，在我们不断成长的过程中，它以代价的方式又一点一点地回到造物主的手中。造物主按照其造化的法则，不动声色地将时间赋予每个造出的事物中，然后又不留痕迹地一点一点将其收归回去。我有时不禁在想，既然要造生出来，又何必回收回去？或者既然要回收回去，又何必再造生出来？这样一来一去，自然最终又得到了什么？然而既然这已成为事实，必定符合其演化的需要，我们只能这样来安慰自己。

天下间没有绝对免费的午餐，因为无论我们怎样都需要付出代价。既然我们的一切言行都得付出相应的代价，那又何来"免费"之说？就通常的意义而言，即使存在表面上的免费，也绝非真正的免费，对方此次的免费，要么会附带诸多或明确、或隐含、或期望的种种限制，要么将在今后的交互中得到加倍的补偿；而对于我们自身而言，一切的言行都必须付出既定的代价，这种代价是对方所不能控制、所不能给予、亦不能取消的，既然如此，我们又如何能有免费的午餐？这告诉我们这样的一个道理，那就是有所付出，才能有所收获，尽管这种付出的形式与收获的结果是多样的。

代价具有不确定性，因为具体到任何的事情，付出的代价都是整合的。正因为这种整合的可能，所以不同的人会根据自身实际情况的不同而整合进不同比重的代价，以此来作为换取理想或目标的成本。

经济学的要求是让我们以尽可能少的成本来创造尽可能多的价值，这在现实中从严格意义上讲无疑是困难的。资金成本要尽可能的少，那么则必须注入尽可能多或尽可能高的其他形式的代价以弥补资金的有限，从而才有可能创造出相同的价值，这说明在一个既定的系统中，代价和收益是既定的。

代价存在于交互中，而我们本身就存在于一个交互的环境中，生存都需要交互才能完成，又何况是基于生存的一切？任何一种结果都来源于事物之间的相互作用和碰撞，否则不能诞生，亦无法存在。这就是说一切都是矛盾的结果并自身含有矛盾，或者说孤掌难鸣，亦可称之为孤阳不生，孤阴不长。

交互，使代价的存在成为现实。没有交互，就没有代价；没有交互，亦没有事物的荣辱兴衰和生死存亡；没有交互，更不能产生任何的结果。交互的环境无处不在，无时不在，我们根本不能消灭代价，就像我们不能消灭交互的环境一样。

存在世界

◎物质力量只能靠物质力量来起作用
◎不存在的事物无法作用于存在的事物
◎人不是神创造的，而神却是人创造的
◎物质是构建一切存在的基础
◎人的生存绝对需要精神的支撑
◎慧心自有慧心处，无需指点自然通透
◎一切都只不过是这个世界的自我代谢、自我整合、自我改变和自我演化而已

关于生命的起源，这一直是宗教的拿手好戏。

婆罗门的克利须那（Krishna，约公元前1700年左右）、玛雅的帕卡（Pacal，公元703年~743年）、佛教的佛陀（释迦牟尼，公元前500年~420年）以及基督的耶稣（Jesus，公元前6年~公元26年），这些被称为"万神之神"的人物，都在向我们传达着一项重要的信息：世界上真的有一位万能的造物者，他慈悲为怀而且法力无边，不仅在西方乐土等待我们，还将带给我们永生。这四位先知每次造访人间，都会带来一件大礼：神迹，一种远远超乎我们智慧和想

象的特异功能。

不知是他们智慧通透早已觉悟了天机，还是我们愚不可及始终无法彻悟？四者都倡导轮回观念，都认为存在一个"冥界"，人世间不过只是个"天堂"和"地狱"的中转站，唯有在这个中转站上修满学分，以模范生的身份毕业——即成为心灵上纯净无瑕的人，才能上达天庭，与主同在，与神同在，与造物者同在，或与宇宙的"原力"同在，否则就只有不断地轮回，不断地投胎转世，直到修满学分为止。在"政教合一"的玛雅殿堂里，帕卡（Pacal）国王将一桩桩骇人听闻的玄机暗藏于建筑、碑石、雕刻、玉器以及壁画之上，秘而不宣地向我们传达着重要的信息，其中一项就是我们的灵魂在死后将何去何从：不是回"娘家"享清福，就是继续投胎来受苦。

四位大师级的心灵导师，为宏扬他们的高论，无不将自己与神相连，要么是神的儿子，要么是神的化身，要么就是造物主投胎下凡，他们善于讲经布道，语带玄机，且具有创造神迹的大能，这等非凡的功力不是神又是什么？若不以此名讳来区别众生，又何以彰显自身的尊贵和体面。处女似的圣母似乎一直都是宗教的象征和最高的源头，这是自然，否则无法圣灵感应，亦无法纯洁受胎，更无法纡尊降贵。他们这样不厌其烦地来到人世间，以普渡众生、传达圣意为己任，当任务小有所成后再荣归天国。但不知为何地球上的人类依然生存在水深火热之中，并没有因此而得到心灵的解脱，精神世界亦并没有因为他们的到来而发生根本性的改观，他们不过是在凡间网罗了一部分的香众以步其后尘，但对于整个世界的拯救依然是杯水车薪。由此可见，上帝、真主、造物主们也有力不从心的时候，他们也只能派个使者、认个儿子、赋个身子出来教化众生，而自己却始终只能躲在幕后，以自己无上的法力来进行心灵的遥控，借其口、借其身以达言传身教之意。但无论其教化成绩如何，也无论自己的崇拜者如何撕心裂肺，如何歇斯底里，如何虔诚以待，就算是铁石心肠也该有所动容，然而他却是慈悲的神啊，但是却依然不肯屈就，不肯露脸，不肯光临寒舍。

四大宗教供奉的神明不胜枚举，且陈义极高，名堂倒是一大堆，只是不知道这些神明们为什么从来都不眷顾和庇佑他的崇拜者们，天天拿着俸禄，暖着香火，就是不显灵。任凭你焚香祷告，屈膝合一，心无杂念而又虔诚无比，他始终高坐神台、神情自若，目视远方、静如止水，岂把尔等近前小辈放在眼里？或许他心里还在这样自语：两情相愿，自然天成，我又没让你给我烧香，给我磕头，还怪我不显灵，你这不是没事儿找事儿。是啊，我们的确是没事儿找事儿，问题是很多人都不当回事儿，依旧我行我素，执迷不悟，但求神灵的保佑。神灵们不动声色，表情空灵，似乎是想告诉芸芸的众生——神意已定，强求无益，可是又有几人能够读懂神意？

关于上帝为何物？通常的理解是一个法力无边、无所不能、创造一切、主宰一切，并且像我们一样有思想、有意识、有情感、有智慧且能动的至高无上的永恒不灭的神。这是其最原始的意义和象征，可是这样的上帝一直是科学和无神论者批判和攻击的对象，而相信上帝与我们同在的神学家们又在不断地改造着上帝的意义和主旨，为其赋予能够让人理解和相信的新的现实的指代意义，以弥补其本身不严谨、不彻底的终极缺陷，以此来拯救其濒危灭绝的可能和命运，并为其一切基于上帝存在的假设铺就道路——认为上帝无处不在，或者认为上帝就是一团电磁波。就上帝无处不在而言，其实那只是自然的法则，它是基于自然的存在而存在，而自欺欺人的神学家们将其引入神的殿堂，赋予其至高无上的地位而顶礼膜拜，而在此却要给予它一个公正的评判，还它一个真正的本然；而就后者而言，上帝早已被改造得面目全非，不可见人，否则就是外人不见见应笑了。他们这样不遗余力地为上帝的生存和延续开辟着道路，打通着关节，拓展着空间，传递着香火，延续着命脉……以求得人类最终的认同，认同上帝的存在和永恒，但这样一来，不知到底是上帝赋予了人类，还是人类赋予了上帝？不知到底是谁造就了谁？

信仰宗教，无异于作茧自缚。当这层层的牢不可破的精神枷锁终被科学的利器彻底地击溃时，才能还原出一个清明的天空和真实的世界。宗教必然需要完成其历史的使命，否则难以退出历史的舞台，万能的上帝并不存在，存在只在于未来的可能中。

自然造化了人，再由人来造化神，而不是神创造了世界，再由神来创造人类。如果是这样，既然神是无所不能的，为何总是不厌其烦地创造出一批又一批的次品？先知的看法是这些次品只是通往成圣之路上的试金石，是在考验人们的诚意。如果真是这样，那就奇怪了，上帝、真主、造物主们真是如此的不公，仅仅为了考验其中一部分人的诚意，就要以牺牲另一部分人来作为代价，难道是他们已达成圣之境而无需再作验证？还是上帝、真主、造物主们有心栽花花不开，无心插柳柳成荫？抑或是其有意而为之，以造就现实中无限的快乐与悲哀、希望与可能？人不是神创造的，而神却是人创造的，人们在此点上将造化者和被造化者搞颠倒了，于是便上演了一出又一出的闹剧。

马克思说:"批判的武器当然不能代替武器的批判,物质力量只能用物质力量来摧毁;但是理论一经掌握群众,也会变成物质力量。"(《马克思恩格斯选集》第1卷,人民出版社1995年版,第9页)其实不仅仅是摧毁,包括创生、维持、改造、促进和抑制等等一切形式都离不开物质的力量,这说明物质力量只能靠物质力量来起作用,因为现实的一切都必基于物质,无论其形式有何等的高妙异常,无论其造化有何等的深不可测,物质是构建一切存在的基础。在物质的世界中,我们必须明白的是,我们还未通达物质世界的一切,有些现象还未认识,或知道而未理解。一切的形式,诸如物质、精神、意识、信息、能量,要么可与物质相互转化,要么是物质的另一种形式,要么必基于物质本身,并随着基础的消失而灭亡,这就是我们所理解的真实的世界的基本原理,也是自然这个永恒的造物主所恪守的最本原的法则。

既然物质力量只能靠物质力量来起作用,这就意味着不存在的事物无法作用于存在的事物,无论是什么已知或未知的事物妄图来改写现实的世界,那么这就是说它必须存在,否则无法改写,而一切的存在又都必基于物质,这说明这种改写的力量最终必然来源于物质。

或许有人会反驳,说既然如此,那神仙鬼怪是不存在的,那为何又能作用于人体,影响到人类世界?其实这并不矛盾,因为这是两个概念。神仙鬼怪本身在现实世界中是不存在的,但迷信的人们认为其是存在的,并思想其思想,描述其形象,表达其语言,这在现实世界中却是存在的。所以,对人体和人类世界起作用的不是神仙鬼怪本身,而是人们赋予它们的这些思想、形象和语言,因为这些在现实中是存在的,尽管其目标指向是不存在的,是而这两者并不矛盾。

尽管神本身并不存在,但是迷信的人却坚信其存在,而这对于缺乏信仰和精神空虚的人而言却并非一无所用,因为这给予了他们生存的勇气和前进的动力,并赋予了他们精神的支撑。精神的支撑?这是何等的重要,实践无不向我们证明这样的一个道理,那就是人的生存绝对需要精神的支撑,没有精神支撑的人无法生存。从文字象形学的角度而论,人,汉字的"人",一撇一捺,正是构建在相互的支撑中。是而,与其善意地苦苦规劝他们不要相信神,倒不如让神陪伴他们走完人生的全程。慧心自有慧心处,无需指点自然通透,这就好比响鼓不用重击,朽木不可雕琢,因为无论怎样他们也无法容忍别人毁灭或者击溃他们精神的支柱。

我们始终就是在一个世界中上下求索、纵横摆渡，一切的荣辱兴衰和生死存亡，以及前途命运皆无法越度，这个世界就是存在世界，除此之外再没有第二个世界。一切的造生，一切的改变，一切的转化，一切的毁灭都必须消化在这个世界里，一切都只不过是这个世界的自我代谢、自我整合、自我改变和自我演化而已，但这并不否定人有主观能动性的权力，只是人的存在及其一切的可能都绝无不可地可以纳入整个系统来进行考量和权衡。

人不信神，神不信人；人信神，神亦不信人。神不信我，我不信神；神信我，我亦不信神。神抛弃了人，而我却抛弃了神……

第三路径

◎书籍可以穿越时空的局限

◎智慧可以穿越时空的局限

◎书籍是人类源流的一个缩影

◎现在的一切不等于未来的一切

◎博采众家之长，而后自成一家

◎质的飞跃需要量的积累

◎成长是一个辩证的过程

◎古为今用，西为中用，一切无不可用

◎人类需要智慧，人类渴望智慧，人类离不开智慧

◎愚者常常显露出自己的愚昧，而智者却总是隐藏自己的睿智

◎言行应当方正，智慧更应圆通

◎拥有智慧为上，拒绝智慧为下

◎与智慧同行，你将获得智慧；与智慧同行，你将找回自我；与智慧同行，你将幸福快乐

我时常这样想到，要是人现在的知识、阅历和智慧能够与自己暮年时相仿，那该有多好，如果是那样，其必定会少走人生的不少弯路，必定将尽可能地走好人生的每一步。但我知道这是不行的，其不仅在实践中行不通，首先在理论上就不能成立，这等于是说现在与暮年这么一段时间里，人无论是在知识、阅历，还是在智慧上根本就没有丝毫的进步，正因为有着中间的一段时空间隔，现在的一切又如何能够等同于未来的一切？

既然做不到这样，那就退一步而论，倘若在人生发展的过程中，能够有一位拥有足够阅历、知识和智慧的人可以不吝赐教，时刻提点，为我们人生的发展出谋划策、指点迷津，那也不失为一条上好的策略。策略虽好，只是不是人人得而享有，除了极个别的人物，绝大多数人都没有这样的殊荣。这些高人要么淡泊功名，隐迹江湖，岂是你我有缘得见之人；要么身居高位，壁垒森严，也不是任意之人所能望其项背。由此看来，这条路依然走不通，最多也只能作一个参考和辅助。

这两条路都走不通，不得不寻求第三条路，想来想去还是只有自力更生，艰苦创业，这是唯一可行的务实之路，因为一切最终都只能依靠自己。我们知道，对于古今中外的这些智者，我们虽然无缘得见，但是他们的知识，他们的智慧，他们的见解大多会见诸文字，以文字的方式来穿越时空的局限，以文字的形式来扩大和加深传播的不足，以文字的可能来打破时空的制约。客观而论，这些文字只是其思想的一部分而非全部，但同样能够收到暮鼓晨钟、振聋发聩之效。由于科技的局限，在现有的可能中这已是最好的结果。

这条务实之路告诉我们，人应该尽量节约时间以用于学习，以用于积累，通过书籍与这些先哲对话，与他们进行思想的交流。通过学习把他们的真知灼见，把他们的哲思妙语为我所用，用这些知识和智慧来丰富自己的思想和头脑，博采众家之长，而后自成一家。通过不断地扬弃慢慢地成长起来，这些知识和智慧源源不断地注入自己思维的空间，将自己的头脑武装起来、丰富起来、改变起来和塑造起来。质的飞跃需要量的积累，在长期持续的努力中，你的思想境界与这些先哲将不相上下，智慧修为一跃千里，知识积累越发渊博，你的思想、你的智慧、你的知识将相对于曾经的你发生根本性的改观。成长不是一蹴而就的，本就是一个辩证的过程，任何试图一步登天无异于异想天开，即使是表面上的一步登天也离不开前期的准备和努力，没有实质的一步登天，因为自然中没有飞跃。是而昨日的宏图大愿今日就想实现，这只能被客观的现实所毁灭。

　　古为今用，西为中用，一切无不可用。懂得从外界吸收有利于自身发展所需要的一切，这本是所有生物的共通之处，只是不同的人在这方面作为的效果却大不相同。当自己通过学习，能够将众先哲的知识和智慧的精华纳入自己的知识体系并达到灵活运用，以作为自己审判一切的思想武器的时候，那么人在不知不觉之间亦成了哲人，实现了思想的蜕变和质的飞跃。古希腊三哲虽是师徒关系，却同样并为希腊三哲，且大有长江后浪推前浪，一代更比一代强的势头，所以师哲而成哲在现实中是必然可行的。

　　书籍可以穿越时空的局限，这是不言而喻的道理。古代之人可以将其思想、语言、见解、看法贯注于文字之上，以书籍传于后学；时空一域之人亦可将其观念、语录、想法、感受假借于文字，以书籍传于远方。相对于整个自然的信息，书籍是何等的微渺，然而却浓缩并凝聚了作者是时的全部思想和感情，尽管我们成天观其言、思其语，却始终难以知晓这些言语的发出者究竟有着怎样的人生阅历和修为造化，竟能有着如此艰深而玄妙的思想，但我们依然为其智慧的灵光所折服，荡漾在大海的碧波中，被初升的阳光照耀得更加的通体透亮。我们不应无视这笔精神的财富，它包含了人类的知识，人类的智慧，人类的历史和人类的记忆，它是人类源流的一个缩影。

　　智慧同样可以穿越时空，其假借方式之一便是书籍，但这却又不是其唯一的传承途径。就算没有文字，没有纸张，倘若是真正的智慧，不朽的智慧，其依然会以某种方式被代代相传，因为人类需要智慧，人类渴望智慧，人类离不开智慧，另外其适用度本身亦更为广泛和长久，这使得智慧的生命力相对于其他的文字而言便更为强烈和持久。

　　起源于美索不达米亚（Mesopotamia）平原，原是闪族的一支，古称希伯来人（Hebrews）的犹太人无疑是一个杰出的民族，他们历尽苦难和艰辛，经历饥饿和折磨，走过杀戮和欺侮依然能够屹立不倒，如果有人问他们："人最重要的是什么？"犹太人一定会回答道："智慧"。智慧的确是人所不能缺少的，人类不仅需要智慧来生存，更需要智慧来参悟社会、理解自然和通达人生。

　　我们为什么总要在风雨之后才能领悟智慧，我们的智慧为什么总要在悲剧之后才能成熟？难道不吃一堑，就无法长一智？我想答案是否定的。记得有一幅画名为《五种感官》，根据古伯来罕文献记载，他们以驾驭马车的方式来描述人类的情感。智慧（驾驶者）必须使用缰绳来控制情感（马匹），唯有这样，灵魂（乘客）才能获得平静的旅程，而眼、耳、鼻、舌、口正是被牵制的马匹。这倒颇有象征意义，说明了智慧的运作方式以及它在情感和灵魂中构架的地位，它更突出地表现了智慧对于灵魂的重要，智慧对于人生的重要。

《菜根谭》有云："非上上智，无了了心。"意思是说没有绝顶至高的智慧，就没有洞彻真理的心思。一位哲人说："智慧是快乐之源。"智慧的确重要，人生不能没有智慧，然而在我们积累智慧的过程中，却始终不能忽略一个重要的问题：

《韩非子·外储说右上》引述申子的言论说，你表现出智慧，人们就会躲避你；你若没有智慧，人们就会利用你。古人的智慧和思想穿透了时空的深邃和灵魂的浅薄。既然如此，那又如何来运作呢？其有没有运作的空间呢？当然是有，那就是你首先应该拥有智慧，但又不可轻易地表现出来，这样人们就不会因此而躲避你，却又无法利用你。这就好比光明在黑暗中穿越的时候，黑暗自然会向两旁闪躲，所以你不想让别人闪躲你，你就不能轻易地显露出自己的光明，否则就是擎着日月走路，自然祸害难免。愚者常常显露出自己的愚昧，而智者却总是隐藏自己的睿智。一如犹太谚语所说的那样："愚者大喊大叫，智者微微一笑。"同样刻画得入木三分。

《诗经·大雅·烝民》有云："既明且哲，以保其身。"意思是说既明达又智慧，这样才能保全自己的性命。

《格言联璧》曰："有作用者，器宇定是不凡；有智慧者，才情决然不露。"意思是说有作为的人气度必不平凡，有智慧的人才情决不显露。

《菜根谭》亦曰："君子之才华，玉韫珠藏，不可使人易知。"意思是说有道德修养的君子，其才情和能力应该像珍贵的珠宝一样不浅浮外露，从不轻易向人炫耀。

其又曰："聪明人宜敛藏，而反炫耀，是聪明而愚懵其病矣！如何不败？"意为聪明有才华的人应该隐藏自己的才智，而不应到处张扬，如果到处炫耀张扬，那么这种聪明就跟愚蠢没有什么区别，哪有不败的道理。

其再曰："君子要聪明不露，才华不逞，才有肩鸿任钜的力量。"意思同样是说有道德的君子应该不显示自己的聪明，不炫耀自己的才华，这样才有力量担任艰巨的任务。

由此可见，智慧往往是相通的，所谓英雄所见略同，智慧的确不应轻易地表现出来。多一分修为，才能少一分炫耀，言行应当方正，智慧更应圆通，唯有这样，人才能在生存中与现实切合到一个最佳的平衡。然而人又不得不表现智慧，因为物尽其性的法则牢牢地锁住现实的一切，纵然是人也没有豁免的权力，是而人应懂得时机与场合、时间与空间的切入和调用。所以，无论怎样，人最终还是应该拥有智慧为上，拒绝智慧为下。

与智慧同行，你将获得智慧；与智慧同行，你将找回自我；与智慧同行，你将幸福快乐。智慧在我们身边，智慧在我们未来，智慧亦在我们每个人的心间……

哲学基础

◎一切意识的言行都会受到哲学的影响

◎人不能没有哲学，人类不能没有哲学

◎哲学是一种回归本宅的冲动，哲学是一种追本溯源的图谋

◎哲学弥纶天地之道，包容一切之规

◎不同的理念对于不同的人而言可以同为正确，相同的理念对于不同的人而言亦可以是错误

◎人类的一切物质和精神文明都是构建在实践的基础上

◎哲学铸造人的思想境界，提升人的修为层次

◎人类摆脱不了生存，生存摆脱不了实践，实践摆脱不了指导，指导摆脱不了哲学

◎哲学与人类同在，哲学与意识共亡

关于哲学，我们有太多的话想说。哲学是什么？哲学是一种回归本宅的冲动；哲学是什么？哲学是一种追本溯源的图谋。哲学与人类的生存紧密切合，哲学是人类的发展始终无法绕过，哲学给了人类思维的宇宙，驰骋纵横在自然的时空，一心想要将一切的可能悉数囊括；哲学给人类的理想插上了腾飞的翅膀，却给科学和现实制造了无数理论的断层和鸿沟；哲学更为人类打开了一扇

光明的大门，小小的思维竟然海纳了自然终极的门户……

哲学是什么？什么又是哲学？关于哲学的完整定义有着如下几个方面：

第一，哲学是世界观的理论化和系统化。这里所谓世界观，其实就是宇宙观，是人们对于整个宇宙以及自然的总的根本的观点和看法。普通的世界观还不能成为哲学，因为普通的世界观是零散的、不系统的、不严密的，而哲学是专门的学问，是将无数的关于世界的观点有机地组织起来，以形成系统和理论，从而形成世界观的理论化和系统化。

第二，哲学是关于自然知识、社会知识和思维知识的概括和总结。人类的一切知识，尽管种类无限深广，但概括起来无非涉及到自然、社会和思维三大领域，除此之外，再无别的。自然、社会和思维就是一切，一切就是自然、社会和思维，而哲学恰恰就是这三个方面的一些根本原则、观点、理论、道理、规律、知识的概括和总结。所以它具有很强的穿透性和适应性，知其一，就可以用其二，进而达其三，再进行无限推广和延伸，成为很好的理论指导思想，从而成为人类改造世界的有力工具。

第三，哲学是世界观和方法论的统一。这是什么意思？这就是说哲学既是一种对世界的看法和观点，同时这些观点和看法又都可以被人类用以改造现实的客观存在，从而成为一种方法。哲学的世界观就是一种方法论，哲学的方法论就是一种世界观。在哲学中，世界观和方法论是相互锁定的，没有孤立的世界观，亦没有单独的方法论。所以，哲学就是世界观和方法论的统一。

既然哲学的定义如上所述，那么哲学是不是科学呢？或者说哲学与科学的关系是什么？哲学就是科学，当然必须是正确的哲学，也只有正确的哲学才能成为科学。正确的哲学与具体的科学共同构架了人类科学的殿堂，两者之间的关系是科学内部的关系，哲学必须基于具体科学，而具体科学又必然要以哲学为指导，二者相互作用并互为援引。只学具体科学，容易让人产生一种盲目的冲动；如能加上正确的哲学，才能找回理性的脚步。是故二者不可偏废，唯有这样才能在前进的道路中不致迷失了自我。哲学一路狂飙突进，在其发展的道路中造出了一个又一个理论的断层，而这些都需要具体科学的填充和论证，才能让人们沿着科学铺就的道路一路走来。

关于哲学的划分，方法并不唯一，最常用并沿用至今的是唯物主义和唯心主义两大阵营的长期对立和斗争，但同时二者又相互从对方吸收有利于自身发展的因素来促进自身的成长。一切意识的言行都会受到哲学的影响，无论是唯物主义还是唯心主义。哲学的范围大无其外，小无其内，内容无所不包，自然、社会和思维皆不能出其右，故而弥纶天地之道，包容一切之规。人们将这些深广的哲学理论用于自己生活的各个层面，于是又形成了另一种形式的哲学划分。这些哲学的思想、观念和理论被人类生活的局限收归起来，便形成了相应的划分尺度和存在界限，诸如经营哲学、生存哲学、处世哲学、谈判哲学和生活哲学等等。对于不同的人而言，这些相应的哲学理念却又不尽相同，由于个体差异的存在，以及与之紧密融合在一起的时间、空间和场合的不同，从而使得即使对于同样一件事情，不同的理念对于不同的人而言可以同为正确，相同的理念对于不同的人而言亦可以是错误。人是自然的人，但同时人又是社会的人，那么这就离不开生存，离不开发展，离不开为人处世，这些意识言行的掌控来源于其内部的思想，而这些思想就被其长期经历和积累所形成并不断修正的哲学所钳制。

人摆脱不了生存，就摆脱不了哲学，但摆脱了生存的人却又无法存在。现实中的人必然是在一定的历史阶段、社会条件和自然时空中进行生存，也是在这样的环境和条件下进行实践，有了实践，必然会产生一系列的结果。人类的一切物质和精神文明都是构建在实践的基础上，这一切的实践必然需要相应的理论来加以指导，而哲学就很好地担当了指导的角色，是而人不能没有哲学，人类不能没有哲学。

哲学的点言片语渗透进个人的思想，成为其日后行动的指南，既然人的一切实践活动都离不开哲学，会或多或少地受到它的影响，那么与其被动地接受哲学思想，不如有目的、有计划、有系统地学习哲学理论。

哲学铸造人的思想境界，提升人的修为层次。一个人的思想境界很高，往往体现出其深厚的哲学素养，倘若一个人具有高深的哲学素养，那么在其从事的工作中就可以表现得相对较好，即拥有相对较高的修为，这些都是自然的逻辑和法则，是而必然是环环相扣、步步为据。哲学的高深体现出对事物更具深度和广度的穿透与把握，可以看到许多别人看不到的东西，这样在自然而然中就增加了对事物的驾驭能力。例如，我们说某人的作品很深刻，有振聋发聩、力透纸背之感，而有的人其作品则相对浅薄，这与作者的思想修为（当然还有创作态度）不无关系，而这种思想修为正与其相应的哲学造化大有关联。尽管如此，然而无论是怎样的作品都将在自然的某一时空中得到释放的空间和契机，这关键取决于被整个时空所决定的社会的容纳与接受、支撑与发展的程度。

哲学伴随人的一生，伴随人类的全过程，对个人和人类的实践活动作出理论上或正或误的指导。人类摆脱不了生存，生存摆脱不了实践，实践摆脱不了指导，指导摆脱不了哲学，是而人类摆脱不了哲学。哲学是理论，属于意识的范畴，人脑是意识的物质基础，意识是人脑的机能和属性，是而哲学摆脱不了意识，这是其主观形式赖以存在的前提。

哲学是门古老的学问，自人类产生以来，就有无数包含着哲学思想的箴言警句，而真正形成一门学问，按照西方有限的认知应始于柏拉图（Plato，公元前 427 年～347 年），将其看作是哲学的创始者。无论怎样，哲学思想在人类产生以来就已萌芽，并对实践产生着相应的指导作用，然而哲学必然是构建在意识中，倘若没有意识，哲学便失去了其存在的根基，是而哲学与人类同在，哲学与意识共亡。哲学必然只能在一定范围和限度内长期存在，它存在的基础和激发的因素不消失，它就不会消失，它将在客观上完成它被造生出来的历史使命，成为一段时空范围内的存续。这就是真实而现实的哲学，这就是相对而绝对的哲学，这亦是须臾而永恒的哲学。

工具和过程

◎一切都是工具，一切都是过程

◎成功与失败、快乐和痛苦只是人生的一个过程

◎社会的分工绝不简简单单地取决于自己的所长或所好，而是一种综合实力的角逐以及各种因素和力量的辨证施治

◎在自然的眼中，众生皆平等，万物终将化为尘

◎人类的存在和发展具有工具和非工具的二分效应

◎希望永久的成功和快乐注定成为人生的悲哀

◎人的一生总是徘徊在成功与失败、快乐与痛苦、希望与绝望的道路中

◎不因成功而骄傲，不为失败而气馁，亦不为人生一时的得失所缚累

◎一切对于自然的界定既然无法打破，那就只有承受，因为这里没有转移

人类在自然的怀抱中诞生以来，走过原始、奴隶与封建的社会，目前正在资本主义和社会主义的进程中摸索前行。

由于社会生产力的发展，使人类有了剩余的产品，剩余产品的出现，为社会上一部分人占有另一部分人的劳动成果提供了物质前提，从而使阶级的出现成为可能。同时，由于社会分工的发展和产品交换的扩大，加速了社会财富的迅速积累，逐渐形成了财产私人占有，从而使阶级的产生由可能成为现实。

自从人类有了阶级以来便形成了历史上第一个阶级社会——奴隶社会，在奴隶社会中，奴隶主和奴隶就是人类社会最早出现的两个根本对立的阶级。奴隶主的形成主要由原始氏族公社中那些担任"社会职能"的人，如酋长、祭司、首领等演化而来，而奴隶则主要是部落之间的战争和冲突而产生的战俘充当，后来氏族部落中的穷人也被迫成了奴隶。这些奴隶就被称作是"会说话的工具"，而这些奴隶主则俨然成了使用这些"会说话的工具"的人。

奴隶主将奴隶看成是工具，看得无比的低贱，而把自己看作是使用工具的人，看得无比的高贵，一副不可一世的样子，殊不知自己在另一个系统中同样是作为工具的角色而存在。

从广义、客观、历史而严谨的角度而论，其实一切人在客观上的一定程度和范围内都扮演了工具的角色，无论其在主观上是何用心或图谋。奴隶是如此，奴隶主是如此；民众是如此，官吏是如此；臣子是如此，君王亦是如此。君王又何其如此？因为他们担负着稳定和推动社会发展的任务和使命，一旦他们不能完成这样的使命，其必然难以逃脱被替代抑或被推翻的命运。就这点而论，谁也不比谁高明，只是社会分工的不同，然而社会的分工绝不简简单单地取决于自己的所长或所好，而是一种综合实力的角逐以及各种因素和力量的辨证施治。这在不知不觉中倒切合住了一个更为精深的观点，那就是在自然的眼中，众生皆平等，万物终将化为尘。他们为什么都摆脱不了这样的命运？因为他们的行为在客观上都将指向一定的目标，并为另一个系统所收归和援引。

然而这与通常的情况又有所不同，人类有思维、有意识、有智慧、有情感，并且有着主观的能动性，他们所做的一切一方面是为自己服务，但同时另一方面必然会被另一个系统或过程所承接、所利用、所收归，但其又不得不接受这样的命运和布局，否则他将一无所有且无法生存。这就使得他们必然在客观上

具有了成为另一个系统或过程的工具的角色的意义，然而人们对此却并不具有选择的权力。尽管没有人愿意轻易地承认，但这依然改变不了这种客观的事实，这种对自身主导权利的认知是符合大众心理的取舍，否认自身缺憾与瑕疵的存在来源于人们内心的虚荣。人们往往因为自身的虚荣而无法看清自己，看清别人，亦看清万物，喜欢将自己看作是万物的灵长和自然的尊崇，乐衷于盲目与自大，从而在无意之中便丧失了应有的客观与公正、睿智与豁达。自人类的意识觉醒以来，就开始争权夺利、列土分疆；就开始追逐善恶、划定版图，在征服异类的同时，妄图征服自然，然而局部又何以能够征服整体？这种无限膨胀的虚荣和征服欲望，使人类很难看清自己，看清自己在宇宙中的横向和纵向坐标，以及自身在这个纵横交错的网状结构中所应扮演的角色和所处的地位。

从相对封闭的角度来讲，人类的一切实践行为首先是为了自身，这体现了其主导意义的一面，但从绝对开放的角度而言，当人类被纳入这个纵横交错的系统时，其一切努力、一切成果都将被另一个系统或过程所吸收和消化，那么其无可选择地在客观上便担负起了增益这个系统或过程的角色，是而人类的存在和发展具有工具和非工具的二分效应。

人们在实践的过程中有时能够做到理想和现实的一致，于是有了成功，有时却不能做到二者的一致，于是有了失败。人人渴望成功、希望快乐，从而避免失败、远离痛苦，然而成功与失败、快乐和痛苦只是人生的一个过程而已。既然只能是一个过程，转瞬即逝，那么希望永久的成功和快乐注定成为人生的悲哀，人生都只能是一个过程，更何况是过程中的一切。一个普通的过程，一个不可永驻的过程，那么谁又能留住这即将成为历史的短暂瞬间？

人的一生总是徘徊在成功与失败、快乐与痛苦、希望与绝望的道路中。当有了成功，我们总是无限欢欣和鼓舞；当遭遇了失败，我们又会感到失望和悲哀，其实大可不必，因为它们只是一个过程，都将成为过去。尽管如此，但转化必然需要相应的条件，否则也无法成为现实，只能漫随时间的流逝而渐渐远淡。《菜根谭》有云："宠辱不惊，闲看庭前花开花落；去留无意，漫随天外云卷云舒。"这种胸襟和气度的确值得后人学习。倘若能够做到不因成功而骄傲，不为失败而气馁，亦不为人生一时的得失所缚累，下手处是自强不息，成就处则是至诚无息，那么其通达人生的境界自然会更上一层楼。

万物生生不息、循环演进，然而一切都是工具，一切都是过程，这是一切的万物始终都摆脱不了的命运。

首先，一切都是工具。由于一切事物都是普遍联系和影响的，当事物被纳入这个联系而发展的系统中，纳入这个横向和纵向的系统中来进行考量时，它自身的演化及其一切都会对另一个系统或过程产生直接或利或弊的影响，那么其在客观上便充当了另一个系统或过程演化和发展中的工具的角色和效应。

其次，一切都是过程。成功是过程，失败是过程，人生亦是过程。通常而论，自然中任何具体的事物，其生命力总是有限的，具体的事物想有无限的生命力是困难的，但却不是绝对不可能的。一切都有其对应的条件，缺乏了相应条件的支撑，一切都将无法成立，是而一切都只能成为一个或长或短的过程，成为一段时空范围内的存续，最终都将封闭在这个相对的时空中，成为其发展的环节和联系的环节。

工具的事实与过程的现实都只是自然在发展中既存的法则和规律，不是自然中的任意个体所能轻易地打破，一切对于自然的界定既然无法打破，那就只有承受，因为这里没有转移。然而即使是承受，人类在自然面前也不是束手无策，因为人类的发展本就是建立在用其存在的一种法则去制衡其存在的另一法则的基础上的。

矛　盾

◎矛盾不可避免，但可以解决

◎矛盾是事物普遍联系和不断发展的根源

◎一切都是对立的，但一切又都是统一的

◎没有矛盾，就没有一切

◎人类的发展史就是一部不断解决矛盾的历史

◎从根本理论而言，事物的存在和发展是掌控在其内部的矛盾中，但从客观现实来看，事物存在和发展的外部条件似乎更为重要所谓矛盾，是指现实中客观事物本身所固有的既对立又统一的本性。

从此定义中，我们可以知道矛盾存在着两个属性，即对立性和统一性，这是矛盾的两个根本属性。既然矛盾是对立而统一的客观存在，那么它就是客观的，就是现实的，就是不以人的主观意志为转移的。

矛盾不仅有着对立和统一的本性，还有着普遍和特殊的属性。其普遍性是指矛盾广泛存在于一切事物的内部及其事物之间，即矛盾无处不在、无时不有。这亦说明这样一个道理，那就是一切都是对立的，但一切又都是统一的。矛盾的特殊性是指不同的事物含有不同的矛盾，具有不同的特点，不可混淆。这种普遍性和特殊性的关系就是共性和个性的关系，同时二者又是辩证统一的，其主要表现在二者相互联系、相互区别，并在一定条件下可以相互转化。

除此之外，矛盾还具有以下重要的性质：

第一，矛盾双方相互依存是事物存在和发展的前提。这就是说事物要想存在，要想发展，就必须存在双方相互依存的矛盾，没有矛盾存于其中，事物就根本无法存在，既然没有存在，又谈何发展？

第二，矛盾双方相互包含，相互吸取有利于自身因素而得到发展。这就是说矛盾双方是相互渗透的，此中有彼，彼中有此，并且双方总是从其对立面吸收有利自身的因素而发展壮大，这是其相互兼容和促进的表现。

第三，矛盾双方相互贯通，规定自己向自己的对立面转化的基本趋势。这就是说事物的发展总是走向其对立面，如强会逐渐变弱，弱又会逐渐变强；动会走向静，静又会走向动；存在会趋于消失，消失又会走向存在；光明会逐渐暗淡，暗淡最终又会迎来光明，因为这两者中间存在一个互相通达的桥梁，即存在使其可以相互转化的内因。当内因具备，需要的就只是外在条件，如此便能引起发展和变化。

第四，矛盾双方相互排斥、相互否定、相互斗争。这种斗争性及其同一性共同作用，从而推动事物的发展。矛盾双方通过这种相互的排斥、否定和斗争，使得彼此之间的力量互为消长，因为其始终是同一的，没有别的释放途径，所以这种力量的增减是互补的，在外界条件成立的情况下，这种同一内的斗争共同使事物的发展和变化成为现实。

矛盾是构建事物的基础，其不仅存在于事物内部，也存在于事物之间，分布在自然的任意时空，可以说没有矛盾，就没有一切。既然如此，在这充盈着无限矛盾的自然时空中生存和发展的我们，又何以能够避免？矛盾不可避免，但可以解决。我们无法避免矛盾，我们也不须避免矛盾，我们只需要解决矛盾，当矛盾得以解决，自己同样会走向成功，同样会得到进步，是故可以说人类的发展史就是一部不断解决矛盾的历史。

矛盾的解决之道有三种：

第一种是矛盾中的一方战胜另一方。这种方式是最常见的，例如光明战胜黑暗，正义战胜邪恶。

第二种是矛盾双方同归于尽，被新的矛盾双方所替代。这种解决形式体现在人类历史和现实事物的发展进程中。

第三种是矛盾经过发展达到对立面的融合，即形成一个新的事物，从而使矛盾得以解决，也就是说事物在发展的过程中发生了质的改变。

以上三点说明了解决矛盾的形式的多样性，在实际的应用中应该具体问题具体分析，不可拘泥于某种形式，这才是正确、科学、合理、辩证的矛盾解决之道。

矛盾不仅是构架事物的基础，还是事物普遍联系和不断发展的根源。

首先，矛盾是事物普遍联系的根源。我们知道自然中事物是相互联系、相互影响、相互作用和相互渗透的，这其中的原因何在？或者说为什么会有这样的现实？原因就在于事物内部的矛盾。正是这种内部的矛盾促使事物之间能够彼此联系、彼此感应、彼此影响和作用。倘若没有这种矛盾的存在，一方面事物当然不成为事物，因为矛盾是构架事物的基础，其具有普遍性和特殊性。另一方面，事物之间也不会有相互联系、影响、作用和渗透。这反过来亦说明，是矛盾首先存在于事物中，成为构建其存在的基础，同时也正是因为其自身的存在，使得事物之间相互联系、影响和作用等方式成为可能，而要成为现实，这必然还需要外界条件的允许和配合。

其次，矛盾是事物不断发展的根源。这就是说，第一，事物是不断发展的，从辩证唯物哲学中一个最为基本的观点可以证明。该观点告诉我们，现实中的事物总是处于不断地运动、变化和发展中。第二，这种不断发展的根源不在外部，而在其内部的矛盾上，这可以从辩证唯物哲学中内因和外因的辩证关系上得以求证。该辩证关系认为外因（即事物发展的外部条件）是事物发展的条件，是第二位的；而内因（即事物发展的内部矛盾）才是事物发展的根源，是第一位的，是故事物不断发展的根源是其内部的矛盾。

通过以上分析，使我们知道了矛盾的种种利弊。事物要存在，需要矛盾；

事物要联系，亦需要矛盾；事物要发展，更需要矛盾。外部条件对于事物的影响亦要通过其内部的矛盾才能起作用。尽管如此，但我们并不能据此认为作为事物发展条件的外因是无能为力的。一方面倘若没有外因的条件，只有内因的根据，事物的发展不能成立；而另一方面，外因的渗入可以引起内因的改变，诸如基因的变异。外因相对于内因更具灵活性、主动性和变动性，尽管内因是直接的，外因只是间接的。所以，从根本理论而言，事物的存在和发展是掌控在其内部的矛盾中，但从客观现实来看，事物存在和发展的外部条件似乎更为重要。

既定之路

◎一切都有其既定的运行规律
◎事物内部的矛盾是事物发展的根本动力
◎一切事物的存在和发展都不以人的意志为依凭和转移
◎偶然和必然的共同作用构建了事物最终的命运
◎当一个必然的系统中出现偶然，则它们可能互为偶然
◎事物只能在偶然中走出一条必然的道路
◎人本就是由物质力量造就的物质力量
◎事物之间必然是相对独立而最终走向一统
◎任何事物的存在与否对于其他事物而言是至关重要的，然而对于整个自然而言却是无关重要的

自然、社会、思维相互交织，互为影响和作用，构建成一个极其复杂的开放式系统。

在这个开放的体系中，无论是自然的造化，还是由这些造化再次造化而来的事物，亦无论是人类社会中存在的一切事物，也就是说自然中存在的一切，

它们自身都有其既定的运行规律。

诸如在自然事物中，太阳有其自身的运行规律，月亮有其自身的运行规律，地球亦有其自身的运行规律，其余的如彗星、行星、卫星、恒星、流星、花草、树木、山水等一切事物首先都有其自身的运行规律。在人类社会中，人类自身有其固有的运行规律，人类的造化，诸如楼台、轩榭、艺术、思想、意识、观念等物质和精神都首先存在这种既定的运行规律。而在生物的世界中，一切植物、动物和微生物皆概莫能外。所以，可以说存在的一切都有其既定的运行规律。

这些事物为何首先都存在一种既定的运行规律来支配其发展呢？那是因为其内部的矛盾。一切事物都含有各不相同的矛盾，这正是矛盾的普遍性和特殊性原理。这亦说明，事物内部的矛盾是事物发展的根本动力。我们说一个事物为什么会发展？它发展的根本在于事物的外部，还是事物的内部？诚如上文，事物发展的依据和根源应该在其内部，有了这种内部的矛盾，事物就存在发展的可能，如果再有其外部条件的作用，事物就有了发展的现实。所以，正是这些内部的矛盾和外部的条件共同促使事物的运动、变化和发展成为现实。事物内部由其矛盾使然的这种固有的运行规律只是事物发展中必然性的体现，但我们知道事物之间总是相互联系和影响的，事物作为无限而深广的自然的一个局部，其存续的始终不得不受到偶然性的影响和作用。

偶然，在此认为可以归结为两种类型，一种是抉择偶然，一种是系统偶然。何谓抉择偶然？事物在发展的道路中，可以选择 A 道路，也可以选择 B 道路，当然也可以选择 C 道路……这种种的道路有无限多种可能，可是最终事物只选择了其中的一条道路来发展自身，正是事物只能有唯一确定的历史，但有所有可能的历史，而其之所以在众多的可选途径中选择这样的一条道路，这是其内在发展的必然性所决定的，这种可选众多而只能选择其一的抉择，就是抉择偶然。何谓系统偶然？由于自然中的一切始终都处于一种相对封闭而绝对开放的状态中，于是其可以成为一个相对封闭的系统。事物的发展本是由其内在发展的必然性所主导，可正是这种绝对开放性的存在，使得事物在其存在和发展的过程中就不能不受到外界意外因素的干扰、破坏、影响和作用，于是有了系统偶然的成立。事物在存续中不可避免地会遭遇到抉择偶然和系统偶然的双重风险。

事物总是现实的，其存在的任意时刻都不得不受到来自外界的干扰和影响，使得其自身的运动偏离其既定的轨道一定的范围，而人类用以描述其运行的精确公式和定律是纯粹的，其并没有或完全考虑并纳入这些干扰的因素对其运行的影响，而要完全做到在现实中也是极为困难的，于是使得理论预见的结果与现实的结果总是存在些微的出入。如果认为事物永远都是正确而准确的，那我们就不得不委屈理论，认为其是有缺陷而不完善的，因为它对事物状态的描述和预见并没有精确到丝毫不差的程度，但事物永远不会去迎合理论，而理论又无法将所涉及的影响和作用因素完全而彻底地考虑在内以进行精确的计量，然后推出与事实一丝不差的结论，那么就必定存在这种必然的、现实的、无法克服的预见或测量差异。

事物就是这样，一方面要按照其既定的规律来运作，而同时又不得不兼容住来自生命历程中的一切外在因素的摄动和影响，这使得其存在和发展的轨迹就并不处于精确公式所测定出来的正中心，而是始终有着一点或大或小的误差和起伏。正因为事物存续中的这种不可避免的波动和变动性，使得事物的发展有了更多的不确定因素，这种因素所累积而来的作用甚至可以改变事物既定的运行轨道和状态而出现新的命运，这种命运可以是一种契机，但同时也是一种危机，然而这一切是否又将统摄在一个更高、更大、更深的模式或规则中呢？

偶然和必然的共同作用构建了事物最终的命运。一个系统中的偶然必定来自于另一个系统中的必然，当一个必然的系统中出现偶然，则它们可能互为偶然。必然存在于偶然中，偶然必定会受制并体现出其背后的必然，而两者在一定条件下可以相互转化。事物总是在无限偶然的变动中贯彻自己必然的发展趋势，这就是说一个事物之所以是这样，固然有其必然的依据，但这是在无限的偶然因素中一步一步地走出来的，这亦是说事物只能在偶然中走出一条必然的道路。

既然矛盾是事物发展的根本动力，并且内部的矛盾使事物的发展有了既定的规律，无需外界干预就有实现发展的可能，但事物的发展要成为现实，其外部的条件便不可缺少。然而一个局部的事物，存在外部的条件是其存在中不可避免的命运，那么这就意味着一切事物的存在和发展都不以人的意志为依凭和转移。事物既然存在，那它就是客观的，就是现实的，那它就是绝对的，同时亦是相对的，其内含矛盾，外自运行，这样的一个相对独立的系统自然不需要人的意志来加以维持并随之转移。这就是说即使没有人的意志，即使没有人的参与，事物同样会按照自身既定的规律运行下去，但这并不是说人的意志无法干预事物的发展，或者说人在事物的发展中是徒劳无力的，是起不了任何作用的，这必然又是不正确的。人本就是由物质力量造就的物质力量，尽管其相对构造更为复杂、更为精密、亦更为卓越，既然已经成为一种物质力量，那么其必定能够对其他的物质力量构建一定程度和范围的影响和作用。

　　人是自然的造化，当自然转移自身的一部分能量通过可行的既定法则将人造化出来以后（当然这是一个渐进的过程），人便成了自然的一部分。自然同样有其自身的发展规律，且不以人的意志为依凭和转移，事物之间必然是相对独立而最终走向一统，但这也只是一个过程，紧接着又会走向相对独立。任何事物的存在与否对于其他事物而言是至关重要的，然而对于整个自然而言却是无关重要的，因为整个自然是无所欲求的。事物无论如何运动、如何变化、如何发展都摆脱不了最终来自于自然的影响和掌控，其内部无论怎样波翻浪涌，无论怎样骇浪惊涛，无论怎样能量转化都将包括在其演化的脉络中，成为其发展历史的组成部分。是而人类的存续必然会对自然的演化构建一定的影响，然而这种影响对于整个自然而言可有可无。

系统规则

◎没有规则，不成系统

◎游戏是人生的抽象，而不是人生本身

◎倘若人游戏人生，那么人生也会游戏人

◎自然为人类制定先天的规则，人类又为自身制定后天的规则，而要赢得人生完全的成功，不仅要把握住先天相应的规则，还要遵守后天相应的规则

◎规则的存在只是为了规制系统中的一切要素，以保证整个系统能够长期地持续和稳定，从而形成一个相对独立的系统

◎如果要成为一个相对独立的系统，则其内部必须含有规则

◎系统内的一切要素要想实现发展，则必须以其既定的某种规则去制衡其另一种

规则
◎ 事物对于人类而言，永远都是遵循对应的原则
◎ 一个完全成功的人生，必定是运作了相应的先天自然和后天社会的双重规则
◎ 系统内的一切必然会受制于其既定的一切规则

系统之所以能够成立，主要依赖于其既定的规则，规则是一切系统存在所必不可少的要素，当系统中不存在规则，那么系统中的要素便找不到自身的位置和行动的准则。

没有规则，不成系统。相应的规则也只有在相应的系统中存在，出了这个系统的制约范畴也不会再有此规则。规则的存在只是为了规制系统中的一切要素，以保证整个系统能够长期地持续和稳定，从而形成一个相对独立的系统。由此可见，规则是服务于整个系统的存在，而不是系统中的局部要素，倘若是服务于某局部的要素，那么就只能增加系统中的不安定因素，增加其不稳定性而被其他要素所推翻或改写，所以规则总是趋于合理、趋于成熟、趋于完善，从而使系统趋于合理、趋于成熟、趋于完善，因为它要服务于整个系统，以使系统能够得以长存。

当外来的一切要素要进入这个相对独立的系统时，则不得不遵守其既定（无论是否完善和公平）的规则，否则根本无法在系统中实现自身，亦无法被系统中的其他要素所认可。规则，当其存在时，便是客观的、绝对的，但亦是相对的、可变的，以趋于合理、成熟和完善，从而更好地为整体系统的存在服务。是而如果要成为一个相对独立的系统，则其内部必须含有规则，这是成为一个相对独立的系统的必要条件，而系统内的一切要素要想实现发展，则必须以其既定的某种规则去制衡其另一种规则，也就是说其必须遵守规则并利用规则，这是其在该系统内实现发展的基础和前提。而系统内的任意要素所获得的资源的大小，则取决于其在该系统内通过不断地交互所扮演的角色，然而可以明确的是一个要素究竟扮演怎样的角色却并不完全决定于自己，而是一种整体力量的均衡与维度，同时一个要素在其存在的始终在系统内所扮演的角色并不单一和唯一，其会随着时空的演变而做出相应的改变。尽管如此，然而倘若一个要素所获得的资源越多，也同时意味着它所承担的责任亦将越重。而一个不占有任何资源的要素自然不需要承担太重的责任，但是其存在本身就是对自然资源的一种占用，所以依然有其不可推卸的责任。第三，系统中的规则必然是

相互制衡的，一边倒的情况必将走向倾覆，是而没有不受制约的要素，这与前文所述的观点同样相通。当有了这些规则以后，系统才能相对独立，也才能得以发展，这是整体的系统通过这些规则来相互制约、互为规制其内部的一切要素，并提供出生存的规范和行动的依据，以此来更好地为自身（整体）服务。

任意的游戏同样可以作为一个相对独立的系统而存在，游戏是人生的抽象，而不是人生本身，倘若人游戏人生，那么人生也会游戏人。正因为游戏是人生的抽象，所以其中蕴藏着人生的道理，只在于人们是否能够发现并懂得借鉴。通过游戏以参悟人生，而不仅仅停留在娱乐人生的层次，如果有了这样的认识，那么人生的境界就已出现上升的契机。

自然的万物，给了人生无限的启示。由于人类的认知会受到客观的局限，从而使得人类对事物的认识始终难以真正地完全和彻底，而事物对于人类而言，永远都是遵循对应的原则，但人的思想境界不会一成不变，这对于个人而言，可以是一件好事，也可以变成坏事，一切的必然都只能隐藏在偶然的背后。

人具有自然和社会的双重属性，自然是一个相对封闭的系统，社会也是一个相对封闭的系统，它们内部都含有既定的规则。自然为人类制定先天的规则，人类又为自身制定后天的规则，而要赢得人生完全的成功，不仅要把握住先天相应的规则，还要遵守后天相应的规则，也就是说一个完全成功的人生，必定是运作了相应的先天自然和后天社会的双重规则。为什么会是这样？这是因为人是在相对封闭的自然系统中再构建了一个相对封闭的社会系统，而个人正是生存在这种双重的系统中，是而如果要在这个内部的社会系统中发展，那必定得遵循这个系统的规则，即社会的规则；但同时人又在一个外部的自然系统中存在和发展，则又不得不遵循这个系统的规则，即自然的规则，所以在自然系统中的社会系统中生存和发展的人，不得不同时遵循这种双重的规则。倘若人走出社会的系统，仅存在于自然的系统，则可以只受自然的规则制约，而不受社会的规则制约；倘若能走出自然的系统，当然亦可以不受自然的规则制约，但这一点对于人类而言却只能是一个遥不可及的梦想。

人既然存于自然和社会的双重系统中，那么要在这样的系统中取得成功，则必然要遵循两个系统既定的规则，这样才能得到两个系统的承认，这样也才是完全的成功而没有缺憾。自然是大系统，社会是小系统，然而系统内的一切必然会受制于其既定的一切规则，所以社会要受制于自然，而社会中的人首先要受制于自然，但同时也会受制于社会。尽管人要受到这种双重规则的制约和束缚，但运作的空间和发展的道路依然是十分的广阔，因为这两个系统在客观上都切合了一个正面而向上发展的人。

在自然和社会这种双重的系统中发展，有的人在客观上遵循了自然致使其成功的规则，却没有遵循社会致使其成功的规则，比如做事成功而得不到社会的认可，这种成功没有得到社会（系统）的认可，因为它在客观上违反了社会所崇尚的规则，却能够得到自然（系统）的认可，那是因为其在客观上遵循了自然相应的规则，然而这显然不能算作人生完全的成功；而有的人在客观上没有遵循自然致使其成功的规则，但却遵循了社会致使其成功的规则，比如做事失败而得到社会的尊崇，这同样不能算作是人生完全的成功，只能是一个有缺憾的成功。他们之所以做事失败，那是因为其在客观上违反了自然相应的规则，自然（系统）当然不会承认，他们又之所以能够得到社会的尊崇，那是因为其在客观上遵循了社会所崇尚的规则，社会（系统）当然会给以承认；还有的人在客观上既没有遵循自然致使其成功的规则，也没有遵循社会致使其成功的规则，这使得其无论是在哪个系统而言都是失败的，当然亦不能算作人生完全的成功。

人生完全的成功在于既把握住自然相应的规则，又遵守社会相应的规则，这样才是没有缺憾的成功，这样才是值得称道的成功，这样也才是两个系统都会予以认可的成功，因为其在客观上有效地运作了两个系统相应的规则。两个系统对于其内部按照自身既定的致使其成功的规则而发展的要素，当然会毫不吝啬地加以承认，就像其会毫不犹豫地去打击那些按照自身既定的致使其失败的规则来运作的个体一样，因为只有这样才能维持并发展这个相对封闭而稳定的系统。

穿度密码

◎精神中的自由不能代替现实中的自由

◎思想的优势在于其爆发出来之前，除了思想者无人知晓，而这又正是其缺点——除了思想者不能引起任何现实效应的导致原因

◎精神是基于物质而构建起来的另一个世界

◎遵循一个相对独立的系统既定的规则，是进入这个系统的不二法门

◎不同平行世界之间可以相互影响和作用，但中间必然会通过一个精通两个世界语言和密码的事物来从中穿度

精神，属于意识的范畴。其首先必基于物质，是物质高度发展的产物，没有物质，精神不能独立存在，因为其已失去了存在的根基。

精神是基于物质而构建起来的另一个世界。精神的世界是信息的世界，现实的世界是物质的世界，而人们所能接受和存储的信息形式要远远地小于自然所拥有的信息形式，这是因为人只具有能够接受这少数几种信息的感官机能，是而不能直接地感知自然中的所有信息模式，但是却可以通过间接的方式来感知。精神的世界和物质的世界是必会相互发生影响和作用，而这必然通过一个桥梁来实现，这个桥梁自然是可以横跨在两个世界中的产物——能够思想的现实的事物，例如我们自身，就是一个横跨在两者之间的桥梁。正因为其是桥梁，故具有通达两个世界的能力，掌控进入两个世界的钥匙，唯有这样才能够在这两个系统和世界中自由畅通、任意驰骋。

精神的世界和现实的世界同样是两个相对独立的系统，当然前者是构建在后者的基础之上，在前文中已阐明，要进入一个相对独立的系统，必须要以其认可的规则来加以运作，否则无法进入这个系统，亦无法得到系统的承认。具有思想的现实的事物要在现实的世界中运作自身，那么其必须遵循现实世界既定的规则来加以运作，否则无法在这个系统内得到认可——即成为现实。同样，具有思想的现实的事物要在精神的世界中运作自身，那么其也必须遵循精神世界既定的规则来加以运作，否则亦无法进入这个系统，从而使自己的意志得到体现，存在得到认可。是故遵循一个相对独立的系统既定的规则，是进入这个系统的不二法门，这就可以更好地理解"物质力量只能用物质力量来摧毁"（马克思语），因为物质力量造就一切、摧毁一切、改写一切物质力量就是物质世界——这个相对独立的系统既定和认可的规则，不遵循这样的规则，便无法进入这个系统，故而这个观点是正确的。精神世界和现实世界是这样，社会系统亦是这样，自然系统更是这样，这个原理适用于一切相对独立的系统。这就好

比要进入某个棋类系统，必须要遵守其既定认可（无论向上向下）的对弈规则；要进入社会系统，必须遵守其既定认可（无论向正向反）的社会规则；要进入自然系统，同样必须遵守其既定认可（无论向生向死）的自然规则，否则根本无法进入这个系统，即在这个系统中实现自身的存在，那么这就意味着一旦在某个相对独立的系统，如棋类、社会或自然中实现自身的存在，那必定是符合其既定的规则。

所以，我们是生活在一个众多相对独立的系统交织在一起的世界中，即是一个平行的世界，但依然只是一个存在的世界。这就是说，一个存在世界是由许多的相对独立的局部世界所构成，其相互平行同时又相互影响，而我们只是生活在其中的一个层面上，但是却可以感知其他层面的存在。尽管构造各个相对独立的世界的基础是物质，但一旦被构建出来便相对于物质世界（系统）具有了相对的独立性，虽然是相对独立，但必然又是绝对联系，这就是说不同平行世界之间可以相互影响和作用，但中间必然会通过一个精通两个世界语言和密码的事物来从中穿度。这就好比正常的人是精神和现实世界的穿度者，因为其通晓这两个世界的语言和密码；这亦好比中文（语言）和英文（语言）同样是两个相对独立的世界，而要在这两个世界中穿度，必然要通晓其穿度的密码——中文和英文，即成为一个现实中的双语者，否则无法进入这两个相对的独立系统。

或许有人会反驳，说一个只懂英文的人向一个只懂中文的人讲述本族语言，难道就不能影响对方，或让对方明白自己的意思吗？答案是可以影响和明白，但不是通过其语言本身，因为对方不懂英文，而是通过其手势、动作、表情和音量的变化等方式来加以的影响，而这正是对方能够理解的"语言和密码"，于是自己通过这种基础的构架又将二者统摄进了一个系统，既然是一个系统，当然是可以直接影响和作用，所以这与上述的观点并不矛盾。

基于这点上的认识，使我们可以理解一位曾经帮助当地警方破获多起要案的巫师通灵信息的事件，或许正是因为其通晓凡界和冥界（假如存在）两种语言，如此便获得进入两个世界的密码和钥匙，故可以在这两个相对独立的世界中来回穿度。不过这是否能够得到科学的认可，仍然需要以后的论证，但我依然认为冥界是不存在的，其只是穿度在我们目前尚未知的一个相对封闭而独立的精神领域，在此保留意见，不做深究。退一步而论，即使存在冥界，下面的结论依然是成立的：

结论一：人是自然的造化，而非神、仙、上帝的产物。

结论二：冥界也绝非佛家所云是人死后灵魂的去向，因为略有生活常识的人都知道灵魂这种精神的存在必然需要依托于其存在的载体——人本身这种物质，当人都已经消亡，这种承载在其上的精神焉能存在？诚如范缜在《神灭论》中这样写道："形存则神存，形谢则神灭也。"是而，冥界即使存在，也应是由活的灵魂升华而去，而绝非由死的灵魂演化而来。

结论三：冥界即使存在，我们也无须畏惧，更不用膜拜，因为他们与我们是生存在两个相对独立的系统中，各自按照各自系统中既定的规则来运作。是而他们倘若要对我们构建影响，则必须用我们这个世界——自然既定和认可的规则，即用物质力量来改写物质力量，否则根本无法构建影响。他们要影响我们必须通过一个能够通达两个相对独立的系统——自然的物质系统和冥界的非物质系统的事物作为中介才有可能，而我们要影响他们亦是如此。既然这个中介能够在自然的物质系统中存在，则必然遵循自然的法则，即属于物质的力量，既然如此，那我们又何以畏惧？

精神世界和现实世界既然是两个相对独立的世界，各自有着自身的进入密码，各自按照自身的规则来运作，那么在一个世界中的作为自然不能代替另一个世界中的作为，也就是说精神中的自由不能代替现实中的自由。比如人可以在精神的世界中随意地畅游，遐想自己正在海边嬉戏，或在沙滩上沐浴阳光，或在峡谷中聆听流水，抑或在公园里散步，在田野上踏青，在祈祷的颂歌中迎来新的希望……然而这些都只能对现实中的思想者自身造成一定的影响，诸如自我安慰、自我激励、自我调节或自我克制，除此之外不能再对现实的世界造成任何的影响。精神中的构想并不会立刻成为现实中的事实，因为这是两个相对独立的世界（系统），它们遵循不同的规则，精神世界要影响现实世界，或现实世界要影响精神世界，必须借助于中间的桥梁，一个能够通达两种规则的事物——即现实中的思想者才能够做到。对于现实中丧失思维（意识）能力的人而言，由于其在客观上仍然具有现实性，故可以在现实的系统中存在，但其已丧失了思维的能力，故不能进入精神的世界。所以对于其自身而言，现实与精神不能相互影响，因为其已丧失思维的能力，故而不再具备现实和精神的中介地位。正因为现实中的思想者可以穿度在两个世界中，所以两个世界中发生的一切事件都可以影响到这个中介者，并通过其向另一个世界施加影响，这是平行世界之间施加影响的唯一方法。然而如果两个平行世界同时有着相同的基础，那么二者又可以基于此基础而成为一个统一的世界，于是亦可以基于此基础的层面去构建相互的影响。

精神与现实并为两个相对独立的系统，思想的优势在于其爆发出来之前，除了思想者无人知晓，而这又正是其缺点——除了思想者不能引起任何现实效应的导致原因，这种优势和劣势互为因果，而这一切都基于其属于两个相对独立的系统。当思想爆发出来之前，仅仅停留在精神这个相对对立的系统中，而一旦爆发出来，便跨越了精神所在的系统，进入另一个系统——即现实的系统，而这一切都必借助于现实中的思想者这个中介才能完成。

政治色彩

◎一切问题归根结底都是政治问题，一切政治问题说到底都是人性问题，而一切人性问题看到头都是事物的发展问题
◎在人类的世界中，一切都将收归于政治
◎政治只能产生于具有政治秉性和政治意识的群体中
◎政治，人生的最高舞台
◎政治才是人性的浓缩和精华

政治，这个本属于文明社会的词汇，其实在人类产生的早期就已经萌芽，一直延续至今，并将随着人类的发展共同走向未来。

政治，是一切个人、团体、民族和国家都始终难以逃避的一个话题，它深深地根植在了人类生命的脊梁和发展的根源处，有如一座无形的灯塔，遥遥地引领着人们言行的方向，它仿佛又似一片汪洋的大海，即使是再善游的鱼也不能游出其中，人纵使能相忘于江湖，政治（秉性）是比江湖更大的。

人生的一切言行都直接或间接与个人的政治有着千丝万缕的联系，或许其并没有明确地意识到这点，但在需要的时候必将被激发出来。人人渴望尊严、

向往自由，希望得到社会或他人的尊重与认同，而这无疑属于政治的范畴。人在不由自主中将其政治目的贯注于自己长远的生存和发展的计划中，小到生活琐事，大到前途未来都逃不出政治的掌控，一切都将附上政治的色彩。饮食含有政治，穿戴含有政治，学习含有政治，工作含有政治，建设含有政治，科研含有政治，探索含有政治……经济含有政治（经济是政治的基础），战争更含有政治（战争是政治的延续），这一切的一切都与政治有着莫大的关联。所以，对于人类而言，一切最终都将指向政治，各行各业的人物最后都将收归于政治，无论是基于其抽象的概定，还是基于其具体的指代。生活中政治无处不在，人的一言一行无不烙上政治的印迹，无论是直接的表现，还是间接的积累，其都将被别人用作解读自身及其意图的有力证据。

人类的一切言行都无法隐藏其个人的政治色彩，每个人根本的政治方向是一致的——即实现个人的人生价值，求得社会的认同和肯定，但寻求的达致途径却又总是难以穷尽：有的循规蹈矩，为善登攀；有的心存侥幸，游戏人间；有的阿谀奉承，苦心钻营；有的急躁冒进，破釜沉舟；还有的不惜僭越法律、超越规则，只为放手一搏……所有的这一切，无不含有达到自身既定的理想的政治意图的目的。

一切问题归根结底都是政治问题，一切政治问题说到底都是人性问题，而一切人性问题看到头都是事物的发展问题。正如上述，无论是人类的经济问题、战争问题、生活问题、发展问题、文化问题，还是思想问题最终都可归结于政治问题，是而在人类的世界中，一切都将收归于政治。政治在客观上似乎具有了强大的凝聚力和向心力，在政治的旋涡中，人类的一切都将成为其中之一的旋臂。

政治问题说到底都是人性问题，为什么政治要弥盖住人类的一切言行？为什么政治要成为其最终的指向？为什么政治要成为人类竞争最后的地盘？是因为人性，是人类基于自然和社会的双重属性所主导和决定的人性，是这种人性赋予了人类政治的秉性和政治的意识。倘若没有这种人性，那人类不会有政治的可能；倘若没有生存的群体，人类亦没有政治的现实，因为其欠缺政治的对象，政治的表现需要至少两个以上个体的存在，否则没有接受的对象和作用的客体，然而又有谁是单独地生存在自然中呢？是而政治只能产生于具有政治秉性和政治意识的群体中，二者缺一不可。正是这种人性使得人类的意识得以觉醒。同时，亦是这种人性赋予了人类在自然许可的条件下以社会的模式来发展的无限可能，于是最后使得政治的产生由可能变成了现实。

既然是人性引出了人类政治的需要和可能,那又是什么给予了人类这样的人性?当然是自然。那为何自然不给予其他的动物,诸如飞禽、走兽、鱼类以这样的人性呢?所以,人性问题看到头却是事物的发展问题。在自然允许的前提下,事物的发展使人类的发展到达目前的高度,具有可以如此随社会关系变动、左右和影响的社会本性,使人类具有这种生存和发展最终都将指向政治的人性,再由这种人性派生并援引出人类一切的政治言行。由此可见,人类具有这样的人性与事物发展的阶段和程度密切相关,倘若阶段和程度过低,不能产生这种人性;如果发展过高,也将跨越这种人性。

政治,人生的最高舞台。这里所述的政治并非是指人类社会构架的政治结构,而是指属于任意个人的个人政治。每个人都有属于自己的政治内容,包括民主、自由、人权、外交、选举、集会、言论、安全等个人在公平、正义以及法律所许可范围内所享有的一切权益。政治需要政治主体和政治客体二者并存才能得以实现,缺少了任何一方,政治都将无法实现,而任何群体中的个体,既是政治主体的承应者,同时又是政治客体的表现者。这就是说,群体中的个体同时扮演着政治主体和政治客体的双重角色,是别人的政治主体,亦是别人的政治客体。个人所做的一切,个人的一切言行,在经过有限次累积、消化和转移过后,最后都将导向政治,最后都将收敛于政治。正如上文所述的那样,政治是一切言行客观上的旋转中心,一切在客观上都将旋进于其中,一切言行在客观上都会体现、主张并受制于个人的政治方向。政治,是人生一切舞台的终极指向,是人生舞台的外延目标,亦是人生的最高舞台,成为人生最终的较量。

幸福,必然是由内外两部分所构成,而人们往往致力于幸福内在部分的追求,然而幸福外在的部分却又始终难以放弃,因为人不能独立地存在于自然中而不与他人交往,于是幸福有了外在的组成部分,而这部分就属于政治的范畴。人们总是主观上力求做好幸福的内在部分,以此作为基础去获得幸福的外在组成,从而在客观上形成整体的幸福的全盛。政治,事物发展阶段所主导的人性最广泛、最高度、最充分、以及最深刻的体现。人,完整的概定应该是复杂人,将其进行浓缩便成了社会人,然后进一步浓缩就成了经济人,而将经济人再一次浓缩就成了政治人,是而政治才是人性的浓缩和精华。政治包容了人类一切言行的终极指向,体现了人类一切言行的意图方向,它亦将人类自身在一个更为广阔和深远的时空平台上得以张扬，透过历史一扇扇透明的玻窗，我们可以清楚地看到历史中形形色色的人物，以及他们所主张和彰显的政治色彩。

政治需要引导，政治需要调和，政治亦需要规范，政治更需要审慎，一切的政治主体都需要注意和选择达致政治意图的方法和途径，积极培养自己和谐、正义、适度的政治取向，摒弃自己矛盾、缺失、越度的政治要求，这才是人生主政之路的光明和旨归所在。

审时度势慎用可能

◎当一个人处于弱势，表现为柔弱，别人会认为这是无能，表现为强硬，别人会认为那是有能；当一个人处于强势，表现为柔弱，别人会认为其才德兼备，表现为强硬，别人会认为其才备而德不足

◎人之利器不可以示人

◎当人以利器示人，别人首先会敬之，继而是畏之，然后是远之，最后便是诛之

◎真正那种大智大慧之人看来与常人无异，只有那种小有能力之人才会处处标新立异

◎无知者无畏，彻悟者亦无畏，超然者同样无畏

◎人不能无所不知，但可以大彻大悟

◎趋利避害，保存自己，物性皆然

◎倘若你想别人敬畏你，你需要彰显出自身的利器以示与众的不同，但你将难有朋友；倘若你想拥有朋友，你不得不隐藏自身的利器以示与众的无异，但你恐难有威严

◎一切都必慎用

与人相处，其实并不简单。人是极其复杂而敏锐的动物，个人稍微言语的不慎，不是你让别人在精神或情感上受到伤害，就是别人让你在精神或思想上受到碰撞。

人际交往中，人不得不选择对人、对事以及对物的态度，而这取决于其个人的内在修为和对方的外在表现，这种言行的倾向性亦要反过来影响对方对自己的态度。态度的发出者必定是处于自然之内一定历史条件下和社会关系中的个体，而态度的接受者同样是自然之内的个体，这就意味着态度的发出者是处在一个纵横交错的时空中，并指向另一个纵横交错的时空中的个体，而无论是态度的发出者（人），还是态度的接受者（人），都是构建在一定的经济基础之上的社会关系中，其言行既要受到自身经济基础的影响，又要受到相应的社会关系的摄动，在服务于其经济利益的同时导向长远的政治主张。

经济基础及其基于经济基础之上的一切上层建筑，划定了个人的强弱和色彩。当一个人处于弱势，表现为柔弱，别人会认为这是无能，表现为强硬，别人会认为那是有能；当一个人处于强势，表现为柔弱，别人会认为其才德兼备，表现为强硬，别人会认为其才备而德不足。这里的"别人"只是指普通之人，而非指除其之外的一切个体，这就是客观的事实。其实一个人表现为柔弱并不一定是真正的软弱，它通常包括两种情况，一种是真正的软弱而导致的柔弱，另一种则是谦虚的外在表现，但普通之人缺少一种深刻的体悟，容易将一切外在表现的柔弱统归于内在软弱的外在的真实流露，再加上其人正处于弱势，于是便将此势上表现的柔弱认为是其无能的表现。而一个人在弱势中如果表现为强硬，毫不掩饰地彰显出个人的锋芒时，别人自然又会认为那是有能力的表现；而当一个人处于强势后，在人前表现出自己柔弱的一面，别人不仅不认为那是无能，反而认为是才德兼备，其理由何在？因为一般人总认为，倘若没有能力，又如何居于强势，故而反向援引，既然处于强势，那一定是有能，而其又能柔和大度、平易近人，这自然是其德行的体现，故而是才德兼备无疑。而处于强势中的个体若再表现为强硬的一面，严于律己亦严于律人，锋芒显露而不懂得收敛之道，时刻争强斗勇，不留半点情面，别人又会另有看法，认为其虽有才能然而德行却又不足，而所有的这些看法和评价都将影响到别人对其的态度。

强势和弱势只是相对而言，并非不可改变，二者在一定的条件下可以相互转化。一个人在一种处境中居于强势，可以在另一种场合中变为弱势，反之依然，这就是强势和弱势互变相通的禀性。而另一方面，一个人对另一个人的态度也不会永不改变，这种态度始终处于一种波动和起伏的状态，并随着态度双方的改变而作相应的调整和变化。

古人深谙此强弱的效应，于是提出"发于卑弱，敛于显达"的道理和准则。

敛于显达是必要的，因为道是柔和、居下、不争而利万物，道之所在，不得不循，否则在客观上就成了一个背道而行的人，而自然之道弥盖住一切的万物，任谁也无法逃避。至于发于卑弱，也未尝不可，然而即使是如此，也应该注意相应的方式和方法，不应因为发于卑弱，而对别人造成不必要的伤害或痛苦。在人际交往中，人应该尽可能地表现在别人所许可和允许的范围之内，否则表现不足，别人会认为是无能；表现过了，别人又会认为是恃才放旷，这其中的取舍甚是微妙。

人之利器不可以示人，先哲老子认为："邦利器不可以示人。"(《道德经·第三十六章》) 其实不仅仅是国之利器，人之利器同样不可示人。这里所谓的"利器"，并非仅仅是指有效的工具，而是指具有惊世骇俗、振聋发聩，并极具威慑力、影响力和改变力的某种技能或修养。其可以划分为两类，一类是高深而卓越的能力造化，另一类则是玄奥而非凡的道德修为。前者固为利器，但为何后者亦为利器？通达物性是谓至德，即最高的德行，倘若一个通达物性而言行趋于至德的人，当然知道一切事物造生、化育、演化和终结的道理，事物的一切荣辱兴衰和生死存亡，包括任何的隐私和秘密在其面前都无法隐藏，这样的一种修为和造化又怎能不为利器？利器在天地之间和现实之中必然是存在的，它被极少数的个体或群体所掌握，但是却从不轻易示人。

基督教的创始人耶稣（Jesus）也同样承认"天机不可外泄"的现象，《新约全书·马太福音》中有这样一段过于露骨而直接的告白："不要把圣物给狗，也不要把你们的珍珠丢在猪前，恐怕他践踏了珍珠，转过来咬你们。"一言以蔽之，盖明珠本不应滥投于猪只之前，他这是什么意思呢？他本是指有些高深而玄奥的知识托所非人，只怕会害人害己，但同时亦告诉我们这样的一个道理，那就是人之利器不可以示人。当你因为命运的造化而拥有了某种利器的时候，应当珍藏之，不可轻易示人，更不可随意示人。真正那种大智大慧之人看来与常人无异，只有那种小有能力之人才会处处标新立异，这就好比真人不露相，露相非真人，只有半罐水才会响叮当，走到哪儿响到哪儿，时刻不忘表现自己那点微不足道的能力。为什么有人说大智若愚？为什么有人感叹到不鸣则已，一鸣惊人？道理正是源于此。老子认为圣人是无需见闻而无所欲求，不露锋芒以免陷入纠纷，内敛光辉，混同尘迹，以达"玄同"之境。大智大慧之人看来与常人无异，他们隐迹于茫茫的人海中，从而将自己深深地保护起来，在不动声色中暗自运作，策划着惊天动地的事业；大智大慧之人看来与常人无异，这与辩证哲学中的否定之否定规律同样相通。从外在大致看来，肯定（阶段）和否定之否定（阶段）没有什么不同，然而事实却是大相径庭，二者内在有着根本的不同，一个只是初始的阶段，而另一个却是跨越了否定的过程，经过两次辩证的否定，处在一个较为稳定和完善的状态上，自然二者大有不同。那种小有能力之人正是处于这个"否定"的发展阶段上，而这个"肯定"的阶段则是常人所在。

《吕氏春秋·先识览第四·乐成》曰："大智不形，大器晚成，大音希声。"意思就是说有大智慧的人不显露在外，有大才干的人成就往往较晚，最大最美的声音是无声的声音。

《菜根谭》亦曰："酞肥辛甘非真味，真味只是淡；神奇卓异非至人，至人只是常。"意思是说烈酒、肥肉、辛辣、甘甜并不是真正的美味，真正的美味是清淡平和；行为举止奇特怪异的人不是真正德行完美的人，真正德行完美的人，其行为举止和普通人一样。

人之利器不可以示人，当人以利器示人，别人首先会敬之，继而是畏之，然后是远之，最后便是诛之。为什么会是这样？人人皆为血肉之躯，心中本存有敬畏之意，无知者才无畏，但这只是无畏的原因之一，另一个原因就是彻悟者，大彻大悟亦是无畏，再有就是超然者，其看破利弊得失和生死存亡，同样可以做到无畏，因为一切对其而言都不再重要。然而没有人是真正无知的，人们掌握的信息只有多与少，没有有与无的区别；亦少有人是真正彻悟的，人们希望能够彻悟，但彻悟却又并非轻而易举；至于超然，能有此修为与心境的世间又有几人？更没有人是真正的无所不知，无论是从横向的角度，还是从纵向的角度来考量，因为没有人知道的信息量能同自然所有的信息量相媲美，一是能力限度原因，二是精力有限原因，三是自然始终处于变动中，没有人知道的信息能够穷尽过去、现在、未来任意时刻现实中的一切信息，不解之谜将永远伴随人类的左右，旧的秘密才刚刚落下帷幕，新的秘密又将诞生……是而谁又能做到无所不知？人不能无所不知，但可以大彻大悟。既然如此，人又何以能完完全全的无畏？人又何以能彻彻底底的无畏？人又何以能始终如一的无畏？人必然是有敬畏之心的，看到别人示以的利器，这种惊世骇俗的大能，自然会由衷地敬佩，但同时又不得不心生怯意，因为这种大能同样具有对自身可能存在的潜在威胁，于是又不得不心生畏惧。趋利避害，保存自己，物性皆然，更何况是有血有肉，有思想，有意识，有情感且能动的人？最方便、最快捷、最有效的方法就是远离之，将其可能的影响、破坏、摄动和改变之力局限在自己生存以外的时空，以此来达到保护自己的目的，所以畏之而后便是远之，这是通常情况下别人应对策略的尾声，但这不是最后的抉择。当远之又远之，已不能再远之，而这种利器所具有的强大威慑、影响、改变之力依然存在，人们始终意识到自己被笼罩在这种利器的潜在威胁和可能的伤害中时，那么他们在万不得已抑或是积极主动（这与外界环境和历史时代有关）地就会做出最后的选择，那就是诛之，诛之而后安，诛之而后快，诛之而后保，因为他的存在已经严重地威胁到别人的存在，而任何心理正常的人都渴望存在，所以当威胁袭来，避无可避的时候，倒不如放手一搏，群起而攻之，或许还能有几分的胜算……

是而人之利器不可以示人，倘若你拥有利器，不可轻易而随便地示以他人，你本想以此来作为提高自己在别人心目中的权重和地位，却不想只能以适得其反而告终。你会发现你的朋友会越来越少，他们刚开始会感到惊奇而心生敬意，但当他们意识到这种利器对其自身可能的危险时，又会心生畏惧，他们将不再像以前那样对你敞开心扉，而是心存芥蒂，时刻提防，以防止这种利器的不慎对其可能产生的伤害，要不干脆就避而远之，省去成天提心吊胆的麻烦，对此他们更愿远离你而不是接近你，因为他们觉得这样对其而言更加的安全和有利。倘若你逢人就阐述自己玄奥非常而又通达物性的智慧，其理亦然。别人会认为你道德修为太高，你总是用你的高标准去规范和要求他们，而他们却往往做不到，于是同样会纷纷离你而去。

《菜根谭》曰："用人不宜刻，刻则思效者去；交友不宜滥，滥则贡谀者来。"意思是说用人不应该苛刻，如果用人苛刻，那些想前来效力的人会因此而离去；交友不应该太滥，如果交友太滥，那么善于逢迎献媚的人就会设法来到身边。

《吕氏春秋·季春纪第三·论人》亦曰："其索之弥远者，其推之弥疏；其求之弥疆者，失之弥远。"这是什么意思呢？这就是说一个人对别人的要求越是深远，别人就会越远离他；一个人对别人的要求越是广大，那离他所追求的目标就越是遥远。

倘若你想别人敬畏你，你需要彰显出自身的利器以示与众的不同，但你将难有朋友；倘若你想拥有朋友，你不得不隐藏自身的利器以示与众的无异，但你恐难有威严。尽管如此，但我们需要明白的是人需要的是尊严，而不是威严。

《庄子·外篇·山木》中记载了这样一则耐人寻味而又发人深省的故事：

孔子被围困在陈国和蔡国之间，七天吃不到一顿热饭。

太公任去慰问他说："您快饿死了吧？"

孔子回答道："是的。"

"您想必不愿死吧？"

"是的。"

太公任说："让我给您讲一个不死的办法。东海有只鸟，名叫意怠，这只鸟，慢慢低飞，好像无能。被同伴带飞，挤在群鸟中栖宿。前进不敢争先，撤退不敢落后，吃东西不敢先尝，只吃人家剩下的。所以不受同伴排斥，外人也终于无法加害于它，所以免于祸患。挺直的木头先伐，水甜的井先干涸。您不断努力，增进才智使愚人惊骇，修养德行以显得别人卑污，明晃晃地像擎着日月走路，所以不免患祸。过去我听一个修成大道的人说过：'自夸者无功，成就功业的要倒霉，成就声名的要吃亏。'谁能远离功名而回来与众人为伍！大道流行但并不显出光明，道德高尚但不求名声。单纯而平常，好像发狂；不创造事业，不建立功绩，抛却了权势，不求功也不要名。这样就不责备别人，别人也不责备于我。您为何如此喜好名呢？"

孔子说："好啊！"于是辞别朋友，离开弟子，逃到旷野。穿粗布衣，吃野果。到兽群里兽不乱，到鸟队里鸟不惊。连鸟兽都不怕他，又何况是人呢？

慎用你的能力，慎用你的智慧，亦慎用你可能拥有的一切利器；

慎用你的精力，慎用你的时间，亦慎用你可能拥有的一切资本；

是而一切都必慎用，因为人不得不为之付出相应的代价并承担尽可能的后果。思想的不到位使得心理对于现实发生的一切的无准备性成为可能，但又不得不面对，因为是自己搅动了整个格局并成为全局中的一部分……

为人与做事

◎堂堂正正为人，踏踏实实做事
◎举止沉着稳重，生活简朴严谨，是一切修为臻于至善之人的通性表现
◎德性和才能是谓人之双翼
◎才能培其刚，德性缓其柔
◎唯有德性胜过才能，福祉才会绵长；只怕才能强过德性，祸害常驻人生
◎踏实和认真是做事不变的心理准则
◎没有实力支撑的外交是脆弱的，没有价值导向的行为是无益的
◎狂风暴雨难以终日，涓涓细流才能长久

人，能够作为人而存在，是自然历史发展的阶段和必然。任何品行臻于完善之人更看重的都是人之德，然后才是人之能，他们规劝世人也往往以德为先，以德为重，以德为本。

"人，首先应懂得如何做人，然后才是其他的一切。"其循循善诱而掷地有声的话语和教诲时常萦绕在耳旁，如箴言警句般不断地提醒着芸芸的众生。中国优秀的文化传统，传承五千年依然光辉灿烂的思想光芒和价值取向同样认为人应以德为先，以德为重，以德为本。"道以德弘"、"居德有颐"常常成为有心之人书于其堂屋或府邸的横匾上以示人警己的语录；"德高望重"、"德才兼备"也常常成为人们对具有嘉言懿行之人的赞美之辞。这些都说明"德"之重要，倘若一个人没有优秀的品德，再高的能力也是人性和修养的一种缺憾。这种无德而有能之人，很难成为国家或民族的栋梁，并极有可能成为一股强大的破坏力量，给人类的生命、财产，以及未来的繁荣和福祉带来更多的不安定和不稳定因素，一旦外界时势造化，这种后果必将突显出来。倘若其能力低微，破坏的力度则微不足道，可偏偏其能力不浅，位高而权重，则其破坏性就不可

小视。

《菜根谭》曰:"德者才之主,才者德之奴。"意思是说品德是一个人才能的主人,而才能是品德的奴婢。

其又曰:"德者事业之基,未有基不固而栋宇坚久者。"意思是说美好的品德是一切事业的基础,正如盖房子一样,没有那种地基不坚实,房子却能够坚固而耐用的。

德性和才能是谓人之双翼,人应共同发展而主次分明。才能培其刚,德性缓其柔,唯有德性胜过才能,福祉才会绵长;只怕才能强过德性,祸害常驻人生。是而,无论是何等人物,还是何门何派,欲增其技者,必先高其德,务必始终将其技纳于其德之驾驭范围之内,否则恃才而危者,屡见不鲜、层出不穷,古往今来不可胜数。

通过以上分析,我们可以看出德性的确不可忽视,为人德必居第一,然后才是其他的一切。所以人在人类社会这个群体中生存和发展,其首先应懂得如何做人,这是其与人相处、言行举止,以及生存和发展中必须要面对并作出取舍的抉择。是诚实守信,是奋发图强,是脚踏实地?还是自私自利,损人利己,为达目的不择手段?抑或是隔岸观火,冷眼旁观?人不得不从中作出选择,以作为自己安身立命、为人处事,以及生存发展的准则、根本和总纲。

如何做人的确是一个值得深究的问题,它在一定程度上关系到个人人际交往的命脉和生存发展的前景。做人应踏实,做人应勤恳,做人应厚道,做人应宽宏……这些都是做人的优秀品质和卓越准则,前两则是对己,后两则是对人,这两个方面就是做人的全部。

堂堂正正为人,踏踏实实做事,我认为这同样应该成为每一个人安身立命和生存发展的根本通则。为人,无论是对人还是对己,都应该对得起天地良心,都应该行得正、坐得直。我们应懂得宽容别人,就像宽容我们自己;而我们自己为人又应该堂堂正正、不偏不倚。诚如《菜根谭》所云:"君子之心事,天青日白,不可使人不知",意思正是说有道德修养的君子,他的思想行为应该像青天白日一样光明磊落,没有什么需要隐藏的阴暗行为,道理亦是相通。巧取豪夺,诡计多端,尔虞我诈,纵然一时得逞,最终也会为之付出惨重的代价。这种笑不到最后的伎俩,只有那种鼠目寸光、自以为是者才会头头是道,才会乐此不疲;唯有高瞻远瞩、务实远大者才能笑到最后,而谁能笑到最后,谁才笑得最好,一时的成败,片刻间的荣辱只是微渺而须臾的生命之电光一闪,之沧海一粟。

　　这是为人，而做事同样不可大意，不可不慎，做事的态度在很大程度上关系到力度的发挥、效果的好坏和事业的成败，那应如何做事呢？或者说做事的根本原则是什么？根本准则是什么？根本原则和准则我认为就是踏实，就是认真。做事首先摆正的是态度，没有正确的态度，会使得能力的发挥受到极大的限制，会给事情的成功增加更多的不稳定因素，本来是有能力做成功的事情，可以因为态度的不端而遭遇失败。踏实和认真，就是做事不变的心理准则，无论是生活琐事，还是学习工作，抑或是谋略策划皆概莫能外。诚信，是商业中必守的法则，而这必然需要踏实，骗得了一时骗不了一世，没有人会心甘情愿和一个不踏实、不诚信的人交友或合作，这是人之通性，违背了这些原则，自然会走向反面。那些在经商之路上违背原则的人最后只能是无商可做，那些在交友之路上违背原则的人最后只能是无友可交……将此引申到更高、更远、更大的意义上讲，就是那些在生存和发展之路上违背原则的人自然是无法生存和发展。法则就是如此的重要，它固然支撑了一切，但同时亦制约了一切，以及一切的一切。

　　古人的心思是不小的，你不要看到他们翻阅着竹简的书籍，手摇着陈旧的科技，脚踏着木制的交通，使用着早已过时的器皿……他们在他们的时代似曾辉煌，似曾早有注定，似曾意气风发，似曾雄心万丈，他们想笼络人心，想一统天下；想长生不老，想万寿无疆……这已是困难重重，而今人的豪情似乎也并不逊色，有过之而无不及，他们欲主宰命运，穿越时空；欲掌握一切，规则自然……这是何等的遥远而宏大，这又是何等的缥缈而渺茫，自然的方舟如何能够载得动人类如此的蓝图和梦想，自然的法则早已写就了一切的篇章。一个人做任何一件事，总会有人欣赏有人怨恨，有人给予肯定有人表示否决，抑或有人不置可否、保留意见，众心难衡，众利难均，这就是客观的事实。然而人又何须如此，人主要的精力，主要的功力，主要的目的首先在于做好自己，而不在于曲意逢迎，不在于阿谀奉承，不在于巴结讨好，亦不在于急于发展外交、扩大自身影响。没有实力支撑的外交是脆弱的，没有价值导向的行为是无益的，无论是个人、民族，还是国家，其理亦然，这只能被德薄者鄙视，德厚者包容。堂堂正正为人，踏踏实实做事，谨奉自然的法则，恪守成功的原理，我想前程一定是光明的，舞台也一定是宽广的。

　　为人与做事的旨归何在？在此依然还是认同《菜根谭》里的那句话："处世

不必邀功，无过便是功；与人不求感德，无怨便是德。"意思是说为人处世不必刻意去追逐名利，能够做到不犯错误就是一种功劳；对待他人不必要求别人感激自身，只要没有怨恨就是一种德行。这或许让一些过于激进之人所看轻，认为其太过保守，但我却认为这正切中了事物的要害。求胜心切之人，不仅没功反而祸害不断；急于标榜之人，不仅无德反而谤兴而毁来。自然的法则就是狂风暴雨难以终日，涓涓细流才能长久。

在人类成长和发展的轨迹中，每个人都在寻求属于自己的成功和幸福，但终究不同的人扮演了不同的角色，在或大或小的舞台上诠释着自己。理想和现实在相互地追逐，缠缠绵绵而翩翩起舞，彼此间的不断超越构建了一个真实的自我，彰显出一个本源的人性，寻求到一个和谐的平衡，也成就了一个易逝的永真……

翻开历史的扉页，阅历岁月的沧桑；追忆如烟的往事，掸去尘封的时光。从连绵起伏的历史中一路走来，遍求往哲、详问诸贤，试图从一个又一个时代精英身上找出那种思想的力量，那种不灭的火焰，那种肯定的执着，那种与时空切合得最佳的人文精神，是什么锻造了他们的人格？是什么喷薄了他们的思想？又是什么成就了他们的未来？大凡修为臻于至善之人总是那么耀眼，总是那么闪亮，在黑暗中可以照亮一段历史，在现实中早已布控好未来，他们沉着，他们稳重，他们俭朴，他们严谨，是他们构建出时代的精神坐标，亦是他们匡扶着人类发展的历史航向。举止沉着稳重，生活简朴严谨，是一切修为臻于至善之人的通性表现，这就是其一切高深理论和玄奥思想的最后表现，这就是其经过无数次的思想斗争和寻觅所求的结果，这亦是其一贯通行的标榜和言行表现的终结。

参悟生命、畅达人生，通达物性、包容化育是其不懈的努力和追求，修为至善之人是卓越的，是智慧的，是博大的，亦是宽容的，更是一切人生修为的方向和目标。他们始终站在历史和辩证的高度，洞烛过去，远眺未来，通达万物，理解自然，用其一向深邃而睿智的双眸注视着纵横交错的时空以及复杂善变的人性……

自然的德性

◎自然的德性：化育一切，毁灭一切，包容一切，主宰一切
◎一切都无法超越自然
◎一切都可归结为自然所允许范围内的波动和起伏
◎自然本身决定了自己的发展和归宿
◎自然是宇宙内外的一切，自然是现实存在的一切

哲学将其研究的领域细分为自然领域、社会领域和思维领域，这固然没错，这是研究需要的结果，但是从更为广义的角度而论，其实一切都将包括进自然的范畴，无论是社会还是思维。

根据人类科学对宇宙的研究和发现，认为我们现在的宇宙起源于一次大爆炸。美国的彭齐亚斯（Arno Allan Penzias，1933～）和威尔逊（R. W. Wilson，1936～）在无意之中发现了宇宙背景辐射，这有力地证明了宇宙起源于一次大爆炸，这种背景辐射正是大爆炸的余热，它充滞在我们观测的宇宙中。而另一方面，从星系光谱的红移可以推断出，越远的星系以越快的速度离我们而去，这表明整个宇宙目前是处在一种膨胀状态。既然宇宙起源于一次大爆炸，而且目前依然在不断地膨胀，这就充分说明宇宙是有限的，尽管非常的大，并且在继续变大。事实上，宇宙的空间-时间可以看作是有限而无界的四维面，而我在此概念定义的自然是指宇宙内外的一切，无论其外部是否存在任何存在。有没有是一回事，定义已将其锁定，那么在此定义下，宇宙可以看作是自然的主体和宏观的近似，但相对于整个自然而言也只是微不足道的浩瀚瞬间。

宇宙的年龄大约是100亿到200亿年（或认为是150亿年），我们看到的宇宙只是其过去，尽管其过去也在不断地变化和发展。这就意味着宇宙作为整体（存在部分的坍缩）已经膨胀了100亿到200亿年，这是一个非常庞大的时

空范围，我们还难以精确地知道其具体有多大的尺度，因为须臾的时间就会造成浩瀚的差距。这就好比过去人们对于地球的尺度的无知一样，而只能凭借着玄奥的哲学和永远都算不得成熟的科学来对其进行极为有限的描摹和揣度，以此来满足人类好奇的天性和永远都不服输的个性。但倘若时间允许，不断喷薄的宇宙的时空范围同样会臣服于未来人类的科学，就像今天的地球的尺度一样。

根据爱因斯坦的相对论，使我们知道在宇宙中没有一个唯一的绝对时间，相反的，每个人都可以有他（她）自己的时间测度，这依赖于其在何处并如何运动。的确如此，在地球上不同高度的钟，其速度不同，山顶快于海平面。相对论同时认为，时间不能完全脱离和独立于空间，而必须结合在一起以形成所谓的空间-时间的客体。广义相对论亦认为，重力场的空间时间特性依赖于物质质量分布，物质的质量越大，分布越密，重力场越强，则空间的"曲率"越大，时间的流逝越慢。空间-时间在普朗克（Max Karl Ernst Ludwig Planck, 1858~1947）尺度（10^{-33}厘米）下是不平坦的，而是处于一种泡沫状态，除此以外基本上是平坦的，并因此使得星系、生命和物质的发展成为可能，物体就是在这四维的空间-时间中呈直线走。我们生存在一个宽度约为10万光年并慢慢旋转着的星系中，宇宙中的所有已知的粒子可以分为两组，一组是组成物质的自旋为1/2的粒子，一种是物质粒子之间引起力的自旋为0、1或2的粒子，且任何粒子都有其反粒子，当二者相互碰撞时会同归于尽，只留下相应的能量。

宇宙作为一个整体，在继续地膨胀并变冷，宇宙中的物体运动时，或者一个力起作用时，它会影响空间和时间的曲率，而与此同时，空间-时间的结构也会影响物质运动和力作用的方式。这就是说空间时间不仅去影响，而且被发生在时空中的每一件事所影响。广义相对论预言，运动的重物会导致引力波的辐射，那是以光的速度传播的空间-时间曲率的涟漪。宇宙在爆发的早期，存在一个暴涨的时期，这可以解释为何宇宙现在存在这么多的物质？那是因为宇宙的总能量刚好为零，宇宙的物质是由正能量构成。在量子力学中，粒子是可以以粒子-反粒子对的形式由能量中创生出来，当宇宙的体积加倍时，正物质能和负引力能都将加倍，使得总能量保持为零。不断膨胀的宇宙一方面在膨胀，但无时无刻不受到自身引力的牵制，引力在相对论中被认为只不过是空间-时间不是平坦的这一事实的后果，正是这一事实的后果——引力，主要决定了宇宙的演化，这种引力可以使其局部乃至整体发生坍缩。当坍缩的区域变得更小，其会自转得更快，当其变得足够小，其自转速就会足够快到以平衡引力的吸引，于是碟状的旋转星系就此诞生。另一方面，大量的气体由于受到自身的引力吸引而开始向自身坍缩，于是便形成恒星，太阳将氢燃烧成氦，将得到的能量以光和热的形式辐射出来，由此形成地球上一切生命的源泉。当有此源泉，再通过化学的反应，具体细分为几步，第一步是从无机小分子到有机小分子，再从有机小分子到有机高分子，再从有机高分子到多分子体系，然后再由此到原始生命。生命是由核酸和蛋白质组成的系统的存在方式，有此少数几种原始生命，再经过漫长的岁月，经由遗传和变异的双重作用，其中染色体是遗传物质的主要载体，遗传信息的遗传过程一般可概括为由DNA转录为RNA，再由RNA翻译为蛋白质，然后由蛋白质表现为性状，这称为中心法则。通过上亿年的自然选择，适者生存的漫长演化，遵循从低级到高级，由水生到陆生，经简单到复杂的方式而最终形成我们今天七彩的世界。生物将这种自然选择对自身造成的变异不断地积累起来，再通过遗传的方式释放下去，积累－释放－再积累－再释放，以迎合自然发展的需要，达致适者生存的目的，最后直至种族的灭亡，这个积累到释放的过程才会宣告结束，但是新的过程又将诞生。

　　一般可以承认的是，一切生物都是按照"模式统一"和"生存条件"两大法则而形成，不仅我们是自然造生的，属于自然的一部分，我们制造生产的一切都需要经过自然的审判和许可，并遵循其相应的法则才能得以成功，否则根本无法成功。我们之所以能够成功做成一件事，那是因为自然中早就存在这样做可以成功的法则，而不是人类自创出这条成功的法则，只是这种法则被人类识别（有时是偶然）并在客观上予以遵循，于是人类就取得了成功。其次，事物无论是自然消亡，还是意外消亡，同样要遵循其相应的法则，归根结底是与自然有关，自始至终都无法脱离自然，摆脱与自然的联系。自然化育了一切，自然毁灭了一切，自然是宇宙内外的一切，自然是现实存在的一切，当然是无所不包的，故而包容一切。既然其已包容了一切，那么又有谁能够凌驾于其上，更能超越于其上？是而一切都无法超越自然。宇宙中的所有结构都可归结于量子力学的测不准原理所允许的最小起伏，同理，一切都可归结为自然所允许范围内的波动和起伏，事物无论怎样运动，怎样变化，怎样发展都始终无法摆脱其制约，摆脱其束缚，摆脱其掌控。自然强劲而宏大，严密而精微，虽然其默不作声，容忍一切事物在其广袤的怀抱中任意驰骋，但事物之间相互制约的属性和法则又使得它在总体上限定了其内一切的发展和变化，主宰了一切最终的归宿与存亡。

　　化育一切，毁灭一切，包容一切，主宰一切，这就是自然的德性。不仅如此，自然亦是一个自给、自足而又自承的完善体系，自然本身决定了自己的发展和归宿。自然是一切现实存在的总和，尽管其组成部分时刻都在发生着变化，自然给其内部的每个事物都作出了终极的裁定，在造生它们的同时早已为其注入了生死的符印、烙上了行进的轨迹，而事物要么就一直沿着这条脉络走完全程，要么就在其一定的范围和限度之内上下、左右、抑或内外的旋动……

自由之梦

◎我们所能知道的一切不过是对我们已经知道的一切所进行的加工而已
◎因为我们已经知道的一切始终是有限的，而加工亦是有其限度，所以我们所能知道的一切同样变得有限
◎人类的发展史就是一个秉承有限的认知向无限的未知迈进的过程
◎在未创造出一个新的条件时，只能生存在现有的状态中
◎人类总是在经受着自然改造的同时，尽其最大可能地改造着自然
◎岂能事事尽如人意，但求无愧于心

　　人类在必然王国的盲目世界中励精图治，在前后左右的不断碰撞中感悟现实，摸索出一条条正确的道路，欲冲破层层自然的束缚和先天的屏障，以走向自由的国度，迎来发展的契机和无限的可能。

　　这是一条充满着无数荆棘和坎坷的曲折之路，但是人类也只能沿着四维时空的直线走。张弓没有回头箭，踏出一步就有一步的效果，无论是成功还是失败，无论是快乐还是痛苦，人类都得为之付出相应的代价，在未创造出一个新的条件时，只能生存在现有的状态中，这是一切自然的改造者所不得不面对和接受的事实。

人类在改造自然的同时，亦会受到来自自然的改造，但人类对自然的改造是微弱的，是渺小的，而自然对人类的改造却是强大的，却是根本的，但无论怎样，人类总是在经受着自然改造的同时，尽其最大可能地改造着自然，以求得生存和发展的更大优势和空间，此为万物皆尽其性。在自然中存在的我们，不能不通达其既定的规则和法度，否则难以随心所欲地在其锁定的范围之内任意驰骋。人类为此已经作了长达百万年以上的试求和探索，以向这个遥远而美丽的梦想不断趋就。人类的发展程度将这种试求和探索给予了一次次的量化和肯定，但在这种遥远而恢宏的长征路途中亦掩盖不了人性的缺憾与瑕疵，同时还要不断地聆听着来自上天的垂训和启示。一次次的灾难，一次次的苦痛，只要人类还有一息尚存，就不会丧失生存的勇气和发展的雄心。

在不断地揭开自然的神秘面纱，将我们天天看也永远看不够、看不完、看不尽的世界的奥秘——呈现并运用于人类的文明史中的时候，人类才迎来了文明的旅程，走出了原始的蒙昧与落后。尽管如此，人类的发展道路依然是漫长的，我们所能知道的一切不过是对我们已经知道的一切所进行的加工而已，诸如复写、联想、类比、推理、整合、派生、缩放、迁移等人类所能想到并运用的基于已知而达于未知的一切方式和途径。人类凭借着可以凭借的一切手段来发展自己，壮大自己，改造环境，顺应自然，沿着心灵的旅程一路走来。通过这些手段的应用，人类的确加快了发展的步伐，拓宽了思维的空间，随着认知的不断深入，人类改造自然和壮大自身的力量和能力也相应地得到了提高。然而，因为我们已经知道的一切始终是有限的，尽管在不断地增长，而加工亦是有其限度，有其范围的局限，所以我们所能知道的一切同样变得有限。相对于整个不断演化中的自然所蕴含的信息而言，我们所知的信息就犹如杯中之水、空中之云，这种信息的有限使得人类的一切改造行为亦将变得极其有限。

人类踏着有限的脚步一路走来，矢志不渝地走向无限的可能，这是一条没有尽头和止境的长征之路，或许书太厚，本不该掀开扉页；沙滩太长，本不该走出足迹，但又岂能事事尽如人意，但求无愧于心。人生一旦踏出了第一步，就只有不断地走下去，而没有回头的权力，然而人类早已踏出了第一步，并且不是唯一的一步，是而又怎能回归从前？其实人类的发展史就是一个秉承有限的认知向无限的未知迈进的过程。人们总想不断地增加这有限的范围，以减少未知的空间，但自然总是处于不断地变动和发展中，以避免被完全彻底地窥透和征服，其功力十足且又不知疲倦地一心完成自己无穷无尽、无止无休的演化历程。

法天象地

◎ 多认可一些现实，才能少有一些烦恼
◎ 如果能够认可一切，那就不再有任何的烦恼
◎ 倘若一方面认可一切，另一方面又努力不懈，那么便既无烦恼却又不失动力
◎ 仅仅知道却无法做到是没有效果的
◎ 小人没有君子博大，君子没有圣人博大，圣人没有自然博大
◎ 事情总有解决的办法，一切都有生克的法门
◎ 面对现实的一切，这就是自然所能给予我们的全部
◎ 努力不懈其实就是认可一切前提下的批判继承
◎ 解决了一个矛盾，紧接着又是一个新的矛盾
◎ 自然是在轮回中进化，但亦是在进化中轮回

功宏化育　木铎扬声　道以德弘　德泽四方
师法自然　无为而治　万法同宗　是易太极

志摩说："自然是最伟大的一部书"(《徐志摩作品精选·翡冷翠山居闲话》，长江文艺出版社2003年版，第278页)。想来的确如此，它包容化育了一切，主宰毁灭了一切，以及一切的一切，而这必然要遵循相应的法则。

存在便是合理，这是黑格尔的睿智。此"理"当然应该是自然造化、宇宙化生之理，而绝非人类道德之理。倘若不合理（自然之理），那么根本不可能在自然中成为事实，成为现实，成为存在。

自然本不是按照人类的意志来进行运作和演化的，人类又岂能以人文道德之理来度量和权衡自然存在之理，让自然和宇宙的造化完全符合人类的标准和道德的取舍。道德是人类的需要而不是自然的需要，这将在现实，即自然的存在中注定成为心灵的创伤，但亦将成为光明的引火，发展的动力和必然的结果。

小人没有君子博大，君子没有圣人博大，圣人没有自然博大，最博大者莫过于自然，其大无其外，小无其内，无际无涯而又无始无终，深深地弥盖住了宇宙内外和现实存在的一切。人类的道德之理远远包容不了自然的造化之理，这就是客观的事实。这使得自然造化的一部分超越了人类道德所能容忍和许可的限度，圣人之理尚且小于自然之理，更何况是普通之人？倘若一遇见现实中不合人类道德之事，就有发不完的怨恨和不满，只能徒增人生的感伤和忧愁，然而对于事情的解决却没有丝毫的帮助。

　　既然现实已经存在，无限的感慨并不能扭转乾坤；既然现实已经存在，便注定有其合理性。客观上成为矛盾的羽翼，与其另一翼相互依存、相互促进、相互援引并存在相互转化的契机和可能。其必然合乎自然的法则，否则不可能在自然中成为存在，倘若不在自然中存在，它便没有地方可以存在，然而它一旦消失，矛盾的另一半亦不能独立存在。多认可一些现实，才能少有一些烦恼，这对于平衡心理、保持冷静和健康心态都是大有裨益的。说近一点，牢骚满腹无助于事情的解决，只是度量狭小的体现，未经风雨的表征。当经历的事情增多，人生的阅历变广，便不会再有如此的心情和精神来作无谓之叹；说远一点，这对于个人的修身和养性皆有益无害，事情总有解决的办法，一切都有生克的法门，既然木已成舟，我们只能面对现实。面对现实的一切，这就是自然——这力大恩深的母亲所能给予我们的全部。倘若能将自己现实的一切视为人生的财富并给以相应的运用，那么自己的人生将会受益无穷，也不枉费自然的化育之恩和造化之情。

　　生前死后的一切对我们自身而言都不再是那么的重要，尽管出生之前会对出生之后的现实构建一定的影响，但这却是我们所无法掌控的，而死后更是我们所无法企及的，这样就只剩下中间的一段历程，然而就是这段唯一的历程，我们对其的掌控和运作亦是有其限度。一切能够对自身构建影响的，诸如悲欢离合，荣辱兴衰，事物变迁，社会关系，人情世故……都将在自己生命的尽头宣告结束。

　　如果能够认可一切，那就不再有任何的烦恼。为什么会是这样？诚如前文所述，人生的痛苦在于理想和现实的差距，因为有此差距的存在，才使得人生对于现实的不满而悲哀，人生正是在为这段差距而忧虑。倘若没有这段差距，自然就不会再有任何的悲伤，自然就没有主动去消除这段差距的必要，而这却只能通过人类自身来加以调节和完成。与此同时，人亦无须一定要看破红尘、遁入空门，依赖于参禅悟道和超越生死来化解心中的烦恼和痛苦，因为认可一切便是消灭这段差距的有力工具，从而使得理想和现实达致一致。

认可一切，当然是认可现实的一切。具体而言，认可一切就是认可自己的优点，认可自己的缺憾，认可别人于己的一切评论，以及自己周围的一切事物。面对自己的优点，自己认可它；面对自己的缺憾，自己亦认可它；面对别人的评论，自己还是认可它。无论是正是误，正则正听，妄则妄听，尽量使理想和现实、主观和客观完全相符，完全一致。如果能够做到这样，自然就不会再为之烦恼，为之忧虑，为之痛苦，因为你已经完全认可了现实中的一切。理想和现实的一致、主观和客观的一致，使你没有理由再为之烦恼，没有理由再为之忧虑，没有理由再为之痛苦。即使不能完全认可一切，那么认可的现实越多，烦恼自然就会越少。

无法认同，那是因为无法理解。认可现实的一切，说来简单，但却又不是人人随意就能做到的，仅仅知道却无法做到是没有效果的，而这同样需要相应修为的支撑。倘若人人都能真正做到认可一切，那么人人都是豁达之人，而一旦这样，也就没有了豁达之人。

当知道了这条理论，并有了相应的修为和造化，自然可以免去人生众多的烦恼。尽管如此，但这并不是说人生的其他准则和法度都不再重要，倘若能够尽可能多地知道人生的规则和定律，那么便可以少历失败多建功，少走弯路早成功。这是一方面，而另一方面，倘若你认可了一切，那么便解决了一个矛盾，但紧接着又是一个新的矛盾，但是你不能因此而拒绝解决前一个矛盾，否则自己将永远无法进步，那就是你可能丧失前进的动力。因为你已经没有了压力，内外的一切都被认同了，于是自然无法再形成压力，于是自然无法再成为激励自己不断前进的动力。

那么这个矛盾，这个问题又该如何解决呢？事情终究逃不出被解决的可能，那就是倘若一方面认可一切，另一方面又努力不懈，那么便既无烦恼却又不失动力。认可一切使得自己不再为内外的一切而烦恼，努力不懈又可以源源不断地给自己提供前进的动力。你只需要努力不懈地做好自己，何必再为内外的事物而感到忧虑和痛苦？如此一来，在自己前进的道路中便可以尽可能地不再为生存中的事物而烦恼，因为你已经认可了它们的存在，但同时你亦不会丧失前进的动力，因为无论怎样你始终不渝地都要努力不懈。

或许有人会说，既然你已认可一切，那又何须努力不懈？既然你都已经认可，那又何必再去改造，去修正，去重建？其实二者并不矛盾，努力不懈和认可一切是可以成为并行不悖的两条线。认可一切在于承认一切的现实性，目的在于消除理想与现实的差距，从而不再为之烦恼，为之忧虑，为之痛苦；而努力不懈在于无论外界是怎样的，无论自己是怎样的，自己始终都需要完善自己，这是个人发展中不变的主流，以此来实现自己不会因为认可一切而丧失前进的动力。这是根本的，而外在表现却可以是多样的。另一方面，认可一切亦绝非不对事物予以批判继承，这又是两个并不矛盾的概念。正如上述，认可一切只是认可其存在性，以使自己不因理想和现实的差距而烦恼，而并非认为存在的一切对自己，对社会，对自然中的局部都是必要和可行的，都是符合人类价值和道德取舍的，自然不是这样。诚如篇首所述的那样，自然的造化又岂能完全符合人类的道德？有了批判继承，有了扬弃，就找到了发展自己，即努力不懈的做法和标准，因为人需要发展自己，需要努力不懈，那么人就需要批判继承，但二者又都可以同时并存在认可一切的前提下，通过批判继承来实现发展和改进，以实现努力不懈。努力不懈其实就是认可一切前提下的批判继承，这正是三者的辩证关系。

认可一切和努力不懈的结合是法天象地的表现，是自然之道在个人生存中的体现，为什么是这样？在此针对自然的运行之道再做深刻的剖析：

自然是如何运行的？

自然是如何彰显自己的？

自然又是如何来启示我们的？

我们看到并感受到的现实就是自然，无论是风和日丽，还是电闪雷鸣；无论是光芒万丈，还是黑暗深深；无论是火山喷发，还是温情流水；无论是造化一切，还是毁灭一切……这都是一个真实的自然，自然都认可它们的存在，因为它知道，这是它发展的必然和内在矛盾不可调和的产物，是故它将其作为自己的组成部分而存在，无论局部如何彰显自己，无论内部无何消化、整合，其始终都逃不出作为整体的一部分的宿命，最终都将为整体的存在和演化而服务。这就是自然，它从来不会为正义或邪恶、黑暗或光明、狂飙或柔和而想不通，而为之烦恼，忧虑或痛苦，因为它认可它们的存在，倘若不是这样，它们在自然中便无法存在。另一方面，无论怎样自然都始终不放弃自身前进的动力和演化的可能——它在不断地发展，它在不断地努力，此为努力不懈，尽管快慢因时空而有所不同。根据英国生物学家达尔文的研究，使我们知道生物是在演化，是在进化，是在从低级走向高级的一个过程，而这一切，以及一切的一切，归根结底都是自然的造化，这说明什么？这说明自然也在演化，自然也在进化，自然也在从低级走向高级，是自然的进化造就了其内一切事物进化的可能和契机，而这又绝非简简单单地如同古代的先哲们所参悟的那样——自然只是一个简单的轮回，仅此而已。我认为自然是在轮回中进化，但亦是在进化中轮回。轮回和进化互为方式，亦互为目的，倘若没有后半部分——即在进化中轮回，那自然的发展将是无限的高级，没有顶点，而这难以成为现实。当其发展到一定的高度，倘若不能突破，将从头再来以求突破；倘若能够突破，又将迎来一个新的过程。自然必将是一个零和的博弈，被造生而来的万物，终将走向生命的起点，最后依然还是一个零，不留下任何一点文明与黑暗的残片……然而自然的进化是极其漫长而遥远的，其中包含了无数的过程，我们的存在正是其轮回中进化的体现，但亦只能是其进化中轮回的过程，自然的这种进化和轮回的相互关联和包容性，使得自然成了一个完整的、自给的、完善的、自承的系统，否则它将无法存在，亦将无法发展，这就是自然演化的法则。自然本身并没有意志，没有主观的目的，但这是其客观的表现，正是因为有它自身的这个属性，于是其内部的一切都不同程度地带有这个禀性，以作为其存在和发展的最高准则和存在圭臬。根据辩证哲学的矛盾理论，唯有矛盾的存在才有事物的存在，也就是说事物内部必须含有矛盾，否则无法存在，更无法发展，因为发展必基于存在，且是存在的宿命，这就是一个真实而现实的自然。

认可一切并努力不懈，这就是自然的根性，这就是自然演变的准则，故而做到认可一切并努力不懈是法天象地、师法自然的表现。《道德经》有云："人法地，地法天，天法道，道法自然。"法天象地，我们必然的选择。人无论做任何事情，解决任何矛盾，都必须经过自然的认证和许可，否则根本不能成功。《吕氏春秋·慎大览第三·下贤》曰："以天为法，以德为行，以道为宗"，意思是说以天为法则，以德为规范，以道为根本，这是古人的智慧和哲思，至今仍闪烁着光芒。中国古代的先哲提出以天人合一作为个人修为的最高境界，甚是有理，但正是因为其高深，高不可攀，深不可测，能够真正做到的人却几乎没有，成为人类产生至今一种玄奥的理论和缥缈的追求，然而认可一切并努力不懈却是我们可以做到的。

真 人

◎唯有通达之人，居上不威，居下不怒，富而不骄，贫而无怨
◎时势造化，风云变幻，一切皆是缘
◎能力与地位的不符，使人心生怨恨；造化与待遇的不公，使人徒增忧愁
◎随遇而安，恬静无求，常保朴素和纯真

> 悲哀与欢乐，是德性走上了邪路；高兴和发怒，是道有了过失；爱好和厌恶，是内心的失误。（此处为译文，原文见《庄子·外篇·刻意》）

这是中国古代庄子的一段教诲，亦为道家学派崇尚清静无为，恬淡无求的表征。儒家以君子作为安身立命和人生追求的根本，通过修身养性以达治国平天下之志，这种"修齐治平"的儒家思想传承千年而不衰，早已深深地根植在了华夏广袤的土地和无数学者的心中。道家则以道作为天地万物的根本，假借天道以通透人道，崇尚师法自然和无为而治，从而致道归真。而常人则以儒业进取，以道术全身，以儒求官，以道脱俗。

出入佛老，栖心禅寂。尽群经微旨，拨迷归宗；彻诸家指要，循流达源。而后综罗儒道，会归一致，独标正鹄，体用不遗，有如揭灯去暗、拨云见日者，唯通达人生，走好人生而已。其中通达人生是手段，而走好人生才是目的。那么又如何才能通达人生？这是必需要通达命运，通达人性，通达自然，以及通达一切的可能。故而在此，我就以通达来作为立论的根基。

庄生引时语曰："众人重利，廉士重名，贤人尚志，圣人贵精。"（《庄子·外篇·刻意》）意思是说众人重利，廉洁的人重名，贤人崇尚志向，圣人宝贵精神。想来诚如此言，普通之人看重利益，廉洁的人安贫而注重名声，贤人是崇

尚志向而不惜耗损自己，圣人则宝贵精神以延年益寿享尽天伦。《吕氏春秋·季冬纪第十二·诚廉》有云："人之情莫不有重，莫不有轻。"意思是说人之常情是没有不有所重的，也没有不有所轻的，讲的道理亦是相通。

常人总认为自己是如何如何了得，是如何如何智慧，总认为自己聪明而睿智，而别人都不如自己；常人总认为自己什么都懂，你无论问他任何问题，他都会侃侃而谈，娓娓道来，因为他从来就不会说自己不知道。《战国策·秦策一》云："弗知而言为不智，知而不言为不忠。"意思是说不知道的却要说，是为不聪明；知道的却不说，是为不忠诚。其实不知而言不仅不智，更在于贻误后学，诸如一句"食色，性也。"有人说语出孔子，亦有人认为语出孟子，原来却是语出告子，载于《孟子·告子章句上》，是故弗知而言害人害己也。常人信奉"人争一口气，佛争一柱香"的人生哲学，事事看得太近而不能高瞻远瞩，利害趋于当前而失之云远；常人亦总喜欢在人前卖弄自己那点浅薄的才气，可是自己都尚未通达，那又何必急于指点江山、激扬文字？对自己充满自信，生存中拥有勇气，这本是好事，只是过度的自信就会走向其反面，迎来自负的伤悲。一阵激越和震荡之后又会复归于平静，复归于下一个征程的起始。

时势造化，风云变幻，一切皆是缘。相互聚集的事物，彼此之间的相互作用，以成就各自不同的命运。能力与地位的不符，使人心生怨恨；造化与待遇的不公，使人徒增忧愁。地位低下而能力卓越，造化非凡而待遇微薄，要么流于玩世不恭，要么流于愤世嫉俗，这亦是其才能超越德性的表现，然而溢出的能量必然有其释放的时空。功夫不负有心人，有朝一日终有所成，却又如山洪爆发般狂泄而来，情不自禁而声色俱厉，严于律己亦严于律人，自己能够做到的事情同样要求别人能够做到。倘若真是这样，岂不是正说明了自己是所在群体中最笨的人吗？怎么不是，自己能够做到的事情别人都能做到，而自己不能做到的事情别人也可能做到。所以说，自己能够做到的事情而别人做不到，自己不应该感到失望，因为这正说明了自己的优秀和卓越，高明和价值。《礼记·中庸》倡导"居上不骄，为下不倍。"意思是说身居高位时不要骄横，身居下位时不要背弃。西汉刘向曰："君子得时如水，小人得时如火。"（《说苑·谈丛》）的确有其道理，居下而怒，居上却威，所谓位低则憎恨，位高则骄矜，这并非是通达之人的外在表现，不过只是小有能力却又尚未洞穿世事罢了。

通常而论，人类为了生存下去，必然要消耗能量的有序形式——食物，然后再将其转化为能量的一种无序形式——热量，通过不断地新陈代谢，以实现生命的延续和发展。既然如此，经济对于社会中的个人而言是不可或缺的，有其现实中不可替代的意义所在。然而面对人生的富贵、贫穷和武力，孟子告诉我们："富贵不能淫，贫贱不能移，威武不能屈，此之谓大丈夫。"（《孟子·滕文公章句下》）意思是说富贵不能乱其心，贫贱不能变其节，威武不能挫其志，这才叫作大丈夫。孟子的这句话早已流传千古，成为妇孺皆知的名言警句。同时，这种思想和精神也早已融入到中华民族博大而精深的传统文化里，在无形之中激励着成千上万的后来者。关于贫穷与富贵，孔子有一句穿透人性的论断。孔子曰："贫而无怨难，富而无骄易。"（《论语·宪问》）意为一个人贫穷而没有怨恨是困难的，富贵而不骄傲却是容易的。试问天下苍生，能够不受此束缚和羁绊的魂灵又有几人？这里表达了孔子认为贫穷时不应忧虑，富贵后也不骄傲的儒家达观的人生态度，这是很值得后学之人继承和发扬的。

《国语·楚语下》有云："唯仁者可好也，可恶也，可高也，可下也。"意思是说有仁德的人，可待他好，也可待他坏，可让其居于高处，也可让其居于低处。因为仁德之人，待他好，他不会恃宠而骄横；待他坏，他也不会怀恨在心。三国时魏国嵇康曰："达能兼善而不渝，穷则自得而无闷。"（《与山巨源绝交书》）意思是说显达时能兼善天下而始终不变其志，穷困时能独善其身而自得无闷。这里体现了嵇康自得其乐，随遇而安的旷达胸襟。

唯有通达之人，居上不威，居下不怨，富而不骄，贫而无怨。能够做到这四点，已是懂得生命、通达命运之翘楚；倘若又能深谙自然之道，明达造化之理，和于法则之规，随遇而安，恬静无求，常保朴素和纯真，上达于天，下察于地，中通于人，进而通达人生，运作命运，以臻于至善，以臻于至理，以臻于至德，此谓真人。

经济哲学

◎ 收益必须大于成本，是实现经济利润的必然
◎ 一个能动的实体实现经济效益的唯一途径就是其必须向所在的群体注入一种以上的、有接受对象的、无论任何形式的广义资本
◎ 能力方案、经济方案、政治方案是实现经济效益的三大方案
◎ 现实中一切具体的工作都是体力和脑力的融合
◎ 一切的权力都必须构架在一定的个体之上
◎ 唯有走对路，才能走好路；唯有走对路，才有好归宿
◎ 存在就可以成为一种资本

经济，人类生存中不可缺少的一部分，它将伴随人类生命的始终，故而不可不察，亦不可不慎。

社会主要靠什么来强制规范，法律；法律是由谁来保证，政府；政府是由谁来支撑，军队；而军队又是由谁来维持，经济。没有一定的经济实力作为支撑，不可能维持，毕竟人是血肉之躯，不能不食五谷杂粮，而这必然依赖于经济。个人离不开经济，民族离不开经济，国家同样离不开经济，人类更是离不开经济，而法人、组织、团体等能动的实体亦是如此，否则便没有运作的空间和长存的可能。经济渗透到人类生活的各个领域，早已成为支撑人类生活的必备要素。

经济在经济学上是指社会物质生产和再生产的活动，其亦可以指个人生活的用度，在中国古代也可以作为治理国家而言。现实生活中，人们按照个人的需要来援引其中的部分意义以作为自己阐述的内容，在此不做苛求。那么作为一个能动的实体，诸如自然人、法人、组织和团体如何才能实现经济利润呢？或者说其总的原则又是什么？那就是收益必须大于成本，这是衡量和判断一切

经济活动的总纲和依据，亦是实现经济利润的必然。当收益大于成本，我们可以说其实现了经济利润；当收益小于成本，那么其必然没有实现经济利润，而且还发生了亏损。收益和成本之间难以绝对地相等，只能相对地接近，所以在不甚严格考核的范畴之内，才有经济活动中既没有实现利润也没有发生亏损的事实的存在，而在严格考核的标准下，只有两种结果存在，那就是要么实现利润（无论大小），要么发生亏损（无论多少）。

收益必须大于成本，这是实现经济利润的抽象原则，离开了这个抽象原则，无法判断和权衡一切经济活动的利弊与得失。问题在于不同的实体对于纳入收益和成本进行判断的因素有所不同，法人、组织或团体在进行收支考量和最终核算时，有时会通过各种方式，将自身的一切固定或流动、近期或远期、有形或无形资产统一折算为通行的货币，然后作为考量的要素以确定最终的收益和成本的大小，进而再通过对比较以得出结论。个人判断同样可以以此作为基础和依据，并从严或从宽地纳入一定的因素进行核算和考量，以确定自己是实现了经济利润，还是发生了亏损。既然如此，那么得出的结论必然与纳入考量的因素有着莫大的关系，因为这些因素都将直接影响到评判的结果。

有人认为，要实现经济效益，必须将自己的能力（这里主要是指基于体力或脑力）转化为生产力，以此来满足社会或他人在生理或心理上的需要，从而获得经济效益。也就是自己向社会贡献出自己（能力），以此来创造社会所需要的物质或精神的财富，从而使自己实现交换的价值，获取交换利益。这实际上是一种能力——货币的交换和转化，这种交换价值自然应该是交换双方都认可并接受的，否则在合法的限度内无法成为现实。这种实现经济效益的表述方式固然没错，但是却不能概括尽现实中实现经济效益的一切可能，只是描象了其中的主要部分，故为狭义的思想。

既然这是狭义的思想，因为其无法穷尽一切可能的现实，那么有没有一个能够概括其全部存在的统一理论呢？应该是有的，那就是一个能动的实体（自然人、法人、组织、团体）实现经济效益的唯一途径就是其必须向所在的群体注入一种以上的、有接受对象的、无论任何形式的广义资本。我认为这个理论应该可以概括完其全部的可能，成为一切实体实现经济效益的现实途径和理论总纲。

资本，通常意义上使用最平凡的含义莫过于货币资金，但这只是狭义的定义和思想。所谓广义资本，是指体力、脑力、信息、能量或物质等所能向外界提供的一切现实的存在，其亦可以理解为获取利益的一切凭借。只要有特定的接受对象（对象必然是特定的），便可以有以此为凭借而获取相应的经济利益的可能，那么这里所依凭的存在也就成了资本。而"注入"可以是先天的，也可以是后天的，但是绝大多数情况下都是后天形成的。当我们对此理论心领神会、融会贯通以后，便可以用此去解释人类社会中所发生的一切获取经济利益的情况，从最常见的按劳付酬，到艺术家、文学家、作家的独立创造，再到遗产继承、希望工程和捐助馈赠等情况都概莫能外。

根据现实中实现经济效益的情况进行归纳和总结，可以概括抽象出三大主要方案，那就是能力方案、经济方案、政治方案。这是在实现经济效益理论总纲下的具体方案，尽管是具体的方案，但依然是十分抽象的原则，其中任何一种方案在现实中都可以有多种不同的表现。

所谓能力方案就是凭借自己在某方面的能力（在此主要是指基于体力或脑力）来实现经济利益。这也是人类社会中最广泛、最常用、最直接的存在方案，其实也就是向所在的群体（在此为社会）贡献出自己的体力或脑力。而在现实的具体操作中，没有纯粹的体力劳动而不融入任何的脑力，也没有纯粹的脑力劳动而不融入任何的体力，现实中一切具体的工作都是体力和脑力的融合，区别仅在于二者在其中所占的比重和发挥的强度。故此，不存在任何纯粹的脑力工作，也不存在任何纯粹的体力工作。

经济方案则是主要凭借自己所拥有的经济实力，诸如资金、财产、货物来实现经济利益。这种方案在现实中存在的比例仅次于能力方案，简单地说就是运作资本，或者称之为投资行为。其相对于能力方案，通常具有较高的经济回报，但亦不得不承担较大的经济风险，正如经济学原理所告诉我们的那样，风险和收益的绝对值是呈正比例的关系，而这种方案在现实的运用中，亦不可避免地会糅合进必然的能力要素。资本的运作，既然是"运作"，那就不得不涉及到或多或少的体力或脑力，所以经济方案离开了能力的发挥也是不能成为现实的存在。

第三大方案就是政治方案，此方案同样需要构建在能力要素的基础上并受其影响和摄动。所谓政治方案就是指凭借自己相对于别人在政治上的优势来实现经济利益，这也是在世界范围内广泛存在而不可忽视的一种方式。所谓政治上的优势是指在一定的群体中相对于别人所具有的一种决策上的权力。说到权力，我们不得不慎重，因为一切的权力都必须构架在一定的个体之上，没有权力的对象，权力主体亦是枉然。权力最重者莫过于国家的权力，国家的权力是人民给的，其来之于民，亦归之于民，故应以此为人民谋福利、造福祉，这才是权力的正路。倘若以自己手中的权力来为个人谋取私利，那么则偏离了正确的道路，同时亦将受到法律的制裁。唯有走对路，才能走好路；唯有走对路，才有好归宿。是而，玩弄权术者必将难以有好的归宿。

人，在客观现实中的存在就已经是一种注入，而注入的存在就可以成为一种资本，但人必然需要在相应的法律所允许的前提和范围内向社会及其部分成员提供自己的体力、脑力或可能拥有的一切资本。然而当你拥有了实现经济利益的资本，却并不表示你就能以此来实现经济效益，因为还需要一个让你能够发挥这种资本的平台，如果一切都是那么简单纯粹，都是那么尽善尽美，那天下早已太平。

是而，构建一个公平、合理、开放、自由的平台势在必行。

大自然的忠告

◎小心玩火，谨防自焚

◎善待自然，理解一切；保护环境，科学存续

◎人类辩证地存在于时空，在被时空影响的同时，亦深深地影响了时空的进程

◎人类的行为有限地决定了自身的命运

◎人类应该懂得珍惜其文明的成果并慎重地思索其未来的出路

◎不经历痛苦的洗礼，难以理解幸福的价值；不经历死亡的挣扎，难以理解生命的意义

◎唯有人类共同的努力，才能拯救属于人类共同的命运

◎一切都是联系而发展的，拨动了其中的任何一环，必将迎来整个格局的变动

◎任何一点的变化，必将影响整个横向和纵向的时空

◎人类在未彻底弄清自己在时空中存在的意义之前，切莫轻易地打破这种平衡的状态

◎ 保护环境,就是保护自己

◎ 人类发展过快会损坏环境,以带来文明的后遗症;个人发展过快会有损身体,以带来健康的后遗症

◎ 含蓄、节制所能取得的渐进成就,要好于急功近利的过度奢求

◎ 人类既然已经打破了一个平衡,那么就不得不构建一个新的平衡

> 不可思议光的双曲面,
> 永远旋转穿越时与空,
> 隐藏那些波吧,总有可能,
> 演完上帝神圣的哑剧。(《大哲学家·阿兰·图灵》,海南出版社、内蒙古人民出版社2004年版,第600页)

这是阿兰·图灵(Alan Mathison Turing,1912~1954)写的一首赞美诗式的韵文。的确如此,上帝总是钟情于哑剧,但人类却希望将其读懂;上帝总想独自担纲,但人类却不甘心不通剧本。人类用其与日俱进的用于探索和理解一切的终极手段——科学,向自身的源头不断地回溯,欲洞穿天地的玄黄和宇宙的洪荒,直逼自然的娘家,这根本的源流或源流的根本。

在时间和空间的合谋下,人类迎来了自己的历史;亦是在时空的撮合中,人类的历史拖着越来越沉的步伐走过无数的春夏秋冬。她向我们一路走来,又将轻拂而过,只留下数叠尘封的灵魂和仍然在雀屏中挣扎的你我……

时空早已为我们开启了一扇通向无限可能的终极门户,但却总是在我们还未彻悟和通达之前就将我们毫不留情地封闭在了其成长的历史和温柔的怀抱中,人类辩证地存在于时空,在被时空影响的同时,亦深深地影响了时空的进程。人类的活动会给地球的转动及其气候带来深远的影响,而无论是从哪个角度都可以推出这样的一个结论,那就是人类的行为有限地决定了自身的命运。人类如此,个人又何尝不是如此?性格必表现为行为,无论作为与不作为,不过这种决定自然是有其限度,而不是完全决定、彻底决定,只能在能够决定的范围和情况下决定,因为任何人都无法控制行为的结果,这种结果牢牢地掌控在了自然的手中,是故有谋事在人,而成事在天。

人类发展的心情是可以理解的,但人类发展的做法却是值得商榷的。人类自造生以来,在自然的襁褓中发展了几百万年,亦影响、改造了自然几百万年,

能够发展、壮大到今天，有其必然的因素，也有其偶然的因素，人类应该懂得珍惜其文明的成果并慎重地思索其未来的出路。人类在发展中对自然的损害在不断地堆积，在潜移默化地影响着自身的未来，经过长期的量的积累必将引来质的突破。人类长期的持续发展引来了环境的变异和恶化，突出地表现为以下几个方面：

第一是空气污染严重。这是工业革命给人类带来的后遗症，至今仍在默默地蔓延，依然没有得到有效的控制和解决。

第二是世界性水源危机。人口的膨胀和工农业的发展造成淡水的稀缺，水，生命之源，说来大家都懂，但这种思想，这种意识却依然无法渗透到自己生活的点滴中来。人总是这样，不经历痛苦的洗礼，难以理解幸福的价值；不经历死亡的挣扎，难以理解生命的意义。一个人，几个人的觉悟和节约无异于杯水车薪，唯有人类共同的努力，才能拯救属于人类共同的命运。

第三是森林惨遭毁灭。亦是由于发展的需要但却又欠缺科学的发展观念，为了目前的发展，宁可牺牲未来的利益。森林是自然生态系统有机质的最大生产者和蓄积者，担负着保护水土、抑制沙化、均衡气温等重大要职，其作用巨大，影响深远，人类对此应有充分的认识和理解。

第四则是物种不断减少。森林和草地的破坏，植被的流失，加速了土地的盐碱化和沙漠化，这些都将加速物种的减少和灭亡。然而新种的产生却又是极其缓慢的，其增加的速率要远远地小于现种灭亡的速率，是必无法均衡并弥补住这种自然的缺失。

第五就是臭氧层变薄。臭氧层的存在对于地球上的生物具有保护的作用，其可以过滤太阳紫外线等对生物有害的射线，可是同样是因为发展的需要对其产生了严重的破坏，目前发现的臭氧空洞仍然在继续地扩大，但人类至今仍未找到有效的应对策略。

是自然造化了人类，但人类为了发展却在不断地破坏着自然，破坏着自身赖以生存的环境。一只蝴蝶在巴西扇动翅膀，就可能在美国的得克萨斯州引起一场龙卷风。这种"蝴蝶效应"并非危言耸听，亦并非毫无根据，因为一切都是联系而发展的，拨动了其中的任何一环，必将迎来整个格局的变动。也就是说，任何一点的变化，必将影响整个横向和纵向的时空。这种破坏的效力会不断地积累起来，然后在必然的时间爆发出来，明显而深重地影响到未来的人类，这种破坏及影响的效应对于广大的民众而言很难意识得到，只有那些具有全局思想和深远目光的人才能理解和彻悟，人类的生存和发展是必应当审慎才是。

小心玩火，谨防自焚。自然用其无声的语言在不断地提醒着人类，提醒着一切无辜的生灵。我们要想在自然的怀抱中茁壮成长，那我们必须精通自然的语言和密码。同理，我们若想在社会的系统中发展壮大，那我们同样必须精通社会的语言和密码。这些既定的一切规则限制了我们的行为，亦审判了我们的命运。

善待自然，理解一切；保护环境，科学存续。人类的存续应力求与自然的存续构成合理，构成和谐，构成一统，一切都必遵守自然的法度，人类同样也不能例外。人类发展得过慢是人类无法忍受的煎熬和痛苦，然而人类发展得过快却又是自然无法承受的如此之轻。倘若上天真有好生之德，那自然定然是不愿看到人类步履维艰地走向末路，于是不得不时刻地用她那无声的语言提醒着沉睡的人们，然而人类的觉悟实在是有其限度，不到一定的程度和发展到一定的时间根本无法理解自然，这一切的造物主对其最为诚挚的忠告和最为善意的警示。然而国家之间、民族之间为了自身的利益和尊严，为了未来的前途和命运，抑或为了历史的宿怨和仇恨而不断地加快发展的步伐，以抢占未来的制高点，而这就在客观上加快了对自然破坏的力度，亦增加了人类发展中不稳定性和未来文明的缺憾性，这必将提前迎来发展中注定的宿命。但又有几人，又有几国会为了整个人类的未来而甘愿抛弃宿有的旧怨？会在自己发展的道路中始终以人类整体的利益和大局为重？个人、民族，以及国家谁都更愿在未来抢得先机，而所有的这些都将遗留给后世的子孙，让他们在继承着祖先带来的文明的同时，又不得不思量着如何去解决祖先们留下的文明的后遗症，这种由祖祖辈辈们欠下的环境的债务是必只有在他们的子子孙孙们身上才能得到偿付。人类在未彻底弄清自己在时空中存在的意义之前，切莫轻易地打破这种平衡的状态。

中美洲远古的奥梅克人（Olmecs）及其后代阿兹特克人（Aztecs）崇尚以活人祭祀，认为用活人的心脏和鲜血来献给太阳，可以延缓世界的末日，其实这根本没有什么科学的依据，然而却笑看了一旁高坐云台而又不苟言笑的太阳，其在遥远的星际看着这种愚蠢而又徒劳的献礼，不知作何的感想？不知其心中是在欢笑，还是在哭泣？活人祭祀以缓末日没有任何科学的依据，而保护环境有助于人类的延续却是有着极其严密而深刻的科学论证，毕竟生存的安全基于环境的安全，是故保护环境，就是保护自己；保护环境，人类发展中必然的选择。其实人类的发展是如此，个人的发展又何尝不是？有人为了尽快地成功，为了取得更大的成就，而不得不过度地耗损自己，而不得不过度地将自己掏虚，违背了劳逸结合、开合有度的法度，未来的确是成功了，可是却留下了诸多身体和健康的隐患，身体无法承受之轻，无法承受个人事业如此的激进。人类发展过快会损坏环境，以带来文明的后遗症；个人发展过快会有损身体，以带来健康的后遗症，是故一切都必遵循科学、适度与合理的原则。我们需要知道的是，含蓄、节制所能取得的渐进成就，要好于急功近利的过度奢求，这样的结果使我们更能理解什么叫作"贤人崇尚志向，圣人宝贵精神。"

然而等到人类能够真正、彻底、完全地理解自然的时候，再采取必要的措施来予以补救，恐怕为时已晚。那人类又该如何发展才能构建理想的未来？对于人类而言，以科学为其准绳自然是必然的抉择，那么这里就存在一个发展的均衡，打破均衡的发展都将迎来文明和健康的后遗症。历史的发展始终是向前的，人类的发展既不能停止也不能回到原始的状态，人类既然已经打破了一个平衡，那么就不得不构建一个新的平衡。人类既然已经起航，不到理想的彼岸永远也不愿抛锚，是而人类不得不牢牢地把握住既定的航向，盯紧风向的坐标，聆听大海的潮汐，远眺鱼虾的嬉戏，躲过一切可能的浅滩和暗礁，信心十足而又不失几分审慎地驶向那辉煌而久违的彼岸，在自然的怀抱中画出沉沉的一线。

回首人类历史的创伤，回望过去儿时的争斗，都显得是多么的可笑和无知，然而这种可笑和无知仍在继续。自然驻足在凯旋的城楼，深情的双眸久久地凝视着人类，并用其一贯无声的语言遥祝人类一路走好……

通达物性

◎事物始终处于量变中以作质的突破
◎事物总是在残缺中以怀抱圆满
◎事物的存续始终是构建在一定的约束中而无法摆脱

◎自然没有主观的意志，但却有着客观的本能
◎存在便有无限的可能
◎道是自然的，道是运动的，道是发展的
◎越是完美的状态越是趋于一瞬
◎前进的道路总是那么的狭窄，而后退的空间却是无限的广阔
◎与其艰难挣扎，久久不得向上；不若暂时停顿，休整以作待发
◎自然内的一切都必受到自然的制约
◎在束缚既定的条件下做到最好，在法则既存的情况中舞到最佳

自然化育了万物，万物在自然的呵护中一路成长，不断地发展壮大，但最终却依然要走向命运的终极。

孤独的上帝泊在浩瀚无垠的时空外搓揉着雷霆和霹雳，点燃了闪电与雷鸣，亦敲响了暮鼓与晨钟。其一手把持着生命的簿籍，一手默念着命运的咒语，但万能的上帝亦有其失灵的时候，因为他（或许是她？抑或是它？）不能锁死一切的生灵，同时亦不能造化出他不能造化的一切。人类的逻辑给慈悲的上帝开了一个不大不小的玩笑，嘲笑他的平庸与独裁，讽喻他的冷漠和羞涩，而他却一如一位法力无边、德性至上的睿智老人，不屑与其理论和计较，依旧抚着他那古老而陈旧的三弦琴，沉重而稳健地激荡出一曲高过一曲的悲壮之歌，以此来抚平他心中无限的孤独和寂寞，亦抚慰这颗久经岁月却依然老而弥坚的魂灵……

自然没有生命的极限和尽头，是一个抽象而又现实的存在，属于一种动态的组合。自然是低等的，然而自然却是强大的；自然是细微的，然而自然亦是广博的。自然没有主观的意志，但却有着客观的本能，它的发展和命运取决于其内部的一切。

事物总是不能完全而彻底地理解自然造化自己的意义和赋予的使命，只是一味地、盲目地、毫无保留地将自己在自然的襁褓中展现出来，以作为在同类中炫耀的资本和征服自然的象征，却笑看了自然——这力大恩深、认可一切而又努力不懈以化育万物的母亲。物尽其性，的确有其深邃的道理，事物体内的血脉一旦被搅动以后，便很难再有停下来以喘息的时机，尽管其中亦含有静的可能。其不得不为其搅动所带来的一切而作相应的抗争，同自然赛跑，与同类相争，直到生命的耗尽，自然再次将其收归。事物始终处于量变中以作质的突

破，事物发展的不平衡，使得量变的快慢总是难以绝对的一致，这是自然所不能完全的掌控，亦或许是其刻意的安排，以造就一个梯度无限的缤纷寰宇，事物必在其中的一个层次栖身或驻足。回首过去，展望未来，其始终带着残缺而疲惫的双眸，身上刻满了历史记忆的残痕，而欲怀抱未来的卓越和圆满，其生命不息，其成长不止；其生命不止，其发展无限，存在便有无限的可能。渴望存在，希望圆满，崇尚志向，追逐理想，是人类永恒不灭的火焰。这炽热的光环必将迎来文明的开端，但亦将生命无限地燃烧。为了人类的事业，为了理想的明天，我们更愿将自己揉碎，甘愿做人类文明的奠基和发展的阶梯。

事物总是在残缺中以怀抱圆满。这种先天注入的残缺为事物后天的发展提供了空间和动力，正是其始终处于危机中以寻求光明。道是自然的，道是运动的，道是发展的，沿着道来发展，必然能走向圆满，但道的法则同时又注定了物极必反的命运。当事物的圆满，辉煌的全盛到来的时候，必然走向生命的维谷以作第二次的突破和跨越。诚如《史记·范雎蔡泽列传》所云："成功之下，不可久处。"一个极点的状态必然是不可久长的，正是越是完美的状态越是趋于一瞬。

事物为了这短暂而辉煌的一瞬，不惜耗费有限的时光，为之抗争，为之努力，为之拼搏，为之奋进……欲将这达致圆满的艰辛和成长的轨迹深深地镌刻进自己生命的历程，融进时空的皈依。前进的道路总是那么的狭窄，而后退的空间却是无限的广阔，与其艰难挣扎，久久不得向上；不若暂时停顿，休整以作待发。功到自然成，上天于人而言在后天是公平的，众生在其面前一律平等，谁也走不了后门。倘若你想成功，那么则必须依照其既定的致使自己成功的法则，否则永远也不能成功，无论你是如何的努力，无论你是如何的刻苦。这就是自然，平等而又强硬，公平而又无声，我们始终难以将其彻底地看清，一方面是我们思想的发展终究有其限度；另一方面则是我们永远都只能行进在其内部。事物无意与上帝争春，但自然却煞费苦心地造化了人类，造化了希望理解，并最终可能理解她的魂灵……

人类希望自由，追逐民主，憧憬未来，走向幸福，自然内的一切都必受到自然的制约，这是一切的存在所不得不接受的先天约束。人类自身为了构建和谐、构建理想、构建未来而不得不制定出一系列的法律、道德、礼仪、规章和制度，尽管如此，但这是必要的，亦是发展的必然。生存在自然的社会中的人类，不仅要受到人类法律的约束，亦始终要受到自然法则的审判，人类总是要受到一定的束缚，从来就没有绝对的自由，而事物同样不能逃遁和蔽隐。

有人说没有束缚的舞蹈无法考量舞者的水平，唯有戴上一副铁打的镣铐，如能跳出优美的舞姿，才能见得真章。然而事实上谁跳的舞又没有束缚？自然将束缚一切，自然就已经是一副最大而又最强的无形之铐。既然如此，那又何须再做铐以自缚？难道一定要给事物套上层层的枷锁和铁镣，将其牢牢地钉死在时空的光板上而后迂回进自然的旋涡中？事物的存续始终是构建在一定的约束中而无法摆脱，纵使人类的智慧和能力将一个又一个的必然王国变成自由的国度，但是人类注定又将迎来新一轮的艰苦追寻和思索。这就是存在，这就是发展，这亦是人类无法躲避的宿命。

正因为束缚的存在和不可规避性，是而事物跳的都是镣铐舞，其对此不具有选择的权力。所以，事物所能做的就是在束缚既定的条件下做到最好，在法则既存的情况中舞到最佳。

事物的禀性是极其复杂的，以上三则仅是对其所做的部分描述，这是在向道所做的无限逼近和努力，古人认为道是不可言传的，凡是能用语言来表述的道都不是永恒的道，都不是真正的道，都不是纯粹的道，但我们需要知道的是一切都是相对的，故而用语言来表述道亦非绝对的不可能，只是不知道要在何等遥远而深邃的时空才能被人类彻底地击中，而当我们能够用语言来完全而准确、深刻而透彻地表述道的时候，我们或许也就参悟了自然，理解了上帝，通达了自身存在的意义。

静悟人生

◎既贵柔且贵仁，既贵廉且贵清
◎自然是一部最伟大的书，人生却是一部更伟大的书
◎柔绵才能兼容住来自四周的利器，而强硬最终只能碰得头破血流
◎越是辉煌和强大的事物越是靠近死亡与毁灭

◎倘若能够平稳而渐进、无怨又无悔地走过人生，就是人生最大的幸福
◎命运在于掌握，事物在于把握
◎刻意地压抑存在的欲望本身就是一种欲望
◎中庸之道其实就是在经历了一系列前后左右的碰撞之后而产生的平衡
◎生与死是自然平衡的一种手段
◎邪恶的存在是为了助益光明，缺陷的存在是为了推动文明
◎原来一切都是从虚无中来，以损耗自己作为代价，目的在于增益现实的世界

人生是每个人都必须慎重对待的，因为它对每个人而言都仅有一次。人生应该怎样度过？人生又将怎样前行？人生的发展离不开智慧，而人生更需要的是通达人生的智慧，因为你一切的知识、一切的能力、一切的造化其实都是为了帮助你走好人生。唯有通达人生的智慧，才能以此作为指引我们前进道路的准则和思想行动的法度。

人生如何才能成功？

人生如何才能辉煌？

人生如何才能无怨？

人生又如何才能无悔？

……

人生智慧其实可以成为一门专门的学问，尽管人人都懂却又不甚透彻，古人云："世事洞明皆学问，人情练达即文章。"道理正是如此。倘若个人在其有限的人生中不去思索，不去追寻答案的所在，那么当我们在无意之中开始领悟生活时，我们却已经失去了生活。

自然是一部最伟大的书，人生却是一部更伟大的书。为什么这么说？倘若谁能走好人生，其必先通达人生；倘若谁能通达人生，其必先通达自然。因为自然自始至终就制约了人生，是而若想在镣铐中舞出色彩，其必先通达镣铐的一切禀性，理解并参悟其一切原理。正是因为有此认识，所以要走好人生不仅要理解自然，亦要理解人性，因为人不仅生存在自然中，亦是生存在（人类）社会中。你做成功了一件事，说明在此点上你理解了自然、顺应了自然，知道如何才能成功，可是你却得不到别人的认可和承认，这说明你没有通达人性，那么你同样没有走好人生。对自然理解科学的天文学家们，人生路不一定平坦；对自然理解深刻的哲学家们，人生路也不一定顺畅。由此可见，要走好人生，

不仅要通达自然之道，亦要通达人性之理。既然如此，是走好人生难，还是理解自然难？理解了自然不一定走得好人生，而走好了人生必然理解了自然。就相对静态而言，最大者莫过于自然，但要运作好一个绝对动态的过程，则其必先参悟其外在层层的枷锁，其中就有自然。从这个角度而言，走好人生盖过自然。正是因为有着如此的难度，自人类产生以来，就没有谁能够真正、完全而彻底地走好自己的人生，生命中总有一些或大或小、或明或暗的缺失或遗憾。

《吕氏春秋·审分览第五·不二》有云："老聃贵柔，孔子贵仁，墨翟贵廉，关尹贵清"，意思是说老子崇尚柔，孔子崇尚仁，墨翟崇尚廉，关尹崇尚清。其生命各有侧重，谁也替代不了谁。

老子是中国古代的智者，道家学派的创始人，其修为非凡，内功深厚，参天悟地，洞烛人生。道家学说博大精深，综罗诸要，涉及到自然、社会、人文、生命、养生、修身、晋业、心理、政治、经济、教育、军事、历史等诸多领域，可以穷理，可以尽性；可以济世，可以安邦；可以摄生，可以修道，其对后世在哲学和思想上影响深远，岁月的沧桑亦无法掸落和磨灭其在历史中的印迹。老子认为道是柔和而居下的，同时亦认为："弱也者，道之用也。"（《道德经·第四十一章》）意思是说保持柔弱的地位是道的运用，正是柔绵才能兼容住来自四周的利器，而强硬最终只能碰得头破血流。在现实的生活中，我们更易理解，人人都喜棉花而厌钢板，是而即使是对别人善意的指正或规劝，也不可忽略方式和方法的正确。谁都希望别人以柔和而礼貌的态度来对待自己，而不愿别人以强硬而严厉，甚至愤怒来对待自身，无论对方是否有理。而另一方面，为什么美好的事物其命运总是多舛？为什么恃才自傲者易引来是非？为什么恢宏富丽的建筑难以持久？现实给予我们的启示就是越是辉煌和强大的事物越是靠近死亡与毁灭，所以真正聪明的人也会用外在的愚钝来掩饰自己内在的精深，是故贵柔没错矣。

孔子是仁之鼻祖，儒家学派的创始人，言传身教，敦化众生，始终不离一个"仁"字。孔子有"杀身成仁"，孟子讲"舍身取义"，"仁"和"义"就是儒家的根本道德。"仁"在《论语》中比比皆是、随处可见，诸如"知者不惑，仁者不忧，勇者不惧。"（《论语·子罕》）意思是说智慧的人不致迷惑，仁德的人常很乐观，勇敢的人无所畏惧。还有"志士仁人，无求生以害仁，有杀身以成仁。"（《论语·卫灵公》）意为有高尚志向和道德的人，没有贪生怕死以损害仁德，却有为了成全仁德而不惜自己性命。亦有"当仁，不让于师。"（《论语·卫灵公》)意思是说面对"仁"这一道德标准是没有必要谦让的,诸等语录不胜枚举。仁,就是儒家思想所认为的最高人生标准。《易经·文言》有云:"君子体仁,足以长人;嘉会,足以合礼;利物,足以和义;贞固,足以干事。"意思是说君子以仁心为立身之本,就能做众人的首领;完美地与人相处,就能符合礼仪的规定;有利于人,就能符合义的要求;纯正坚定,就能主持大事。由此可见,《易经》于仁也给予了一定的肯定。儒家思想仁德厚重,自产生以来对中国后世影响深远,至今山东孔庙依然香火不断,朝圣不绝,孔子在后世中地位崇高,被尊为万世师表,盖称为"圣人",享誉千年而不衰,荣名卓著,福祉骈臻,恩泽世人,惠及子孙,他的学说,他的思想广泽众生,远播海外,其不仅是中国的孔子,亦成了世界的孔子。重温儒家思想,重回仁义道德,孔子的音容笑貌仍历历在目,其盖世风华是只言片语所不能完全表达,而这一切的精髓尽在仁矣。

墨子亦非诸子百家中的等闲人物,其兼善文武,集思想家、军事家于一身,同时又是集理论家和实用技术于一身的杰出人物。孟子曰:"天下之言,不归杨,则归墨。"(《孟子·滕文公章句下》)其作为墨家学派的创始人,思想自是独树一帜,否则根本无法自成一家。《吕氏春秋》说,孔丘、墨翟是没有国土的君王,没有官爵的尊长,天下之人无不延颈举踵地向往他们。可见在先秦时期,孔子和墨子是并峙之双峰,比肩之巨人。墨子倡导"兼爱"、"非攻",治国有"尚贤"、"尚同",崇尚"修身"、"节用"、"法仪"、"辞过"、"贵义"等,从中使我们可以看到其思想的光辉和价值的取舍。这些厚重的思想中同样透出了廉洁的风骨,我们对此亦不可不知。

关尹又是谁?世人知之甚少。其实其亦是中国历史上道家学派的著名人物,其对道家学派丹道学的发展起着承前启后的作用,并为丹道学文始一派。

有人说,人死了就解脱了。那我不知道她为什么现在就不去解脱呢?为什么还要这样苦苦地挣扎呢?既然认为存在是一种负担,死亡才是一种解脱,那为什么又要选择这种负担,而不是解脱?这种一方面要否定生命存在的意义,另一方面又始终无法割舍的言行显然背离了道的旨归。"人生重重地压在我们的身上,它的重量越重,我们就越深入人生之中。"(《智慧日记·负重》,辽宁民族出版社1998年版,第27页)诚如奥地利著名的德语诗人里尔克(Rainer Maria Rilke,1875~1926)所言,但倘若人不懂得如何释放、如何运度,倘若人不具有肩鸿任钜的力量,那么人将难以承受如此之轻。人生对人而言将会是一种负担，是一种拖累，是一种痛苦，而不是一种惬意，一种美好，一种荣光……

命运在于掌握，事物在于把握。是而人需要牢牢地掌握住属于自己的命运，在人生前进的道路中以不至于迷失了方向。同时，亦应紧紧地把握住进入个人生命轨迹、没入自身命运之波的一切事物，以不至于被其迷惑、被其锁住或被其颠覆，因为它们都将深深地影响自己的命运，铸造自己的命运，亦成就自己的命运。

人生进展太慢，是贤者所不能容忍；人生走得太快，又是圣者所不愿追随。如何才能有幸福的人生？是无可奈何者的知足常乐？还是佛家的超越红尘，穿透生死？抑或是不受一切的羁绊，才能迎来幸福的人生？既然已经不受一切的羁绊，又何必在乎人生是否幸福？要知道刻意地压抑存在的欲望本身就是一种欲望。为了事业而不惜耗损自己，为了解脱而不顾超然一切，原来都走过了头，中庸之道其实就是在经历了一系列前后左右的碰撞之后而产生的平衡。

自然是向前的，时空亦是向前的，人类历史和社会的发展更是向前的，那么个人的发展又怎能向后？这不是师法自然的表现，亦不是顺应自然的象征。向前是根本的，形式却可以是多样的，有时为了向前，可能会暂时地退隐，哲人老子就正是以退为进。基于这点上的认识，是故倘若能够平稳而渐进、无怨又无悔地走过人生，就是人生最大的幸福。

人生给了我们一次仅有的旅程，让我们从潜在可能的太虚中来到这个充满法度的现实世界里。你成功、你失败，你悲哀、你痛苦，你奋进、你拼搏，抑或你停留与驻足，你一切的可能终将收归于生命的尽头，重新回到虚无，你所能给这个现实世界留下的一切就是你生命辐射的全部。

生与死是自然平衡的一种手段，自然不断地喷薄而来以造生出无数的生命，但却早已为其注入生死的符印并划定行进的轨迹，然而却又始终无法将其锁死。同时，其亦给其内的一切造化提供了一个彰显自己的舞台并打上物尽其性的烙印，让它们不断地表现自己，不断地张扬自己而不得有所保留，以增益现实的世界。从这个意义上讲，邪恶的存在是为了助益光明，缺陷的存在是为了推动文明，毕竟矛盾是事物发展的源动力。这样一来事物就会不断地损耗自己而没有任何选择的权力，最后自然在其行将就木、油尽灯枯之时又将造化它们的能量重新收回，以化育新一轮的事物，以此不断地推进和增益现实的世界，从而完成自身的进化和轮回。这就是万物的命运，这就是自然的旨意，这就是上帝的精神。

原来一切都是从虚无中来，以损耗自己作为代价，目的在于增益现实的世界，但这也只是自然演化的一个过程和片段而已。

见识智慧

◎见多识广有利于个人的发展和成熟
◎见多识广正是被注入的信息
◎见识一般之人总没有见多识广之人阅历深厚；智慧通达之人却总比智慧浅近之人见解更为深刻
◎人应提高智慧，亦应广博见识
◎局部永远无法超越整体
◎自然才是最后的赢家
◎智慧审判见识，见识增益智慧
◎倘若人能将见识解读透彻，人就具有了通达的智慧；倘若人具有了通达的智慧，人就能解读清楚一切的见识

一切都在发展，人生亦不例外。

普通之人总是羡慕别人的优秀，崇尚别人的卓越，仰望别人的成就，却难以参悟其造化的原理，纵然亦有人能够知道其理，但知道归知道，却始终无法做到，于是依然无法成就其相应的人生。

一切都是自然的造化，人类自然不能幸免。时空的发展造就了一个又一个的神话和传奇，亦是时空局限了它们发展的深度和广度，最后亦是时空封闭了它们自身的存在，但是却难以阻隔它们曾经存在而给现实世界带来的一切效应。这些效应依然在现实的世界中纵横驰骋，可它们同样将被时空无情地封闭起来，但效应的效应又将延续……人是自然的一部分，作为自然的一个局部而存在，

局部纵然在某种意义上可以等于整体，但局部永远无法超越整体。局部无论是如何的强大，局部无论是如何的显耀，都始终属于整体的一部分，它的成就，它的荣光，乃至它的一切都将被整体所援引，援引为整体的一部分而存在，人是如此，物亦如此，原来自然才是最后的赢家。

整体必将援引局部，这是局部始终摆脱不了的宿命。局部只能在此命运的掌控和阴影下努力地做好自己，那么个人又将如何来做好自己？概而论之可以是一个字，详而论之则可以没有尽头，因为时代不同，环境不同，以及个体差异的存在，要为每一个不同时空中的个体制定出一条详细而具体的道路，当然可以有无限发挥的空间，在此试图从一定的角度和抽象的层次来就此问题进行适当的讨论。

见多识广对于个人的成长大有裨益，这是不言而喻的道理。人的所见、所闻、所感都将影响，有时甚至是决定人的所思和所想，它们亦将深重地影响到个人的世界观、价值观和人生观，从而对个人的命运和生命的轨迹产生极其深远的影响和作用。

见多识广有利于个人的发展和成熟，这是值得充分肯定的。它可以增加人对世界的了解，增进人对周围环境的感悟，培养人对事物的理解和认识。它亦可以成为个人对于一切概念和理论判断的准绳，以至于成为个人思想和行动的渊薮和发轫。无知的人纵然是无畏的，但却是处处碰壁的，行动中看似有着极大的自由和过人的勇气，但却又是极其愚昧而脆弱，极其悲哀而短暂的。见多识广正是摆脱无知的一种方法和手段，根据输出定律使我们知道见多识广其实就是输入信息的组成，它将为个人的输出推波助澜、扬帆立定。见多识广不仅是输出定律的要求和必然，其亦可以增进个人对于社会和自然的理解与认识的深度和广度，于是这又成了个人生存和发展的要求和必然。见多识广正是被注入的信息，它将成为个人人生阅历和生存经验的积累，通过以信息为载体的方式贮存于人大脑的信息库中，从而对人生的发展、策划、思想、决策、分析、判断、归纳和演绎等产生或深或浅、或明或暗的影响和刻痕。

见识一般之人总没有见多识广之人阅历深厚；智慧通达之人却总比智慧浅近之人见解更为深刻。智慧和阅历影响了人的性格，这种来自于后天的性格变异，始终在对先天基因遗传而形成的性格要素进行着深重至远而又潜移默化的影响和作用，这种永远处于强弱变动中的性格在很大程度上决定了个人的命运。性格是以铸造行为而后在与外界的碰撞和交互中以形成命运，性格尽管有限地掌控了行为，但却不能掌控行为的结果以及外界的一切，是故这种决定亦是有其必然的限度。

见多识广是信息的注入，智慧亦是基于信息的参悟，二者都将深深地影响到个人的人生和命运。"两耳不闻窗外事，一心只读圣贤书"，这固然有一定的道理，但这也仅仅只是提高智慧，然而却没有广博见识。正如上文所述，广博见识对于人生而言同样重要，因为见识中可以渗透出智慧，彰显出道理，对于人生的发展，其地位仅次于智慧，是而人应提高智慧，亦应广博见识。智慧审判见识，见识增益智慧，二者相辅相成，互为促进，相互援引，智慧可以审判、解析见识，而见识则可增益、提升智慧。倘若人能将见识解读透彻，人就具有了通达的智慧；倘若人具有了通达的智慧，人就能解读清楚一切的见识。所谓解读透彻，在这里是指能够明达其过去，亦能知道其未来，理解其来龙和去脉以及终生的命运，通达其造化的原理，运行的机制和消亡的法则，此为透彻。

古人为什么总是极力倡导读万卷书，行万里路？其实这正是提高智慧和广博见识的具体形式。广博见识无疑是重要的，它给予了我们广阔的认知空间；而提高智慧无疑是必要的，因为它使我们的思维变得更加地深刻和透亮。当你凭借它们走向成功，走向卓越，走向辉煌，走向理想的时候，你应该清楚而清醒地认识到自己为何能有今天的修为，自己为何能有今天的造化，以作为日后走向未来的新的基点和准则。

命运（一）

◎一切都是其命运锁定之中的最小起伏

◎人不能完全彻底地掌控命运，因为命运表现于交互的环境，而人不能完全控制或绝对强于交互的各方

◎神是人造的，而命却是天造的

◎人的修为和造化可以影响并摄动命运

命运（一）

◎存在之中唯有自然最强

◎能够真正击中社会的标靶，不一定是最善于射箭的人

◎命运本就是偶然与必然的合谋

◎现实的一切都必然满足并遵循现实的法则

◎命运依附于客观的存在，表现于交互的环境，造生于起始的时空

◎事物的起点影响并包含了事物的过程和终点

◎现在既是由过去也是由将来决定

◎命运正是自然掌控一切的手段

◎一切限制人类发展的理论在时间允许的前提下都将成为过去

◎万物的命运正是被整个时空所摄动的涟漪

◎希望没有缺憾的人生注定成为人生的悲剧

◎可能不等于现实，现实不仅是可能

◎局部永远无法战胜整体

◎人可以通过性格和智慧有限地改变命运

◎事物的神秘在于我们能够感知却又无法理解透彻

  是谁　把持着命运的权杖

  用无上的法力牢牢地锁住一切的生灵

  是谁　旋转着命运的魔方

  在五彩斑斓的变动中不断出招

  又是谁　挥动着命运的利刃

  弥盖住一切的羔羊

  更是谁　吟赏着命运的水晶石

  将一切的奥妙在透明的波光中悉数隐藏

  命运是什么

  命运是金戈铁马刀剑与风霜

  命运是什么

  命运是小桥流水炊烟和人家

  命运是昨日的追逐

  命运是今日的梦想

命运是远去的征程
命运是末日的黄昏
……

是上帝、真主、造物主
将你我在雀屏中凝为永恒
还是柔美的命运女神
才是掌控一切的新宠
命运是生命的轨迹
铁画银钩自有源流
命运是生命的油彩
浓妆淡抹力透纸背
命运是上帝的梦魇
万物被窒息在了生命的轮回
命运是自然的权谋
主宰一切的可能而不可僭夺
万物追随命运而来，终将远随命运而去
矗立在自然的时空中
承引着过去亦启示着未来

命运给予了我们参悟命运的权力
命运亦赋予了我们演绎命运的可能
自然静静地躲在帷幕的背后
沉浸在了生命的喜悦之中

　　命运，并非今人的杜撰，而是古来有之的命题。它神秘、它高深、它莫测，它让人难以捉摸，让人难以参悟，让人难以把握，让人难以证明……它深深地锁住百万年来人们的心灵，是挥之不去的阴影，是掸之不尽的尘离。人们走过岁月的沧桑，看惯风云的变幻，经历时空的洗礼，它依然如谜一般地永驻在人们的心底，而不愿揭开自己神秘的面纱，以其原本的面目示人。

　　命运是什么？命运就是生死、祸福和一切际遇。命运的探讨依然没有停止，不知何时才是一个尽头。关于命运，仁者见仁，智者见智，不外分为两大阵营，一方认为其存在，一方认为其不存在，在此愿跨越千年的对话，开启尘封的记忆，以重温那段争锋的岁月。

大思想家、大教育家、儒家学派创始人孔子在此首先摆出自己的观点："我讳穷久矣，而不免，命也；求通久矣，而不得，时也。"（《庄子·外篇·秋水》）意思是说我讳忌道行不能通达已经很久很久了，然而始终不能免除潦倒，这是命啊！我寻求通达已经很久了，然而始终不能得到，这是时运啊！

孔子弟子子夏亦闻曰："死生有命，富贵在天。"（《论语·颜渊》）正误先姑且不论，但从其言语中可以知道师徒二人在此点上是一脉相承。

道家学派创始人老子曰："性不可易，命不可变，时不可止，道不可壅。"（《庄子·外篇·天运》）意思是说本性不可改变，命运不可变更，时光不可停留，大道不可闭塞。正误亦姑且不论，但其主张显而易见。

道家学派又一著名人物庄子则认为通达大命靠顺利，通达小命靠碰巧（原文：达大命者随，达小命者遭。见于《庄子·杂篇·列御寇》）。从中亦可看出其思想的倾向，与老子源于一道。

王充《论衡·骨相》有云："贵贱贫富，命也。操行清浊，性也。"意思是说富贵贫贱，是由一个人的命运遭际决定的，而道德品质的美丑善恶，是由一个人的本性决定的。

列子亦假借他人之言认为成长于习性，成功于命运（原文：长乎性，成乎命。见于《列子·黄帝》），观点同样是十分的鲜明。

至于中国的荀子，英国的休谟（David Hume，1711～1776），法国的伏尔泰（Voltaire，原名：François-Marie Arouet，1694～1778），德国的歌德（Johann Wolfgang von Goethe，1749～1832），以及黎巴嫩的纪伯伦，他们亦是相信命运，这在他们思想的作品中不时地渗透出来。

为什么这些古今中外的杰出人物、著名人物、泰斗巨擘们都相信命运，难道他们都无一例外地犯了错误？犯了这个让后世正统人士难以容忍的错误？那有没有没犯错误的人呢？有，他就是中国古代的墨子。

作为墨家学派的创始人，墨子明确倡导"非命"的观点。而他之所以要倡导"非命"，是因为他认为倘若"有命"思想成为思想的主流，那么必然会导致消极与懒散，使人不能发奋图强，国家社稷倾覆，一切完全听从于命，提出"执有命者之言，不可不非，此天下之大害也"（《墨子·非命上》），故而极力反驳，而这也是后世所担忧的，有此共同的担忧，无论如何也是要反抗"命运"存在的。

墨子虽然反对"有命"论，倡导"非命"论，然而却又是一个不折不扣的"有神"论者，其认为鬼神无处不在，并且认为鬼神能够赏善罚恶，从而希望天下之人都能够相信鬼神的存在及其效用（赏善罚恶），以达到天下太平的目的。希望是好的，但却难以成为客观的现实，因为科学早已宣判了鬼神之说的虚妄和无知，只是迷信的人们却紧紧地抓住不放，不知道以科学来充实自己的认知，不知道以科学来捍卫自己的灵魂。

命运的辩论仍在继续，直到科学终极裁定的来临。墨子主张"有神非命"论，而我却坚持"无神有命"论。神是没有的，而命却是存在的，因为神是人造的，而命却是天造的，但这种"有命"观与古人的"有命"观又有所不同。

《列子·力命》以寓言的手法这样写道，其文意如下：

> 力说："你的功劳哪里比得上我？"
>
> 命说："你有什么功劳敢来和我比？"
>
> 力说："长寿与夭亡，困窘与显达，尊贵与卑贱，贫困与富有，都是我力的能耐。"命说："彭祖的才智并不比尧舜高，但是他却能活到八百岁；颜渊的才学绝不比其他人差，但活了十八岁就夭折了。孔子的道德胜过各国诸侯，但是却在陈蔡受到困厄；殷纣的品行低于当时的三位贤人（箕子、微子、比干），但他却登上君王的宝座。季札是贤人，在吴国却没有得到一官半爵，而僭夺了齐国的田恒却能使自己的子孙专有齐国。伯夷叔齐这样的善人却在首阳山上饿死，鲁国不讲理的季氏却远富于该国的贤士展禽。如果这些都决定于你力的能耐，为什么却一个长寿，而一个短命，圣明的人受困而作孽的人显达，贤者受害而愚者高贵，善人贫穷而恶人富有呢？"
>
> 力说："如果像你所说的，我固然对事物没有什么功劳，但事物造成这种状况，难道是由你主宰的吗？"
>
> 命说："既然叫作命运，哪里还有什么主宰者呢？是非曲直，我任它发展。它自然长寿自然短命，自然困窘自然显达，自然尊贵自然卑贱，自然富有自然贫穷，我怎能知道呢？我怎能知道呢？"

在这场辩论中，居于上风的是命，败下阵来的是力。列子列举了世间诸多不平之事，以佐证命运的存在和人的无能为力，其中除了彭祖高寿有待考证，其余都是客观的事实，但是列子的命运观否定人为的作用，把一切都归于必然，这又是不足取的。墨子主张"非命"，然而他却不知他的一生正是他命运的演绎。人们总是摆渡于命运的长河而不知，游弋在命运的节点而不觉，诚如《列子·黄帝》中所说的那样，不知道为什么却自然能够这样，这是命运。

命运，在千呼万唤中一路走来，由于科学的落后，自始至终都没有证明其存在，而只能被有心之人所感知。另一方面，其又不断地遭受到所谓正统思想的抨击和质疑，使得其仍然无法被摆上桌面以望进入科学的神殿，然而几千年来其流而不衰、遏而不死，足见其生命力的旺盛和延续性的持久。既然其是不存在的，那不知道为什么古今中外的那些哲人、智者、时代精英、聪明博学之士都认为其存在？既然其是不存在的，那不知道为什么生活中的有心之人皆能感知，似乎冥冥之中有一种引导和注定，而不像宗教所信仰的神仙鬼怪那样漏洞百出，那样不堪一击，那样欠缺强而有力的证据？是他们的意识和知觉被纷繁复杂的表象所迷惑？还是掩盖在表象下的实质恰好被其思维的敏锐和经验的独到所击中？

命运给予了我们太多的思索，勾起了我们无限的感慨：为什么有人身患重病等待别人的器官捐献能够如愿以偿、重获新生，而有人却只能经历漫漫的长夜，希望渺茫？为什么有人信誓旦旦，满以为胜券在握却最终以失败告终，而有人根本无从奢望，不知不觉中却反而意外胜出？为什么在经历大风大浪、险象环生之后，众人皆归极乐却依然有人能够得以幸存？为什么有时我们竭尽所能却一无所获，而有时不做图谋却自然拥有？为什么有人修为极高，却终生不仕亦不偶，甘为闲云野鹤、孤独终老？为什么又有人甘愿放弃众人梦寐以求的至高权势和地位，而去做一名求禅问道的僧人？为什么亦有人本是出家之人却依然留恋于红尘，娶妻生子、出将入相？为什么有人终生富有，而有人却终生贫穷？为什么有人先贫后富，亦有人先富后贫，还有人在贫富之间不断地摆渡？为什么诸葛孔明文韬武略、才术双通、万古雄才、古今少有，却依然无法恢复汉室、还于旧都？为什么亦有人能力低浅、不识只字，却依然能够飞黄腾达，加官晋爵，封妻荫子，有朝一日鲤鱼跃龙门？

……

人类的命运远远不能穷尽，这一切当然都可以找出原因，找到现实的依据

（如果目光仅仅停留于此，未免过于短浅），但不知道为什么要有这样的现实，要有这样的依据，这第二层的原因又来自于何方？

　　自然在分配资源时总是如此的不公，把有些人造化成飞黄腾达，造化成天之骄子，造化成正面人物，而把有些人造化成穷困潦倒，造化成贫病交加，造化成反面人物，以形成对立并满足整体发展所需的动力。可是没有人甘愿成为其整体矛盾中的阴暗面，以推动其光明面的不断前进；亦没有人是甘愿落后、甘愿贫穷、甘愿潦倒的，可是毕竟有人落后了，有人贫穷了，有人潦倒了，他一生的努力、奋斗和造化自始至终都没有打通人生的关节，迎来黎明的曙光，迈进物质与精神文明的殿堂。现实的努力并没有达致理想的未来，只能在无可奈何中黯然神伤，究其原因，一言以蔽之，必然是其没有能力而制其弊。这当然亦可以在现实中找到无数的理由来加以解释，诸如不思上进、安于现状，欠缺分析、思辨的头脑，不具决策、判断的能力，没有知识和文化……这固然没错，可是为什么他发现不了？他改变不了？他始终要延续这种行为的方式？那是因为他的性格。可是为什么他要有这样的性格？那是因为其先天遗传和后天环境共同的铸造。那为什么二者的配合要将其造化成这样？他一生不可能没有与那些积极、正面的因素接触，可是为什么依然改变不了他这样的行为习惯？为什么现实中要造化一些他始终改变不了的客观存在来将其锁定，锁定在一定的范围之内有限地波动？

　　为什么你能力比别人卓越，却没有别人发展得更好？那是别人有关系而捷足先登。可是为什么别人有关系，而你没有关系？要么是先天的原因没有造化你这样的关系，要么是后天的原因没有形成你这样的关系，抑或是你不愿假借或假借不了这样的关系。没有的事物又如何得以凭借？这不符合自然的法则。

　　为什么有人在博彩中可以轻松胜出，而你使尽力量依然没有任何的建树？那是别人的运气，是运气使他超越能力的极限而力拔头筹。那为什么别人有这样的运气，而你没有？是啊，这个运气到底掌控在谁的手中，或者说是谁操纵了人的运气。

　　为什么有人在激战中冲锋陷阵、身先士卒，依然可以躲过枪林弹雨而建功立业，而有人即使落在最后却仍然难逃一劫？为什么有人可以九死一生，而有人却会突然暴毙？世人常说"大难不死，必有后福"，实践证明这是正确的。这些经历万难而依然幸存下来的人们，必然是有其一定程度的幸福守望在他们生命的未来。为什么又会是这样？此正所谓造化始终相保，当其未来的造化在尚未实现之前，冥冥而潜在中就会存在相保的力量，以延续其生命，以实现其造化，否则难以淡出时空的舞台。事物存在必然有其存在的价值，然而似乎一切都有其相应的使命，这种使命在冥冥之中对其召唤，但其始终不觉却又不得不朝着这个既定的方向驶来……

　　命运神奇而又神秘，无形无相，无影无迹，让人不易捉摸，不易觉察，不易把握，然而其又是客观存在的，而不是仅仅存在于人们的意识中，这种意识只是对其存在的反映和描摹。命运依附于事物而存在，并在冥冥之中引导其行进的方向。由此可见，没有事物就没有命运，命运不会、也不能脱离客观的存在而独立存在，它必然有其依附的载体，这就是客观的存在。

　　命运固然存在，事物无法摆脱，无论人信与不信，它都会按照自己既定的规则发生作用。然而事物的命运必然要通过一切现实的法则来造化和趋就，这一方面使得客观的现实支撑亦制约了命运的发挥，而另一方面也使得命运可以改变，并且这已被客观的实践所证明。但客观第一性，主观第二性，人的能力有大小，并不是人希望怎样就能够怎样，人首先并必然会受制于客观的存在。事物之间总是相互制约和促进，是故这种改变必然有其一定的限度，而这种限度的大小也会因事物的不同而有所不同。将这些思想统摄进一个观点，那就是一切都是其命运锁定之中的最小起伏，这个"最小起伏"固然在其既定的命运之外，但依然包含在自然所允许的范围之内。

　　这个观点应一分为二，其既不同于古代的命运观，亦不同于后世的非命观，它将命运的客观存在性和人的主观能动性有机地统一起来，让二者在一个新的层次和高度上达到融合和平衡，从而贯通了水火不容的两个区间。其一方面承认命运的存在，另一方面也不否定人有主观能动性的发挥，认为人的修为和造化可以影响并摄动命运，认为这种造生于命运中的修为和造化可以反作用于命运，就像造生于自然中的一切可以反作用于自然。从理论而论，没有不可跨越的绝对屏障，一切只在于相应的条件，但这种条件的形成却与众多的因素有着密切的关联，不是仅凭个人的力量就能主宰一切。

　　命运固然存在，但也绝非由上帝来掌控。上帝本不存在，我们假定其存在并掌控了万物的命运，那么这是何等的艰难，大到山川河流，小到微尘雨露，以及时空不断喷薄而来的万物的命运，他都不能放过，都需要他来一一掌控和策动，然而谁又有如此的精力和耐力，能够长久、持续、精确而永恒地掌控万物的命运而不出任何的差错，因为稍有闪失，便会造成全局的混乱，并产生无法弥补的损失，是而谁又能做到？不过还好，上帝并不存在，只存在于人类的意识中，因为现实并没有留给他任何存在的时空。

自然无声无息（全局而整体的观点），按照既定的规则运作万物，只可惜万物对此却少有所知。自然无时无刻不在发挥着作用，是包罗万象而又不可逃避，是无声无息而又运行不止，是强大无比而又无法抗拒。自然之道必然有其定数，存在之中唯有自然最强，而事物的一举一动都必经过自然的审视和裁定，这也正是为什么人类要获得成功，天下之业、圣人之功都是顺自然而动的原因。

命运固然存在，但亦并非"一切都是注定的"，这显然又说过了头。诚如上文所言，存在一个"最小起伏"，是而一切无法完全写就，同时一旦如此，那也意味着命运将不可改变。而另一方面，中国古代的太极理论对后世影响至远，阴阳辩证构为太极，太极无处不在，无处无不太极，矛盾双方相互包含，是而没有清一色的格局，这亦说明无法注定一切，而没有任何变动的可能。太极是自然的逻辑与构架，其精深的奥义深刻而准确地切合了客观的现实，是而不得不用以认真地分析和权衡。倘若将光明作为一阳纳入太极，那么黑暗则可作为一阴纳入太极；倘若将正义作为一阳纳入太极，那么邪恶则可作为一阴纳入太极；倘若将运动作为一阳纳入太极，那么静止则可作为一阴纳入太极……以此类推，倘若将注定作为一阳纳入太极，那么同样可以将未定作为一阴纳入太极；倘若将存在作为一阳纳入太极，那么其一阴之位必然是虚无所居。由此可见，存在和虚无不过是同出而异名，说不上谁率先造生了谁，这与老子的观点无疑相通。第三，倘若真是这样，那我们的举手投足，我们的一笑一颦都将失去选择的权力，都将只是按部就班、依次不乱地表现出来，而一旦那样，我们岂不是表面上看是具有自由的意志，而实际上却是编码早已写好的智能机器人，因为一招一式都不得不按照既定的程序运行。这会是现实吗？我们难道丧失了所有的权力，包括思想、决策、分析、判断和行动？这显然是不合现实和逻辑的，然而命运又是存在的，无论事物如何摆渡，无论事物如何运作，最终都将与之既定的命运暗自切合而难以越度。命运，是目前的科学所无法理解和解释的，但却又是客观存在的，存在于现实的另一个层面，这需要科学发展到一个更高、更深和更广的阶段才能得以揭示和证明。

事物总是毫无保留地彰显出自己的命运，而命运亦造成了世间诸多不平的事实，使得能够真正击中社会的标靶，不一定是最善于射箭的人。有人或许会说，如果命运真的存在，那岂不是否定偶然因素的存在？其实并非如此，因为命运本就是偶然与必然的合谋，一切必然都存在于偶然中，但一切偶然都必体现并受制于必然。现实中的命运早已包含了二者共同作用的效力，只有必然或只有偶然的因素来造化的命运是不存在的，因为现实的一切都必然满足并遵循现实的法则，无论是浅层的还是深层的，无论是已知的还是未知的。

对于独立的个体而言，其先天的因素必然会对其后天构建一定的影响，但是对此事物无法从根本上来加以改变。而事物是彼此联系的，这使得此事物的后天因素可以造就彼事物的先天因素，比如父母的命运会影响其子女的命运，此谓命运环环相扣；而事物亦是发展的，先天的因素进入并彰显在了后天中，必然会受制于现实的一切法则。是而命运又怎能不作用于现实的事物？是而命运又怎能不被现实的事物所影响？事物之间总是相互影响和作用，这种相互间的作用互为援引进各自的命运中，所以交互的结果不是单向的，不是只对一方有用，而是双向的，对交互的双方都有作用，因为这种结果将被用以构建各自不同的命运。

命运依附于客观的存在，没有客观的存在就不会有命运；表现于交互的环境，没有交互的环境命运无法彰显；造生于起始的时空，命运正是被时空注入的信息。事物总是从某一时间、某一空间切入到这个既定的时空中来，其必然带有时空的信息，然而可以确定的是事物起始的时空并不决定于事物本身，这亦是说事物对是否被造生出来不具有选择的权力。由于事物起始的时空必然是绝对的不同，所以被注入的信息自然就不同，而事物的起点影响并包含了事物的过程和终点，这使得事物表现为一个相对独立、前后关联、井然有序而又自成一体的系统。

事物的起点为什么只是影响，而不是决定事物的过程和终点？量子力学中存在一个经典的实验，有人将一个短波信号一分为二，一半的信号像正常短波信号一样在空气中以光速传播，也像所有正常的短波信号一样几乎在发出的同一时间到达目的地；而另一半信号则在其传播的途中放置一个所谓的"量子障碍物"，目的在于阻碍包括短波信号的一切亚原子微粒传播，结果实际的情况却恰恰相反，这个短波信号实际上是以几倍于光速的速度向外传播，在它被发出之前已被接收。科学家们逐渐就此效应的导致原因是"量子隧道"达成了一致，这种观点认为离散的亚原子微粒可以通过亚原子障碍物组成一条隧道，它们从"时间隧道"钻出来的时间比它们进去的时间还要早。这个理论的详细论证未免过于复杂和深奥，其基本观点就是一个"不确定"量子的精确位置既是由它过去的位置决定，也是由它未来的位置决定。如此一来，从某种意义上说，现在既是由过去也是由将来决定。

这个观点的得出让我们大为震惊，因为这与我们日常生活所经验的事实——历史决定现在有所矛盾，当然亦有人认为是未来决定现在，这个观点过于偏激、不值一驳，然而就过去和未来共同决定现在的观点经过反复的思辨，我发现是正确的，这其实正切合了前文中早已确立的一个观点，那就是整体决定局部，局部只能影响整体（这个观点是我基于已有的认知自行推导而出，后来发现辩证唯物主义哲学也坚持同一认识），是而作为局部的现在（时间质点，t＝0）只能由作为整体的过去和未来共同决定，而不是仅仅由过去或者未来单向决定。由此可知，人，比如你和我，为什么当前处于现在的状态？这是由我们的过去和未来整个生命历程共同决定。同时，我们为什么不出现在过去，比如春秋战国时代，亦不造生于未来，比如公元三千年，而只能存在于当前的时空？这正是作为整体的宇宙所决定，是宇宙过去和未来的整个时间表所决定。从现实的角度来分析，我们的存在，必先有父辈的存在，而父辈的存在必先有祖辈的存在，这样依次向上推，而无论是在过去还是在未来都无法顺利推演，因为倘若是在过去，父辈、祖辈都还不存在，我们怎么存在？倘若是在未来，父辈、祖辈早已消失，又怎能造化我们？中间存在时间的断裂带，由谁来弥补？而恰恰就在我们存在的时空，刚好满足了造生我们的一切条件，于是我们便顺利地来到了这个世界。这亦正是整体力量的均衡，是过去和未来的合谋，不是我们希望自己何时出现就能何时出现。是而事物的起点只能影响，而不能决定事物的过程和终点，因为我们必须谨记的是整体决定局部，而不是局部决定局部。整个时空就是一个有机的整体，时空内的一切都不能绝对孤立地存在，时空既然是一个有机的整体，这就意味着其内的任意局部必将被整体所决定。命运正是自然掌控一切的手段，因为自然在根本上主宰了万物，亦在总体上制约了万物，即使原有的命运被改变，新的命运又将诞生。自然为其内的一切都注入了时空的信息，也赋予了它们相应的使命，以最终实现自己的演化和轮回。

量子力学中亦有一个重要的原理叫作测不准原理，以作为反驳命运存在的科学依据。其实在此可以遵循点对点、面对面的原则，意思是说给定一个精确的起点可以推演出一个精确的未来；给定一个粗略的起点，可以推演出一个粗略的未来。而就未来可被正确预见这一点而言，其实就已经证明命运的存在。第二，测不准只是人为的测不准，不是自然的测不准。自然是测得精精确确、一丝不差的，只是人类目前的能力并没有达到完全而彻底地描象自然的程度，而自然又无法将测定的结果告知人类，正是一切都需要人类自身去琢磨、去揣度、去思想、去探索、去渗透……自然总是无声无息而运作有度，人类却是有声有息而争斗无数，人类又何以比肩自然？人类又何以因为自身能力的限度而停滞不前？认为这是自然本身的不允许，认为这是自然必然的极限？第三，测不准的事实必然是在现实中首先满足测不准的条件，于是科学家们观察到测不准的事实，继而再升华为测不准的原理。这固然没错，但我们同时也不要忘了，一切都是相对的，而这是绝对的，这就意味着倘若在现实中能够自然或人为制造出测得准的条件，那必然会突破测不准的原理，从而使之测得准。这就好比我们每个人都要经历生、老、病、死四个过程，然后才会淡出时空的舞台，而这不是绝对的；这亦好比自然中本来是没有生命存在的，但人不能因此说自然中永远不会存在生命，因为我们自身的存在就是最佳的证明。第四，一切限制人类发展的理论在时间允许的前提下都将成为过去。根据测不准原理的思想方法，即客观务实观察而后的总结和归纳，在此也可以提出两个原理，即看不到原理和听不到原理。有过生活常识的人都知道人的听力和视力是有一定范围的界限，高于或低于此范围的相应信息都无法作用于人的视觉和听觉，而这也是经过科学论证的结果。那么你要么不移动时空位置而听不到、看不到，要么你就移动（或远或近）位置去听去看，总之鱼和熊掌不能兼得，这就是所谓的看不到和听不到原理。可是这并没有阻碍人类前进的步伐，其在现实的不可能不是早已被人类发明的电话和望远镜所跨越和突破吗？这正是人类用自然已有的法则去克服其已有的另一法则，这种用法则来制衡法则的方式而求得进步正是人类发展的模式和手段。所以，测不准只是一时的测不准，不是永久的测不准；只是暂时的测不准，不是根本的测不准。我们怎能因为其已存在的某种法则而望而却步？我们又怎能因为测不准原理和事实的横亘其中而不作任何的图谋？要知道没有绝对不可通达的禁区，一切皆有可能，只是时间与造化的追逐和赛跑，能力和困难的攻防与角力，是而测不准原理并不能否定命运的存在。

　　人类永远也无法在显微镜下像发现分子、原子、电子那样发现矛盾，说："看，这是分子，这是原子，这是电子，这是矛盾。"然而矛盾又是的确存在的，因为矛盾是客观事物本身所固有的既对立又统一的本性。它是客观事物所固有的属性，却又不是像分子、原子、电子那样客观的物质存在，它是基于存在的存在，属于第二存在，即属于法则的范畴，是而人类永远也无法在显微镜下观测到它的存在，但是却又可以感悟到它的存在，而命运又何尝不是如此呢？人类亦永远无法在显微镜下观测到命运，说："看，这是分子，这是原子，这是电子，这是命运。"因为它同样是基于存在的存在，属于第二存在的范畴。

命运无疑是存在的，正如前文所述，整个宇宙是一个横向和纵向联系为一的整体，同时它亦是一个全息相关而又自我封闭的独立系统，并且宇宙内部的一切总是相互影响、相互作用、相互制约和相互促进。宇宙现在在不断地喷薄，这就注定了它终有一天会回归，因为宇宙尽管在不断地喷薄，可是它无时无刻不受到其自身内在引力的作用，是而它总是带着向内坍缩的重担和负荷而向外喷薄，随着时间的推移，这种向外喷薄的力量会越来越小，越来越弱以至于再也无法抵御其内在引力的作用而发生坍缩，走向回归。然而这种喷薄和回归的时间不是任意随定的，是由其内在的矛盾所早已注定和写就。这就是说在通常情况下宇宙只受抉择偶然这一单相偶然因素的影响，而一旦能够在宇宙的外围对其施加力量，这种力量对于宇宙本身而言就是为其注入的系统偶然，因为宇宙没有也无法意识到有谁会在其外对其施加力量。但是一方面，宇宙自始至终就没有给足其内任意事物足够的时间以让其练就一身可以走出其引力范围的卓越能力；而另一方面，宇宙在喷薄之前就早已将现实中可能存在的一切纳入其引力收归的范畴，是而又有谁能为宇宙的发展注入系统偶然的因素？当没有这种力量存在的时候，宇宙只能在无限抉择偶然中走出一条由自身内在矛盾所决定的必然的道路，然而假如存在这种力量时，宇宙此时就如同其内的万物——同时受到抉择偶然和系统偶然的双重影响，于是整个宇宙的命运便会发生改变——延长、抑或缩短其喷薄与回归的时限。当宇宙整体的命运被改变以后，其内在的一切事物的命运便会跟着发生改变，无论从哪个角度而言都是这样，这正是局部的命运会随着整体的命运的改变而改变，因为宇宙内的一切自始至终都要切合住整个宇宙的喷薄和回归。

由此可见，万物的命运正是被整个时空所摄动的涟漪，毕竟一切在影响时空的同时亦会受到来自时空的影响，而这又是时空内的一切所无法规避的命运。然而尽管宇宙的发展没有系统偶然的影响，但却有着抉择偶然的因素，这就意味着其内万物的命运同样会反作用于整体的宇宙的命运——即影响它喷薄与回归的时间，以及中间的一切可能，尽管万物的命运早已被整体的宇宙所决定。不仅万物存在命运，宇宙本身亦存在命运，正是因为先有了宇宙本身的命运，才有了随之而来的万物的命运，而局部的命运又不得不迎合整体的命运，因为是整体决定局部，而非局部决定整体。诚如前文所述的几个重要观点：

第一，自然整体力量的均衡决定了自然中任意局部的存在时空；

第二，一切的成立都是整体力量均衡的结果；

第三，自然从根本上决定和总体上局限了事物的运行轨迹和一切可能；

第四，事物的发展必定也只能切合住自身整体的要求；

第五，整体决定局部，局部影响整体。

当我们把这些思想整合起来的时候，我们便发现了自然的秘密，这自始至终却又不动声色地根植并作用于万物的法则，那就是命运。是而命运又怎能不存在？命运不仅存在，并且存在于自然的任意时空，命运正是整体对其内任意局部的制约、支撑和注定。命运纵然存在，然而人们却难以认同，那是自然，因为一方面人们乐于被自己所拥有的主观能动性所迷惑，尽管命运的存在与人有主观能动性并不矛盾；而另一方面则是人们总是习惯于观看局部和细节，而不懂得把握整体和全部；再者就是人们的思维通常只是处在一种浅层运作的状态，而并不处于一种深刻分析的格局。当生命行进在温柔的港湾时，其必然难以理解命运，认为这是其自身奋斗的结果，其实这正是命运的支撑；而当其重新步入生命的维谷，才能参悟命运的所在，其实这又是命运的制约。命运的存在已无可置辩，以后的研究重点应在于如何洞悉事物的命运并改变事物的命运。

命运既然是客观存在的，其就不会以人的主观意志为转移。那么人能否完全彻底地掌控属于自己的命运呢？所谓"掌控命运"，是指掌握和控制命运，那么人能否完全而彻底地掌握和控制自己的命运呢？假定人已经掌握和控制了自己的命运，那么这就意味着个人主观的愿望都能成为客观的现实，而完全彻底地掌握和控制命运，这就意味着命运所涉及的一切都能符合自己主观的心愿，而这能够成为现实吗？答案无疑是否定的。既然如此，那人怎能完全彻底地掌控属于自己的命运？既然连自己的命运都无法完全彻底地掌控，是而谁又能完全彻底地掌控别人乃至万物的命运？

当你不小心滑落山坡，你能想停就停吗？你是否生病，什么时候生病，以及生何种病是自己说了算吗？你能让自己不要围绕太阳和银河系公转吗？要知道地球上的一切正以一定的速度在绕太阳和银河系作公转运动。你能够掌控你的荣辱兴衰和旦夕祸福吗？你可以时刻左右你的意志和行为吗？其实人所不能掌控的事情又何止于此，生与死没有人会认为不属于命运的一部分，那么谁又能掌控自己何时出生，何时死亡？这为掌控命运的不完全和彻底性亦增加了非常的困难。诚如前文所言，人只能有限掌控自己的行为，而根本无法掌控行为的结果，所以你成功了，可以说这是天意，因为谋事在人，成事在天；也可以说这是你的命运，因为成长于习性，成功于命运。人不能确保自己一定能够成功，因为自然中的一切都必然需要经过自然的审判，是而人成功了，那是自然的允许，表示此路可通；人失败了，那亦是自然的禁止，表示此路不通，然而这种结果并非永远不变，其与自然的时空和自身的命运有着莫大的关联。

  人不能完全彻底地掌控命运，因为命运表现于交互的环境，而人不能完全控制或绝对强于交互的各方。这亦是说人难以掌控交互的环境，因为这需要掌控整个存在的力量，而这又需要掌控整个自然，是而希望没有缺憾的人生注定成为人生的悲剧。交互，诸如与自然交互，与社会中的群体或个体交互，试问人能够强于自然吗？从人类被造生以来直到现在，居于强势的始终都是自然，那人类是否最终可以战胜自然呢？可能是存在的，因为一切皆有可能，但可能不等于现实，现实不仅是可能，可能要成为现实必然需要有实现转化的条件，否则亦只能是徒然。另一方面，人类始终是作为一个局部存在于作为整体的自然中，而局部永远无法战胜整体，除非局部已不再作为局部而存在，因为无论局部是如何地强大，都将属于整体的一部分，是而人类又何以战胜自然？然而我们假设人类已经战胜了自然，在与自然交互的时候能够居于强势，做任何事情都不再需要自然的审判和许可就能成功，即使是这样，人也不能完全彻底地掌控自己的命运，因为人始终难以在自己还不存在的时候决定自己何时存在，即难以掌控自己来到这个现实世界的时间。同时，人不仅会与自然斗争，亦会与社会中的群体和个人交互，那么必然存在胜败与得失。既然如此，人又如何使得一切都尽如自己主观所愿？既然一切不能尽如自己主观所愿，又谈何完全彻底地掌控命运？更谈何一切尽在掌握？

  正如前文所言，不是自己希望怎样就能够怎样，你希望走好人生，并不表示你就能够走好人生；你希望与他人和平共处，并不能确保别人不会主动出击；你小心翼翼，力保自己不犯错误，亦不表示自己因此就不会受到伤害，因为别人的错误所造成的影响极有可能会波及到自己。容忍、尊重与包容不一定能够换来相同的礼遇，最不美的是人心，无论穿上什么样的衣服都不美。一般而论，上帝给予此，不再给予彼，一切都是利弊的二象，融入并构建到自然的法则中来，人类的荣辱兴衰与生死存亡不过是自然法则的体现和张扬，人类的诞生与毁灭不过是自然演化的历程和给人类开的一个玩笑……

事实固然如此，但人却不能对自己的命运放任不理。尽管人不能完全彻底地掌控命运，因为万物的命运掌控于整个自然，但可以通过性格和智慧有限地改变命运，这是人所能拥有的权力，这亦是人主观能动性的发挥，这更是人对自然法则的后天谋定。诚如《诗经·大雅·文王》所云："永言配命，自求多福。"道理正是如此。命运固然存在，这是客观的事实，但人亦不可因此而轻信那些江湖术士的言论，因为你不能确定他们已经通达了你的命运，那么其必先通达自己的命运。我们必须要谨记的是，命运始终是有限地掌握在自己的手中，当一个人即将走到生命的尽头，他自然通晓了自己的命运，而这是最具说服力的答案，因为它是实践交互的最后结果，它将被永久地写入自然历史的画卷。

命运固然存在，但正如上文所述是可以改变的。就通常而论，倘若一个人能够积极努力地按照人类智慧的结晶所总结的人生法则，诸如严谨、审慎、务实、谦虚、勤奋、节约、适度、好学、深思、力行、宽容、大度、踏实、上进……这样不断地来完善自己，那么我想其人生应该是精彩的；倘若一个人本来拥有好的命运，但却因此而不思上进、任意妄为，那么其实际的命运也难以辉煌，因为一切都需要通过现实的造化以满足现实的原理，命运亦是如此。命运固然存在，但自然依然是自然，有着不可抗拒的箴言，该被造生出来的会如期而至，该消失淡出的又会渐渐退隐，一切都是那么自然，一切还是那么平淡。

古人认为命运是存在的，我亦认为命运是存在的；古人认为命运是不可改变的，但我却认为命运是可以改变的，尽管有其限度。是而作为一个辩证的环节存在于纵横交错的时空中的我们，始终不应放弃与命运搏击的权力、能力和睿智。命运看似神秘，其实并不神秘，不过是自然固有的法则，事物的神秘在于我们能够感知却又无法理解透彻。相信命运，似乎走进了一个死胡同，其实将打开一片崭新的天地。

命运（二）

事物的命运根植于事物本身。

为什么存在命运？因为自然是一个相对封闭而又自承的系统，所以它给其内部的事物便丈量好了一切，让它们何时来到这个世界，何时又从这个世界消失，并赋予了它们相应的使命和意义，以满足自身演化的需求，这样一个完整的过程就是事物的命运。当事物在客观上迎合了这样的命运，它的一生便是和谐的，通畅而无阻隔，缺失而不忧伤，此为顺应自然而不强求命运；当事物在客观上违背了这样的命运，它的一生便是艰难而痛苦的，因为它违反了既定的运行规则，试图利用一己之力去改变和扭转生命的坐标与前进的方向，此为反抗自然而强求命运。这是何等的困难？这又是何等的渺茫？命运难以违背，命运不可强求，可是谁又能完全而彻底地洞悉自己的命运？懂得命运的人淡定，苦苦挣扎的人愚昧，通达命运靠智慧，通达智慧是命运。

命运（三）

既然命运根植于事物本身，是而如果你想要改变命运，那么你必须懂得如何改变你自己。

命运（三）

备注说明：关乎命运，自古有之，争论至今，却无定论。时间运行至今，人类的科学既没有证明其存在，亦没有证明其不存在。那么命运到底是否存在，我在此不想做过多的解释，只是重申以下三点，更多的留待时间来验证：

一、你相信易经吗？你相信风水吗？你相信八卦预测吗？而就未来能够被准确预测这一事实来看，其实就已经证明命运的存在性，你想想是不是这个道理？像中国古代流传下来的大预言，诸如诸葛亮（字孔明）的《马前课》，刘伯温（刘基）的《烧饼歌》，唐代易学大师袁天罡、李淳风的《推背图》，比较精确地预见了唐朝后世几千年，而就未来能够被准确预见，其实就已经证明了命运的存在。

二、我并不是孤军奋战，我并不是孤立无援，站在我观点背后的一大群人都是古今中外的名人、伟人、大学问家，比如英国的休谟，法国的伏尔泰、拉普拉斯（皮埃尔·西蒙·拉普拉斯侯爵，Pierre Simon marquis de Laplace，1749～1827，有着科学宿命论之称的原理），德国的歌德，以及黎巴嫩的纪伯伦，就连我们一向推崇备至而敬仰有加的孔孟老庄（孔子、孟子、老子、庄子）都亦是相信命运，难道你比他们都还厉害？难道你的认知水平和思想境界比他们都还要深邃和高明？

三、为了更好地理解我关于命运的观点，有空的读者可以读一读明代思想家袁了凡（袁黄，1533～1606）所著的《了凡四训》，将会对命运的认识有更深的感知和体悟。古今中外的长期社会实践亦是证明了命运的存在性，而实践是检验真理的唯一标准，我们深知这一科学的原理。最后，我相信科学终有一天会证明其存在，而这亦是被注定的。

2023 年 4 月 8 日深夜

人生策划

◎人生不能没有策划，更不能没有人生策划

◎科学的人生策划有利于个人的生存和发展

◎人生策划是意识对存在的把握和引导

◎实践是修正和检验人生策划的唯一标准和归宿

◎人生是一个永不复返的过程

◎没有理论的实践必然是盲目的，而没有实践的理论亦只能是徒劳

◎万物都是一种支撑，但亦是一种制约

◎人是政治、经济、文化的基础

◎独立只是相对的，联系才是绝对的

◎人不仅要知人以智，同时更应自知以明

◎倘若能够实现兴趣、优势、事业三结合，那么人生之路将会越走越红

◎每个领域都去涉足，反而没有了足迹

◎事物在联系中存在，在制约中发展，在耗尽中回归

◎信仰科学和真理，追求美好和幸福

◎理论来于实践，亦归于实践

社会，承载了太多人的梦想和希望，也见证了无数人的荣辱兴衰和生死存亡。这不堪重负的社会，依然摇曳着疲惫的双桨，朝着既定的方向远航。

人人寻梦而来，踏浪逐沙，撑起一支长篙，穿越生命中的戈壁和细沙，规避着命运里的浅滩和暗流，矢志不渝地驶向理想中的彼岸，亦驶向生命的终极。梦里寻她千百度，蓦然回首间，生命已高飞走远，渐渐远淡，淡出历史的舞台，淡出时空的褴褛，亦淡出自然的法则，生命本不能存留，但愿长驻心间……

人生，你要么就不要着手，这样固然可以远离悲哀与痛苦，但同时你亦将

什么也没有；倘若着了子，那么你就不得不承受因着子而可能带来的失利、痛苦、烦恼与悲哀。那我们又该如何走？历史、社会、人性、自然都使我们不得不着子，区别只在于深浅和范围，于是一方面我们要审慎着子，另一方面又要规避因着子而可能带来的一切风险和危机。然而这种规避不会是一劳永逸的，因为其始终悄悄地、默默地潜伏在自己成功和幸福的周围，以等待登上历史的舞台，嵌进人生的命运的时机。

未经审视的人生是不值得过的，未经策划的人生同样如此。生命是火焰，燃烧自己照亮他人；生命是微风，卷尽涟漪又复归于平静；生命是激情，生命是平淡；生命是高亢，生命是低吟；生命是跳动的音符，生命是华美的乐章，生命是一首永远也无法奏完的歌谣……生命不会是十全十美的，荆棘和缺憾不少，最大的缺憾莫过于无法修改病句。诚如约伯（Job，公元前 1650 年~1510 年）所说的那样："人为妇人所生，日子短少，多有患难。出来如花，又被割下。飞去如影，不能存留。"（《旧约全书·约伯记》）人生是一个永不复返的过程，过早地完成自我，并不见得是一件好事。

人生不能没有策划，策划对于人生而言不可或缺。所谓人生策划，简单地说就是对于人生的策划、谋划，也就是对于人生的总体规划。你将用什么样的态度来面对人生？你的人生又将如何发展？你的理想和事业又将如何展开？什么样的心态和思想是我们应该保留的？什么样的价值和观念是我们应该舍弃的？什么样的信念和目标又是我们应该追随的？

生活是丰富多彩的，存在是复杂多变的。生存绝不仅仅只是个学习的问题，那些崇尚"万般皆下品，唯有读书高"的人往往都是现实中的失败者，因为他们总是过于强调理论修为的重要，而不注重实践能力的培养。没有理论的实践必然是盲目的，而没有实践的理论亦只能是徒劳。学习固然不可缺少，但却不能解决生存中的一切问题，否则生存就变得无限的简单，因为人只需要学习就行了。生存中不仅是学习，人还需要解决生存中一切的问题。

阅历他人的人生，品味他人的智慧，是为了让我们的精神世界更加丰润，亦是为了让我们的人生道路更加好走。当我们与那些杰出的古人、哲人、智者的思想展开一次次的对话和交流的时候，我们也随即拥有了一次又一次的超越，超越他们的生活局限，超越他们的思想局限，超越他们的时代局限，于是最后亦超越了自己，从而实现了人生的跨越和前进。

人生不能没有策划，更不能没有人生策划。科学的人生策划有利于个人的生存和发展，它好像一柄火炬，始终照亮自己前进的方向，它又仿佛是夜空中的一颗明星，引领着自己不断远航。人生策划使人生有了框架，有了准绳，有了奋斗的目标，有了前进的动力。它使人生不再虚度，它使人生过得更有价值，它为人生划定蓝图、给定方向，它是慎重对待人生的体现，亦是宝贵珍重人生的抉择。

人生策划是意识对存在的把握和引导。这里的"意识"正是我们自己的主观意识，"存在"则是我们自己或他人的客观存在，也就是说人生策划是我们自己的主观意识对我们自己或他人的客观存在的把握和引导。要进行人生策划，必然要先进行把握，这是进行引导的前提和依据。在科学、充分、系统、完善把握的基础上再进行科学、合理、有效的引导，以更大限度和更大可能地实现策划的成功，从而取得人生的成功。具体而论，应该从以下几个方面来进行全面的把握：

一、宏观环境分析

所谓宏观环境分析，是指从宏观的角度来对自己所处的周围环境进行整体和客观的把握。了解环境，一方面是生存的必备课程，另一方面也关系并影响到人生策划的成功与否。环境，与我们的生存和发展息息相关，它无时无刻不在发生着变化，有时是和风细雨，有时是星移斗转，有时又是沧海桑田……环境有着变动性和不可控性，但同时亦有着一定的规律性。

宏观环境分析主要包括自然环境分析，政治因素分析，经济因素分析，文化因素分析和人口因素分析等，为了制定出科学、合理而有效的人生策划，必须考虑并分析这些因素。个人能否全面、准确并及时地把握住这些信息，对于人生策划的成败有着巨大而深远的影响和作用。

（一）自然环境分析

自然无处不在，我们自身都属于自然的一部分，自然包容一切，主宰一切，强大而沉稳，无声无息却又运行不止，不了解自然是绝对不行的，不精通自然的法则和密码，将很难在与自然的斗争中取得优势和胜利。由于天道无处不在，无时不存，自然内的一切都需要经过自然的审视，顺之则亨，逆之则否，这就是自然，一个现实而又强大，客观而又善变的自然。她博大的心胸包容万物，无尽的乳汁哺育其成长，其深邃的双眸洞穿世间一切的变化、荣辱和兴亡。她淡而无语，语而无言，言而无声，她离万物最近，然而离万物却又最远，她始终将自己深深地隐藏起来，将自己的心思和动机埋没进无声的语言中，湮没在无言的行动里，然而她却有着强硬的性格和非凡的力量，绝不允许她的臣民们有忤其意、有悖其理。她总是牢牢地守住通达的关卡，公正而又严明，真正的大公无私，绝不徇私枉法，无论是位极人臣、地位显赫的社会名流，还是走街串巷、引车卖浆的贩夫走卒，谁也别想从她那里开得后门，捷足先登纯属奢望。她脾气变化无常，时而温柔，时而严厉，时而震怒，时而暴跳……而这一切都是其演化的过程和需要。她的子孙们在其成长中总想将其参悟透彻，却始终不得法门纲要，不过还好，一切都没有出乎她的预料。

自然是如此的重要，我们又怎能置若罔闻。在实际的应用中，我们既应对其有理论、抽象的理解，又应对其有深刻、具体的把握，在此侧重于自然资源、自然灾害、环境气候、物质能源和地形地貌等方面的分析和判断。自然环境的改变在潜移默化地影响并改变着环境中的一切，是故对此不可不知。

（二）政治因素分析

政治是指政府、政党、社会团体和个人在内政及国际关系方面的活动。它是经济的集中表现，在此主要包括国体、政体、国家机关、政治制度、政治军事形势、方针政策、法律法令等。生活在社会关系中的人不仅要受到自然法则的影响和制约，同时还要受到社会法则的影响和作用，这是生存在自然的社会系统中的人所不能逃避的，所以在这样的环境中生存，人不得不精通自然和社会的规则和密码。

所谓国体，是指社会各阶级在国家政权中的地位和作用，也就是国家政权究竟掌握在哪个阶级手中，掌握国家政权的阶级联合什么阶级、压迫什么阶级。根据阶级内容可以把国家分为四种类型：奴隶主阶级专政的国家，封建地主阶级专政的国家，资产阶级专政的国家和无产阶级专政的国家。

所谓政体，是指国家政权的组织形式和管理形式。也就是说统治阶级采取什么形式来组织自己的政府，实行自己的专政和管理自己的国家。

国家的方针政策、纪律法令同样具有规范、强制和制约作用，人生的策划应该在遵循这些方针、法律法规的基础上进行制定，而不应有所僭越。

（三）经济因素分析

经济与人的生存息息相关，它从各方面渗透进人们的生活空间，对人类的发展构成至关重要的影响和作用。同时，它对社会的物质和精神文明的建设与发展亦会起到一定的促进作用。然而由于现实中经济的发展必然有其一定的高度，这使得它对文明的进步和发展也会起到一定的限定作用。时代的局限，时空的局限，存在的局限，不是事物所能随意超越的。其实又何止于此，万物都是一种支撑，但亦是一种制约。

经济因素的分析需要分析国家的经济制度、经济结构、经济资源、产业布局、经济发展水平以及未来发展的趋势等。分析者需要知道地区经济差异，行业经济层次及其未来走势和行业竞争状况等，这些因素同样都将影响到人生的策划。

（四）文化因素分析

所谓文化，是指人类在社会历史发展进程中所创造的物质和精神财富的总和。所以它包含的范围是非常的广泛，涉及到人类社会中政治、经济、教育、科学、哲学、文学、宗教和艺术等诸多领域。人类社会中的人没有不受到社会文化的影响，文化会因为时间、地域、环境的不同而有所不同，整个人类社会的文化博大精深、源远流长，这么一脉相承而来并不断创新的文化，随着时空的变化也在不断地发生着改变，它对人类的影响是深远而凝重、广泛而持久，它影响了人们的世界观、价值观和人生观，同时也在很大程度上影响了人们的性格和爱好，乃至人生和命运。

文化是一个国家、一个民族、一个社会、一个时代中极具渗透力和影响力的东西。文化有积极的，也有消极的；有进步的，也有腐朽的，这是文化在发展中所避免不了的，人们对此应有深刻的认识和理解，并采取正确的应对手段和策略。

文化因素的分析在此主要有道德规范、社会风俗、文化传统、民族精神、国家信念、物质状况和科学水平等。对文化因素的分析可以从表层文化、中层文化和深层文化三个方面来着手，其中深层文化是关键和核心，它决定并制约了表层和中层文化。

（五）人口因素分析

人口因素分析是宏观环境分析中不可缺少的一部分，它的分析对于人生策划的成功与否有着重大的关联和影响，因为人是政治、经济、文化的基础，可以说没有人就没有这一切。社会系统中的人不可避免地要与他人交往，而生存中形成的血缘关系、生产关系、社会关系等各种关系都将人联系为一个整体，联系为一。没有任何事物能够绝对独立而不受到任何影响地存在于自然中，独立只是相对的，联系才是绝对的。既然如此，人又如何能够逃避？人又如何能够摆脱？

人口因素分析在此侧重于人口素质、年龄层次、知识结构、教育程度、宗教信仰、生活方式和行为习惯等。倘若能够较为完善而准确地掌握这些信息，对于人生策划方案的制定将大有裨益。

二、自身条件分析

继宏观环境分析之后，紧接着就是自身条件的分析。自身条件的分析对于制定出科学、合理而有效的人生策划同样有着极其重大的关联和作用。自身条件分析侧重于对自己的先天条件、后天条件以及内外条件的分析和把握，其目的在于通过分析以便对自己有一个较为全面、完整、深刻和客观的认识。不分析宏观环境，无法进行科学的人生策划；不分析自身条件，同样无法进行科学的人生策划。《孙子兵法·谋攻篇》曰："知彼知己者，百战不殆"，道理正是如此，倘若不能知己知彼，难以制定出正确的策略。《道德经》有云："知人者，知也。自知者，明也。"意思是说善于了解别人是有智慧，能够认识自我才是高明。是而人不仅要知人以智，同时更应自知以明。

自身条件分析在此主要包括兴趣、气质、性格、能力范围及其层次、优势与劣势、发展方向、社会关系、信仰和理想等，个人对此应有充分的理解和把握，从而以达自知以明。

（一）兴趣

所谓兴趣，就是指喜好、爱好的情绪。兴趣不一定是单一的，也可以是复合的。当人有了兴趣，就有了很好的动力，这种动力将直接促使自己在这条道路上发展下去。所以，如果自己的事业能够建立在自己的兴趣之上，那么自己将更有可能和希望在事业之路上走得更远。

（二）气质

气质是指人的相对稳定的个性特点，诸如活泼、沉静、开朗、浮躁等，它是高级神经活动在人的行动上的表现。气质差异表现为气质类型及其行为特征的差异，气质类型是由神经过程的基本特性按照一定的方式结合而成的气质结构。

关于气质类型通常划分为四种（此理论的创始者是古希腊希波克拉底，Hippocrates of Cos，约公元前 460 年~377 年）：

第一种是多血质，其主要行为特征是精力充沛，行为反应灵活而敏捷，情绪易表现和变换，行为外倾。这类人适合于从事公关、销售、开发等，善于管理夕阳企业。

第二种是胆汁质，其主要行为特征是精力充沛，但往往粗枝大叶，兴奋性行为反应敏捷而迅速，行为外倾。这类人适合于外贸、信息等，善于管理逆境企业。

第三种是粘液质，其主要行为特征是行为反应迟缓，不灵活、不敏捷，行为内倾。这类人适合于从事科研、金融、会计等，善于管理顺境企业。

第四种是抑郁质，其主要行为特征是对事物感受性强，体验深刻、持久，有时敏感多疑，行为反应细小谨慎，情绪易波动且持久，行为内倾严重。这类人适合于从事制造业，善于管理朝阳企业。

这四种气质类型中，属于单一类型的人很少，大多数人都同时具有两种以上的气质，因身处环境的不同而有所改变。

（三）性格

性格是指个人对现实事物的稳定态度和习惯化的行为方式。它是先天遗传和后天环境共同造化的结果，可以说性格在很大程度上决定了人的命运。同时，性格是个性心理特征的核心部分，它对气质和能力都会产生重大的影响，从而使得主体的个性心理特征成为一个整体，个人对此应有充分的重视和理解。

（四）能力范围及其层次

经过长期的发展，每个人都拥有不同的能力范围及其层次。一个人所拥有的能力绝不是单一的，而是一个能力的复合体，并且自己所拥有的各项能力在绝对水平上也有着高低的不同，哪项能力更有利于自己事业的发展，哪项能力更能成为一种竞争的优势，个人对此都应有较为充分和深刻的认识与把握，以作为自己人生策划的参考和指南。

（五）优势与劣势

对自己的把握，不能不清楚自己的优势和劣势。当能够比较清楚而理性地认识到自己的优势和劣势时，在事业发展和未来择业中才能扬长避短、有的放矢。

诸如有的人优势在想象、判断、创造，有的人优势在经营、决策、管理，有的人优势在某项技能，而有的人优势则在精力和体力。正如优势因人而异，劣势也各有不同，而这正是自然刻意的造化和安排，通过赋予万物不同的禀性，于是具有了不同的作用，万物再根据其作用的不同就能在天地之间（对于人类而言则在社会之中），找到属于自己的位置，进而演绎彼此不同的命运。辩证、全面、彻底地分析和把握住自己，对于人生的发展和策划不可或缺。

另一方面，倘若人能够以兴趣为导向而形成优势，再以此优势为起点而与事业相结合，即实现兴趣、优势、事业三结合，那么人生之路将会越走越红。

（六）发展方向

所谓发展方向，是指自己为自己设定的人生发展的方向。它的设定应在充分考虑自己的兴趣、优势和事业的基础上进行，如果脱离自己的现实情况而任意设定，那么不仅实现的希望渺茫，而且将对人生的正常发展造成不必要的干扰。当发展方向确定以后，自己就应该脚踏实地、按部就班地走下去。

人应该确定自己的发展方向，有所不为才能有所为，均衡用力，每个领域都去涉足，反而没有了足迹。人生的方向不明，奋斗就没有目标，一时豪情万丈，一时又黯然神伤，必将难以在发展的道路上走远。

（七）社会关系

人不是孤立而存在的，事物之间总是彼此联系，相互联系和影响是事物存在和发展中摆脱不了的命运。人由最基本的血缘关系而来，继而派生出亲戚关系，但由于主观和客观的共同原因，使得有些人固然存在这些关系却无法得以彰显在现实中。然后是生产关系和社会关系，人是被现实中各种关系所摄动的点，而这种点（人）与连接这些点的线（关系）相互影响，并构成一个纵横交错而四通八达的关系网络。事物在联系中存在，在制约中发展，在耗尽中回归，普通之人总是简单地认为多个朋友多条路，然而这只是一方面，却不知道这种纵横通达的关系网络依然无法摆脱利弊的二象，故此人不得不慎。

（八）信仰和理想

所谓信仰是指对某人或某种主张、主义、宗教极度相信和尊重，以作为自己行动的榜样或指南。而理想在此则是指人们对未来事物的想象或愿景。

我们应该树立正确的信仰和理想，将其作为人生的法则和追求。尽管时代和地域的不同，赋予了它们不同的理解和诠释，但是信仰科学和真理，追求美好和幸福一直是人类在生存和发展中所始终摆脱不了也不愿摆脱的规则。科学是人类劳动智慧的结晶，是对事物较为系统和完善的认识，尽管随着时空的推移，这些理论和认识需要在广度和深度上进行不断地延伸。真理是不可不信的，它向我们展示了一个真实的世界，它是主观意识对客观存在的正确反映，而所有这一切的理解和参悟都将收归于美好和幸福。行动不能没有理论的指引，人生不能没有追求的理想，诚如一句箴言所说的那样："没有理想的民族必然灭亡。"民族尚且如此，更何况是人生？美好和幸福就是人类永恒的追求和夙愿，这是人类最初的梦想，也是人类最后的着落。

三、目标及方案制定

在宏观环境分析和自身条件分析过后，就是人生策划的目标及方案制定。宏观环境及自身条件的分析是进行人生策划的前提和基础，而宏观环境和自身条件就如同世间的万物，是在不断地发生着改变，所以分析不能一劳永逸，需要根据实际情况的变化而作相应的调整。

目标及方案制定首先应根据宏观环境及自身条件制定出人生策划总的目标，并权衡其实现的可能性。它应该建立在自己兴趣、优势、事业及发展方向的基础之上，这也是人生理想的具体体现，它是抽象的理论和客观的现实相结合的产物。

当人生策划有了总的目标以后，就应该制定出各个阶段适宜的目标及其具体的方案，再将此目标和方案逐步细化以制定出切实可行的实施步骤，然后就只有脚踏实地一步一个脚印地走下去，此外再也没有别的办法。另外，如同宏观环境和自身条件一样，制定出的目标及其具体的方案也会是一个变动的量，它需要在实践中进行不断地调整和完善，正是实践是修正和检验人生策划的唯一标准和归宿。离开了实践，不能产生理论；离开了实践，理论将变得毫无意义。理论来于实践，亦归于实践，从实践中抽象、归纳而出，然后又具体、演绎到实践中去，这是理论的作用，亦是理论的命运。

人生策划是理性对待人生的第一步，而人生的道路还有待日后的修筑。人们应该用什么样的言行镶进这不可回溯的时空，与自然的变动互为融合？将我们永远定格在自然的历史中的是自然永恒不息的脉搏，这不断跳跃的音符呵，由于其本性是何等的伟大啊！由于其缺陷又是何等的遗憾啊！

物尽其性

◎物尽其性是本然，人尽其才是使然
◎事物在损耗殆尽之前绝不会完全消亡

物尽其性

◎一切都是自然的语义

◎人生过于执着，便走向了道的反面

◎唯有遵循道的原则，才能善始且善终

花儿是花，鸟儿是鸟，山川是山川，河流是河流，天空是天空，大地是大地，而人是人……它们总是毫不保留地将自己彰显出来，以示自己的独立和与众的不同。

自然赋予了事物不同的特性，给予了它们不同的效用，也造化了它们不同的意义。当它们为了追寻自己的一切而将自己不断地损耗以致耗尽时，也在客观上完成了自然造化它们的旨意。

普通之人总是为自己所拥有的那点能力所劳累，东奔西跑，乐此不疲。又总是惯于见东说东，见西就说西，生命中没有留出间隙，生活没有给予他们太多的时间去思索生存的方式和价值的皈依，去思索生命的轨迹和命运的源流，只是凭借着自己内在的那种持久而狂热的动力在现实的世界中纵横驰骋，直到将自己损耗殆尽以被自然彻底地击溃。

事物为什么在是否将自己完全表现出来这个问题上不具有选择的权力？人又为什么在是否将自己的能力奉献出来这个问题上同样如此？是人性、物性，还是天性？能够如此牢不可破、坚不可摧地锁住现实世界中的一切。这是自然的烙印？还是天赋的权力？抑或是存在的义务？是对自然万物的一种证明，一种诠释，一种标榜……

当一个人向别人展示并传授完自己高出常人的那点智慧和技能时，也就丧失了其存在的这种相对优势和价值。物尽其性，事物难以摆脱的根性，它是自然所赋予的隐晦而又深邃的语义，它被深深地写入了事物的每一个分子和原子中，每一个质子和电子中，每一个中子和夸克中……既然如此，事物又何以能够摆脱和逃避？

通晓了物尽其性的道理，我们再来看世间可能的一切都变得豁然开朗：

为什么有人总是愿意去跟别人抢着发表自己的意见和看法？这一方面可以说明其心胸和度量的狭小，容不下别人的光芒，害怕别人将自己的风头抢去。而另一方面，这也正是物尽其性的表现。

为什么有些人总不忘吹毛求疵，鸡蛋里要挑出骨头，以指出对方的不是而彰显出自己的高明，批判一切但却又从不批判自己？

为什么普通之人在听到别人发表与自己不符的意见时，在可能的情况下总要出面干预和纠正，以至于双方论辩不休？

为什么金子总要发光？

为什么半罐水总要响叮当？

为什么人世间少不了长舌妇？

为什么新官上任总有三把火？

至于为什么看门的狗见了生人总要狂吠不止？

为什么常人会为一些生活的小事纠缠不休？

为什么不成熟的作品和技术也要拿来发表和使用？

……

为什么，为什么，太多的无法穷尽的为什么，在此只能列举其冰山的一角，然而都无不打上物尽其性的烙印。上述事实成立是物尽其性的表现，而例外的情况亦无法逃避，因为其必将会有另外的释放空间和表现形式，以迎合并趋就物尽其性的法则，是故物尽其性锁定现实的一切矣。

物尽其性是本然，人尽其才是使然。尽管这种"本然"亦是来自于自然的使然，但自然何其强大，自然又是何其的广博——事物根本无法超越其锁定的界限，逃到自然的外围。假如将自然的这种存在看作是一种基础和构架，由于其大而无边，强而有力，那么自然可以把这种"使然"看作是一种"本然"。

物尽其性，使得事物在损耗殆尽之前就绝不会完全消亡，其必须在现实的世界里将自己表现完全，亦损耗完全，否则无法回归完全，而这或许又是一种使命的完成。这是现实的法则，必然遵循现实的道理，遵守质量和能量的守恒，是而事物自身的能量在被完全转化之前，是不能整体而彻底地淡出自然和现实的法则。

物尽其性是自然的法则，是任谁也无法回避的命题。自然既定了种种的规则，用以来规范、平衡和制约整个系统的运作，使之变得独立，变得自承，变得完善。自然顽强而执着，耐久而强硬，这不是人力所能随意地左右和改变。物尽其性纵然是自然的使然，而人尽其才却是人为的使然，同为使然，但使然的主体不同，二者的效果又何以能相提并论？

在现实的世界中，物尽其性是比比皆是、不胜枚举，而人尽其才却没有这么好的命运。试问古今又有多少人能够人生无憾，尽其才能？试问古今又有多少人总是报国无门，仰天长叹？

倘若能够人尽其才，诗仙太白又何以赐金还山？

倘若能够人尽其才，诗圣杜甫又何以负薪拾橡？

倘若能够人尽其才，诗人屈原又何以发出"惟草木之零落兮，恐美人之迟暮"的谓叹？

倘若能够人尽其才，苏轼又何以仕途坎坷，屡遭贬谪？

倘若能够人尽其才，李商隐又何以怀才不遇，客死荥阳？

倘若能够人尽其才，曹子建又何以抱负不得施展而悲愤离世？

倘若能够人尽其才，陶渊明又何以开荒南野际，守拙归园田？

倘若能够人尽其才，陈子昂又何以辞官还乡后又冤死狱中？

倘若能够人尽其才，李贺又何以遭际失意郁郁而终？

倘若能够人尽其才，辛弃疾又何以一腔忠愤化作辞藻？

……

太多的辛酸与无奈，太多的失落与血泪，皆作一曲悲歌洒向大地，拭揾英雄泪。一蓑未尽的烟雨贯穿在人类历史的长河，引而化为一道浅浅的薄雾，迷漫在了长长的夜空，一如既往地向着未来不断地漫溯。

这些都是中国历史上名重千古的人物，他们的光芒至今犹在，璀璨而夺目，高悬在朗朗的星空，启示着后人。然而他们却是不幸的，一生在命运的旋涡中苦苦挣扎，试求摆渡，却总是不遂其意，时不与我，气数早有所定，人力又岂能轻易回天？他们的不幸和人生际遇固然有其现实的原因，这是内外因素共同作用的结果，但这在客观上亦造成了他们人生无法尽其才的事实。或许他们又是幸运的，正是因为他们不幸的经历和人生，造就了他们满腔的激情和悲愤，俱化作雷霆万钧，以十二万分的鸿钧贯注于笔尖，而后跃然于篇籍，于是才有了今天这一篇篇历经岁月的沧桑和洗礼，仍然光华四射而传承不朽的盖世佳作，以续写他们的人生和传奇。然而这样的结果，如果他们泉下有知，不知是否应该感到满意？是一种失意的弥补？还是一种无奈的抉择？一切都是自然的语义，这是一个归根结底的结论。既然如此，又岂是我们所能尽数通悉？

他们固然无法像三皇五帝、贤臣名宿那样既尽其性，亦尽其才，历史的画笔在他们的手中挥洒自如、雕龙画凤，提按有度而又自成一家，他们（间接）抒写了历史，历史也留住了他们。然而时空的造化是如此的多姿多彩，人类的命运又岂是能够完全地穷尽：有既尽其性亦尽其才的历史翘楚，也有能尽其性而不能尽其才的忧愁文人，有能尽其才却志向未遂抱憾终生的开国功臣，亦有能尽其才而又政纲失措的国家重臣，更有能尽其才却又不得善终的昔日股肱……命运就是如此的神奇，犹如一幅幅跌宕起伏的瑰丽画卷，悄无声息地向我们铺陈而来，默默地陈述着往日的风云，而这却又最终切合了自然的造化和语义。

古人尚且如此，今人的命运又何以能够轻易地幸免？这是个人的原因，亦是社会的原因，或许更是自然的原因。今人拾起这段未完的乐章，继续谱写着悲壮的音符，当后人再次拂弦，乐章已是杳长而淡远，这是人类社会发展中所难以规避和遁逃的时弊。自然造化了他们非凡的才能，却无法将他们妥善地安置在现实的社会中，亦无法提供一个能够尽其才华的平台。众人向往的平台必然是有限的，而愿意且能够胜任的却大有人在，既然如此，又如何能够人人皆尽其才？怀才不遇，自古而然，古代的大圣大贤都在所难免，更何况是芸芸的众生？而另一方面，即使有望实现人尽其才，也要经历漫漫的长夜，才有机会（仅仅只是机会，不一定能够成为现实）一展平生所学，而这又是天下有识之士所难以跨越和超然的命运。

人们总是带着美好的憧憬和希冀跋涉在前进的道路中，衣带渐宽终不悔，为伊消得人憔悴，因为你始终难以洞悉（事业）最后的结局。在众人都向同一条道路上挺进的时候，由于道路的宽窄是一定的，破例也不是人人都能享有的殊荣，那么道路又怎能好走？现实注定了人生的悲欢离合，人生固然不能虚度，因为没有人能够耗费得起如此的代价和成本，然而人尽其才的梦想却又并不是人人都能轻易地实现，这是人为的使然，而非自然的本然，一个人能否做到尽其才能，这是内在的原因，但亦是外在的原因，是二者共同作用的结果，而这却又是人力所无法完全地掌控，所以现实中的人们对此应有充分的认识和准备。人生过于执着，便走向了道的反面，而唯有遵循道的原则，才能善始且善终。此处花不开，自有香满园，此时我不禁想起范仲淹来，"不以物喜，不以己悲"，"先天下之忧而忧，后天下之乐而乐"，这样的旷达而高古，这样的智慧而通透。

普通之人总是希望从事什么就成就什么，倘若遭遇了失败，便会痛苦不堪，便会悲伤无比，殊不知现实本来就不能满足每个人的一切心愿，因为这些心愿中彼此存在着矛盾，而当矛盾被激化的时候，只能存在唯一的结果，是而不能尽如人意，否则现实将无法成立，现实也将无法存在。现实是一个矛盾的统一体，我们只是其存在中对立面的一面（尽管内部含有另一面的成分），只是其发展中无限环节中的一环，既然如此，成功与失败交织的命运便在所难免，而谁又能完全而彻底地掌控属于自己的命运？当我们参悟并理解了这些道理，又何必再去为自然所固有的法则而感到忧伤和叹息呢？

方圆之道

◎人无非处于顺境或逆境：在顺境中，要知道居安思危；在逆境中，要懂得忍耐并保持信仰

◎事物的成败和人生的命运本就不是自己所能完全地左右或掌控

◎无数多条线可以击中同一个点，而同一个点亦可以引出无数多条的线

◎忍一时风平浪静，退一步海阔天空

◎自然的法则是为了维持住一个良性演化的自然系统

◎法则是一种支撑，但亦是一种制约

◎顺境并非极乐，逆境亦非苦海

◎顺境有其不可避免的缺陷，逆境亦有其孕育光明的契机

◎一切都有其存在的价值

◎活在希望中而不应存在绝望里

自然造化了人，造化了不断经历悲伤与痛苦，不断经历挫折与失意的人。她将人类一手带大，苦心栽培，培养其坚强的意志，锻造其矫健的体魄，亦增益其卓越的智慧，这种智慧越来越向完全而彻底地理解其造化者——自然的方向一路走来。

为了诠释上天的不公，为了抵御外界的寒流，亦是为了应付一时的苦难，人类不得不不断地援引自己发现抑或发明的智慧理论以自我防御，以自我保护，以自我解脱……智慧，为人所创造，为人所援引，亦为人所促进。它伴随着世世代代的人们走过其人生的旅程，人们用它诠释自然，人们用它理解万物，人

们用它改造世界，人们用它支撑精神，人们亦用它指导人生。由此可见，智慧的存在对于人类的发展功不可没，影响强大而深远。

生活总不能都是风调雨顺、四季如春，难免会有惊涛拍岸，会有骇浪流沙，那么面对人生的种种际遇和处境，人又将以什么样的心态来应对呢？生命终究难舍蓝蓝的白云天，这是一切生命的天性、根性，亦是其本性，是自然所赋予的语义，亦是自然所造化的天则。

人生的处境与自己的抉择和心态有关，但却又并不完全取决于自己。你很想改变自己，可是始终改变不了，那不妨首先接受自己，然后再作未来的图谋。人，为何要如此地苛求自己？明知自己并非万能，事物的成败和人生的命运本就不是自己所能完全地左右或掌控。人总是想把自己从自然中完全地独立出来以掌控自己乃至万物，可是终究无法摆脱会受到万物的摄动以及由万物均衡而来的力量所掌控的命运。无数多条线可以击中同一个点，而同一个点亦可以引出无数多条的线。当人明白了其中的道理，理解了生命的意义，通达了自然的旨意，那么便无须再作无谓的努力，也无须再为人生的失败而忧伤，亦无须再为命运的不公而沉吟。要知道忍一时风平浪静，退一步海阔天空，自然之道是那样的圆通，人生为何却要如此的执着。

思想，在时空的行进中拷问命运，沈吟历史，而这本身亦将成为个人历史和命运的一部分。事物利弊的二象和因果的二重潜移默化、运行不息，作为自然对其内部的一切所构架的根本法则之一，在人类出现之前就早已存在，它们存在的历史远远超过人类的历史，又岂是人类所能轻易地改变？人类构建了社会，生存在自然和社会的环境下，生存于自然和社会的法则中，没有规矩，不成方圆，社会的法则是为了维持并推进人类社会的良性发展和进步，而自然的法则又何尝不是如此，正是为了维持住一个良性演化的自然系统，所以法则是系统所不可缺少的组成部分。法则是一种支撑，但同时亦是一种制约，而这却又是法则所不能规避的二象。

人无非处于顺境或逆境：在顺境中，要知道居安思危；在逆境中，要懂得忍耐并保持信仰。

《菜根谭》有云："君子居安宜操一心以虑患，处变当坚百忍以图成。"意思正是说一个有道德修养的人，当自己处在顺境中平安无事时，要有防患于未然的思想准备，而当自己处在动乱和灾祸中时，应当有坚忍不拔的意志来争取事业最后的成功。

顺逆之境同样是人生发展所难以规避的现实，它将人生的处境一分为二，但二者却又交替行进，相互渗透。顺境和逆境对立而统一，犹如矛盾的双翼，相互包含和援引，规定着自己走向自身的对立，以促进事物的发展和演化。

顺境并非极乐，逆境亦非苦海。二者都是构成处境的必备要素，倘若善于利用，可以变废为宝，可以化腐朽为神奇；倘若不善于利用，一切有利的资源皆成浪费，皆作枉然。《菜根谭》曰："居逆境中，周身皆针砭药石，砥节砺行而不觉；处顺境内，眼前尽兵刃戈矛，销膏靡骨而不知。"意思是说人处在逆境中，仿佛置身于治病用的针灸药石，在不知不觉中便陶冶了自己的性情，纠正了自己的过失；处在顺境中，眼前却布满了刀枪戈矛，逐渐消磨人的意志而浑然不知。道理正是如此，逆境于人并非一无是处，顺境也不是遍地黄花，二者之间必然存在可以相互转化的桥梁和契机，这又正应了老子那句"祸兮，福之所倚；福兮，祸之所伏"（《道德经·第五十八章》[魏]王弼注本）的经典断语，有识之士对此亦不可不知。

人人总是向往能够生长在顺境中，但自然的造化和旨意又岂能完全地遵循人类的心理？现实的教训莫过于是人顺应自然，而绝非自然顺应人意。自然有自然的构架，自然有自然的原则，它寂然无声，它运行不息，而又绝不会将自己的心思和法旨向万物拱手奉上，只有靠人类自身的努力和参悟，才可能有通达自然、理解万物的灵性。顺境有其不可避免的缺陷，逆境亦有其孕育光明的契机。顺境使得意志薄弱者如坠温床，一蹶不振，从此丧失斗志；逆境却使得意志坚强者励精图治，发奋图强，从而飞得更高。顺境容易消磨人的意志，使人走向末路；逆境却能锤炼人的精神，使人更加坚强。顺境容易使强者变弱，而逆境却能使弱者变强……由此可见，顺境并非完美无瑕，逆境也不是一无所用，正是一切都有其存在的价值，这是自然的教训，亦是自然的法则。

顺境固然有利，但逆境亦非无望。无论是身处顺境还是逆境，都应该有一个健康、正常、适宜的心态和认知，用这种良好的心态来作自我的调节，使之趋于合理，趋于平衡，趋于适度。顺境中不应得意忘形，难免会乐极生悲，酿成悲剧；逆境中亦不必气馁急躁，风筝总是在逆风中起飞，倘若能够牵引有度，其必将飞得更高，飞得更远。正是"达人当顺逆一视，而欣戚两忘。"（《菜根谭》）意思是说通达的人应将顺境和逆境同样看待，将高兴和忧愁同时忘掉。通达此道的人，无论是顺境还是逆境都将被其合理地利用，都将被其平安地度过。他们总是扬起智慧的风帆，晓驾一辆双轮的马车，游刃有余地在人生的旅途中驰骋纵横。

顺境中，人需要努力；逆境中，人同样需要努力。顺境中，人不可骄傲过激；逆境中，人更不能自暴自弃。《荀子·不苟篇》有云："君子两进，小人两废。"其理亦然。无论人身处何境，这是人所不能完全掌控的，而人所能做到的就是努力与放弃的抉择。纵然我们不能主宰成功，但我们却可以影响命运，你选择了努力，便铺就了成功的先决条件，倘若你选择了放弃，那便注定了失败的命运。人生能有几回搏，活在希望中而不应存在绝望里，这样的人生，我认为是值得追求和度过的，那么人为何要选择放弃而不是努力呢？

全面回忆

◎自然是万物的创造者，亦是万物的终结者

◎造生于自然某一时空的人类，最终也将消亡在自然的另一时空

◎有生必然有死，有死才能有生

◎所有的一切都可以经过哲学的审判，但不是所有的一切都必须以哲学审判的结果为准则

◎一切都将化作腐朽，一切都将成为过去

◎一个过程的结束是另一个过程的开始

◎无穷无尽是生命和自然的通性

◎自然赋予了事物认证的唯一密码，时空给予了它们仅有的坐标体系

◎有序的表象下是无序的实质，有相的背后是茫茫的无相

◎有相皆从无相出，有序自是无序来

◎一分勤劳一分收获，一分努力一分效果

◎一切的梦想都可能成为现实，但一切的现实都终将成为梦想

◎宇宙终有一天会消失，但自然会永恒

自然是如何演化而来，又将如何演化而去？

自然的整体构架和通盘逻辑是什么？

自然有使命和目的吗？如果有又是什么？如果没有，这又是为什么？

人类在自然的时空中究竟处于何等的地位，以及在其演化的过程中又扮演了什么样的角色？

人类为什么要存活以及存活的要义何在？

人类的存在是自然演化所必需的还是可有可无的一部分？

命运存在吗？如果存在，又是谁赋予和掌控了人类的命运？

人类的未来何在？光明何在？至善何在？

……

深奥的问题凝滞了所有的思绪，却依然留不住时空的远逝。喷薄的时空似乎有其既定的使命，而无暇顾及其深邃的黑暗中有着一双双渴望光明的眼睛。

自然是万物的创造者，亦是万物的终结者。自然是何等的深博，包罗万象，海纳百川；自然又是何等的微妙，化育万物，生生不息。自然按照既定的法则将万物造生出来，当其完成自身的使命，演绎完自身的命运，自然又毫不犹豫地将其收归回去。万物的生死存亡、一世枯荣都必依托于自然的法则，而成败于自然的怀抱，这是万物所无法摆脱的命运，而这亦是自然的法则。

生命诞生于自然的演化中，游弋在时空的襁褓里，按照自然进化的法则演变而来，逐渐走向高级，走向复杂，亦走向至善。自然的允许和命运的造化终于将我们，将能够理解与改造，具有理智和情感，以及拥有主观的能动性和意志的高等智能生命造生出来，出现在自然演化的夹缝中，而后的存续便与自然的脉动紧紧地相连。

今天依然存在于自然中的我们有着无限的希冀和梦想，满怀激情地朝着理想的彼岸远航，这是人类恢宏的事业，这是前所未有的壮举，这是可歌可泣的诗篇，这亦是人类的历史和未来。自然的发展是总体向上的，这便在根本上奠定了万物演化的基调，而无论是在现实的世界还是在道德的世界中，一切都将臻于至善。

造生于自然某一时空的人类，最终也将消亡在自然的另一时空。经过无数次的思辨与复议，经过无数次的反思与省悟，在肯定、否定、继而否定之否定过后，不得不给出这个无限悲哀却又无可奈何的结论。有生必然有死，有死才能有生，倘若不这样认为，那我们不得不认同下面一个观点，那就是自从人类被自然造生出来以后便能够寿与天齐，而这能够成为现实吗？要知道自然是永恒的，倘若能够寿与天齐，那人类不得不永恒，那么人类能够永恒吗？那么人类能够通过不断地繁衍生息而达致永恒吗？

永恒是何等的艰难，持续的无限而不可断续；永恒又是何等的渺茫，遥遥无期而没有尽头。永恒是没有生死的存在，永恒是没有荣辱的追求，永恒是变化万千而没有止尽，永恒是久久归一而复于本善……

人类的脆弱不是三言两语所能轻易地把握：

其一，人类的脆弱体现在不能完全而彻底地掌控自己的命运，不仅人类如此，其实万物皆概莫能外。

其二，人类历史不过只是自然发展的一个过程而已，过程又如何能够比肩永恒？永恒是由无数的过程所构成，而过程却只能是永恒中的片段和部分。自然化育万物而无声无息，但最终又将毁灭一切而绝不留情，自然将构建事物的能量再次收回，以重新化育有序的新生。

其三，天道茫茫，无处不在，天道强硬，不争而善胜，谋事固然在人，但成事必然在天。人类的一切言行，人类的一切思想能否运行不息，能否胜券在握，这不得不问天。一切都需要经过天道的审判，一切都需要与天为盟。人类生存在自然中，这必然带有自然的属性，这是永远也无法掸去的尘迹，因为失去了自然属性的万物根本不能存于自然，一切事物的运行轨迹必将只能在自然所允许的范围之内才有可能。超越自然是必无法存于自然，而无法存于自然，那就只能是枉然。自然就是如此的博大而精深，自然就是如此的强硬而深厚，人类又如何能够加以抗衡？

其四，永恒必然是客观的，永恒必然是现实的，永恒必然是无须情感、希望和意识来支撑和维度的，那些被正确的哲学所宣判为死刑的"永恒"却依然能够在散文和诗篇的神话中找到生存的空间，所有的一切都可以经过哲学的审判，但不是所有的一切都必须以哲学审判的结果为准则。这里用来衡量和度量的"永恒"是需要经过严格而严谨、客观而又深刻的批判和定义，而并非是散文或诗篇中的"永恒"，那人类的现实和未来能够经受得住如此的批判和权衡？人类的传承和延续又能够打破自然的局限而与之比肩？

其五，人类的生存和发展自始至终就并非一帆风顺，并非高枕无忧，而是危机重重、荆棘密布，时时刻刻都要面对着来自内部和外部，来自自身和自然，来自微观和宏观的层层灾难与苦痛。人类的存续所不得不面对的，诸如火灾、水灾、旱灾；诸如地震、海啸、热带气旋；诸如流星、彗星、陨石；诸如疾病、事故、战争；诸如星移斗转、地壳移动、大陆漂移，以及人类发展中所引起的一系列环境问题，它们的存在和发展都将对人类的存在和发展构建深远的影响和威胁，人类对此又何以能熟视无睹而无动于衷？

人类的发展和进步是突飞猛进的，内忧与外患让人如履薄冰，争执与压迫让人锐意自振，杀戮与战争又让人励精图治，人人自危而团结紧密，利益相悖又分道扬镳，战争与和平，自卫与抗争，生存与发展深深地融入到人类的历史中来。人类发展到今天，科技、文明与生产力是前所未有的壮观，人类本为了捍卫自身经济与政治利益的钢铁长城，有谁能够确保它不会成为威胁自身安全的重大隐患，又有谁能够确保它日后不会成为毁灭自身的坚韧利器？

人类因为发展的不慎和考虑问题的局限性而引发的一系列问题至今仍然历历在目：

两河流域的毁灭，使得美索不达米亚文明最终走入人类的历史；

消失的丝绸之路早已失去了昔日的辉煌，如今已是人迹罕至、与世隔绝的沙漠与荒芜；

"黑色星期四"的证券风暴拉开了人类历史上最为严重的经济危机的序幕；

美国西部爆发的人类历史上最大规模的沙尘暴席卷整个美国，震惊了世界；

20世纪50年代伦敦烟雾事故堪称人类历史上影响最为深远的大气污染事件，造成人员伤亡惨重；

中亚咸海的生态危机，使得其附近的区域已成为生命的禁区，并导致了不可逆转的生态灾难；

有着人类历史上最为严重的水库滑坡失事灾难之称的维昂特水坝事件犹如肆虐的"水怪"，又似缥缈的幽灵，在顷刻之间便吞没了村庄与人烟，只留下了死亡和记忆……

印度博帕尔中毒事件，这个被称为人类历史上最为惨重的工业事故，将万千的生命荼毒于上帝的梦魇；

而切尔诺贝利核泄漏事故让人迄今心有余悸，其造成的严重破坏与深远影响至今犹在；

除此之外，还有有好心却无好报的阿尔及利亚造林工程；

负面影响最难消除的阿斯旺大坝；

震惊世界的水俣湾汞污染事件；

以及臭氧层空洞事件、"反应停"事件、"二恶英"事件；

……

我们陷入了深深地沉思中。接踵而来的国力竞争、能源危机、国际争端、地区冲突和环境失衡，有如人类的影子和发展的瓶颈，时刻尾随却又挥之不去，高高在上却又难以跨越。人类的每一次进步，文明的每一次飞跃，几乎都要付出惨重的代价，人类辉煌的文明背后隐藏着莫大的隐患和危机。在人类高奏凯歌、所向披靡而一往无前的时候，危险和死亡正在一步一步地迫近……这种由铁和血抒写而来的历史，让我们不得不担心的是只怕还不等自然来将人类重新收归，人类便已被自身的造化所收归。人类需要发展是不可避免的命运，谁也阻挡不了，除了生命的终结。但是人类在发展中不应仅仅考虑个人的荣辱兴衰，而更应是整个人类的前途和未来。是而，人类不得不慎之又慎，走每一步棋都需要考虑再三，运筹帷幄于全局之中，方为上策。

自然中的万物都有其生命的起止，太阳也只不过是宇宙中一颗平均大小的、极为平常的恒星，而地球更是自然亿万行星中的其中一颗，人类的科学已经证明的是太阳和地球同样有其时间的限度，当地球和太阳将要灰飞烟灭的时候，倘若那时人类依然存在，那人类又将如何？假如人类的科技和造化已经发展到可以飞越太阳系，甚至银河系，在自然广袤的星辰中找到新的栖身之所，那自然可以躲过此一大浩劫，但我们需要知道的是这并不意味着可以一劳永逸，因为新的危机又将来临……即使人类能够一次又一次地躲过天灾与人祸，一次又一次地摆脱生离与死别，人类也无法寿与天齐，自然的权杖弥盖一切的羔羊，万物都有其定数而始终难以僭越。那么谁又将成为人类的掘墓者？除了人类自身，那就是未来更为高等智慧的生命。当他们撬开厚厚的地层，指着人类的骸骨说："看，这就是生活在距今大约××万年以前的生物，他们曾经有着高度发达的文明和智慧，但依然难以逃脱最后被自然终结的命运……"的时候，倘若泉下有知，我们又应作何的感慨？

故此，尔等须知晓自身宿命，故此，尔等须把稳船只……置欲求于动机之后，尔须奋力以搏。

故此，且容好奇心为尔等指南。追寻天上真理，如同在大地寻觅。

所不敢为者，为之；所不敢至者，往之。

道路千万条，宜选阳光道。聪明择路，正派为人，公平行事。

故此，尔须多有智识，勤于创造。

——《爱因斯坦的圣经》

诚如其言，看来这并非空穴来风，似乎是已有所指，只是尚未言明罢了。而另一方面，佛家常挂于嘴边的莫过于"万法皆空"四字而已。宗教的理论虽偏重于唯心主义的成分居多，但也并非一无是处。

普通之人只能看到事物或过程的局部，而看不透彻整个事物及其演化的过程，这与其自身因素有着莫大的关系，当然与时空环境亦有着不可分割的联系。但如此一来就会犯下一个错误，那就是以其所看到的局部或过程来作为整体事物或过程量度。

万法皆空，这固然没错，意为一切都将成空，一切都将化为乌有，万物的存在永远都只是一个或长或短的过程，正是一切都将化作腐朽，一切都将成为过去，没有谁能够逃出此既定的宿命，唯有自然的心跳和脉动才能永不停息地起搏。一切都将衰老，唯有自然不老；一切都将灭亡，唯有自然不亡。只有自然才能真正地永恒，只有自然才能无止地变化，也只有自然才能既无生亦无灭。

万法皆空，这固然没错，但也只是正确了一半，因为还有另一半被抛在了身后。一个过程的结束是另一个过程的开始，运动、变化和发展永没有终点，当万籁无声，俱作泯灭，岑寂深深之后，紧接着又将迎来新一轮的喷薄。万法皆实过后，必然是万法皆空，但紧接着又将迎来万法皆实，这是自然的深邃奥义，而我们只能诞生在其万法皆实的时空。

生命被创生出来，那是其命运；生命又重回故里，那亦是其命运。人类从无到有，那是自然的造化；人类从有归无，那亦是自然的许可。万法皆空而迎来万法皆实，生命陨落又必将迎来新生，正是无穷无尽是生命和自然的通性，生命以断续而求得存在，自然以连续而成为永恒。人类即使不存在了，经过合理时间的孕育和造化，新的生命又将诞生，不过那时你已不是你，我也不是我，生命希望能够轮回，但是却不能轮回。事物永远不会重复，只能相似而不能绝对的相同，因为时空是从来不会重复的，自然赋予了事物认证的唯一密码，时空给予了它们仅有的坐标体系。自然中有些现象从宏观的角度来分析似乎有悖其理，但是一旦从微观的角度来考量却又莫不如是，比如在黑暗中有一束可见光射向一张普通的纸，人可以在其对面看到穿越而来的光，那么人或许认为在光穿越纸的刹那间光束与被光束穿越的那部分纸占据了同一时空。其实事实并非如此，因为当纳入微观的考量，正是光子穿越了纸分子和原子在时空中的缝隙，于是人看到了穿越而来的光，如果将纸加到足够地厚，比如10厘米，那么人在纸的后面是看不到这束光的，为什么？这正是不同层面上的纸分子和原子在时空中排列得足够的紧密，以至于将光子所要穿越的时空隧道加以堵塞，这就是说连光子这么小的微粒都穿越不过这被阻挡的时空的夹缝，是而人无法看见光，这亦是说无论是再小的微粒，分子、原子、电子，还是光子都无法占据同一时空，这也正是说时空给了了万物仅有的坐标体系，自然赋予了它们认证的唯一密码，所以这个观点无疑是成立的。而他们亦无法继承到我们的文化遗产，同时，也无法洞悉到我对他们最为善意的忠告和提醒，因为我思想载体的载体终将被这自然的力量所撕裂。

那么人类为什么还不懂得珍惜目前的拥有呢？还在不断地征伐，不断地杀戮，不断地暴力，不断地战争，将自己在客观上沦为历史进步和前进的车轮，牺牲自己以成就未来……然而从更广义和深义的角度而言，人类的荣誉兴衰，人类的生死存亡，人类的前途命运又岂是人类自身所能完全地掌控？这里必然有其相应的规则和法度来创生、来维持、来增益、来减损，而人类只能在一定的程度和范围之内去影响、去重塑、去铺就、去改写这样的命运。相互的争斗迎不来共同的幸福，放下手中的利器，化去心灵的薄冰吧，全人类应该联合起来以共同面对未来的际遇，尽管这种希望和可能是何等的渺茫。

自然终究是万物的母亲，造化并化育了它们的成长，成就了它们或浓或淡的一生。有序的表象下是无序的实质，实质的无序按照相应的规则构建为有序的形式，是而有序必然构建在无序的基础之上。熵可以理解为系统的无序度，根据热力学第二定律，熵总是随时间而增加，那么有序的形式自然是难以久长，实质的无序才是其必然的归宿。而更进一步立论则是有相的背后是茫茫的无相，无相为上，有相为下；无形为高，有形为低，有相皆从无相出，有序自是无序来。自然是从无相中产生出有相的无序，再由有相的无序而造生出有相的有序，接着再由此有相的有序而进化为有相的无序（此无序非彼无序），然后再由此有相的无序而上升为无相（此无相非彼无相），这样自然的功德才算圆满，这也才是真正的天人合一，但是至今仍无人能够企及，因为现实中欠缺造化的条件，万物大都重归于当初的无相，殊途亦会同归。由此可见，茫茫的无相才是终极的大道，而我们皆是既有相亦有序的存在，那又如何能够超越现实，那又如何能够得以永生？

有人问，人类追求的最高目标是什么？这是一个开放的问题，准确地说应该是人类追求的最高目标能是什么？因为时间（可用）是有限的，那么谁又能确定人类到底能走多远？即使人类有朝一日真正实现了马克思所构想的理想国度——共产主义社会，那么这亦将成为发展中的人类的一个过程，而不是终点。既然如此，共产主义社会又怎么成为人类发展的终极和最高的尺度？共产主义社会又怎么能锁住人类前进的步伐？从全面而整体的角度而论，没有最好，只有更好。所以，"最高目标"的提法显然是不当的，是欠缺客观和辩证思维的。倘若真的存在最高目标，它必然是不可超越的、不可实现的，因为只有这样，它才能成为人类意识中永远的追求和神往，永远的希冀和梦想，以至于成为人类意识的永恒；而一旦成为现实，那必将有被超越而只能凝为一个过程的可能，那又如何成为最高？一个无法实现、无法超越的最高目标又有多大的现实意义，而一个能够实现、能够超越的目标又如何成为最高？然而在现实的尺度中，当纳入有限时间的权衡是必有一个客观上已成为现实的最高目标，它往往会在人类的不经意中来到，又将在人类意想不到中连人带己一同消失在自然茫茫的历史中……一切都将只是一个过程，构建并融入到自然的演化和轮回中，自然化育万物，最后又不得不将其全部回收，而这必然发生在其生命的终点和命运的尽头。

人类固然已经知晓了自身的宿命，难道就要坐以待毙，难道就要不作任何的图谋？当然不是。一分勤劳一分收获，一分努力一分效果，不过一切的梦想都可能成为现实，但一切的现实都终将成为梦想。时间必然是有限的，个人如此，群体如此，时空亦是如此，那人类的大限何在？人类的希望又何在？当人们已经领悟了这并非遥遥无期，这并非子虚乌有的时候，于是加快发展的步伐，以赶超日月的光辉；于是风驰电掣、破釜沉舟，以放手一搏；于是用尽全力修炼内功，以赶在自然将自己重新收归之前练就一副金刚不坏的好身板，或者一身出神入化的盖世神功，以此来求得超越和解脱……其心可鉴，其意可诚，但是人类不要忘记的是，自身发展过快会损坏环境，以带来文明的后遗症；个人发展过快会有损身体，以带来健康的后遗症。是而一旦这样，人类或许会消失得更快，消失得更早。孔子有云欲速则不达，所以发展急速不行，然而停止不前更不行，那人类又该如何来运度？尽量以善意的竞争，从正面来增益，遵循自然的法度，按照科学的原理，走过无悔的里程。

宇宙终有一天会消失，但自然会永恒。"最平静的言语往往是狂飙的先锋：静悄悄而来的思想领导了这个世界。"（《尼采文集·尼采自传·自序》，长江文艺出版社2003年版，第4页）尼采（Friedrich Wilhelm Nietzsche，1844~1900）的思想从灵魂的深处穿越而来，弥漫在了历史的天空。一切都将幻灭，一切都将回归，然而即使是全部的人类都已理解并认同了这一观点，这也阻挡不了人类前进的脚步，无论是基于自然还是社会的本性，旷世奇才也好，凡夫俗子也罢，谁都无法拒绝向别人，向这个社会贡献出自己的脑力与睿力、体力与精力，因为人们都需要用它来换回属于自己的幸福……

跋

勤勤恳恳、完完全全、彻彻底底地按照书中所揭示的法则来修正和完善自己，终日勤奋不止却又内敛光辉，以提高个人的道德和能力为务，这样发展下去，我发现道德能达致至善之境，修为亦臻无缝无隙。没有烦恼，没有悲哀，亦没有敌人，一任时空变换、星移斗转，静观世事沧桑、万千变化，独历寒来暑往、四季回春，清心寡欲、淡定无为，这难道就是古人所倡导的生存之境？没有烦恼，但亦没有快乐；没有悲哀，但亦没有喜乐；没有敌人，但亦没有朋友。当一个人在心灵上处于适度封闭状态的时候，悲哀与痛苦自然侵入不了，但美好和幸福也同样进不来，而一旦放手去追寻，又不得不面临无限的伤痛与祸害的可能。我不得不感叹到自然对立二象性的普遍与神奇，你希望拥有其中一象，就必然需要面对其另一象，要么你两象都不接受亦不面对。

我们一向过于执着的观点或许在后人的眼中不堪一击，但谁又不会受制于自然的存在和已有的认知，谁又能够确保自己的观点是绝对的正确？即使是绝对的正确，出了使之正确的相对中，亦将失去其无上的法力。然而我们毕竟是问心无愧的，这种由自然局部累积而来的灵魂永远都只是整体自然中的一部分，但亦将成为其全息的影像和缩影。

自然的博大与精深永远没有止尽，欲窥神器者必将付出非凡抑或沉重的代价，然而唯有不断地努力和探索才能迎来人类的进步和光明。有感于此言良久，我无以忘怀，只有继续努力前行。我想，走出危机、走向幸福才是人类始终不渝的追求和梦想吧。

www.ingramcontent.com/pod-product-compliance
Lightning Source LLC
Chambersburg PA
CBHW081228080526
44587CB00022B/3857